DEWEY

DEWEY
: A Library, A Small Town and the World's Most Beloved Cat
by Vicki Myron with Bret Witter

Copyright ⓒ 2008 by Vicki Myron
All rights reserved.
This Korean edition was published by Woongjin Think Big Co., Ltd. in 2009 by arrangement with
Vicki Myron c/o FOUNDRY Literary + Media through KCC(Korea Copyright Center Inc.), Seoul.

이 책은 (주)한국저작권센터(KCC)를 통한
저작권자와의 독점계약으로 웅진씽크빅(주)에서 출간되었습니다.
저작권법에 의해 한국 내에서 보호를 받는 저작물이므로 무단전재와 복제를 금합니다.

세계를 감동시킨 도서관 고양이

듀이

The Small-Town Library Cat Who Touched the World

비키 마이런 · 브렛 위터 지음 | 배유정 옮김

※ Prologue ※

환영합니다, 이곳부터는 아이오와입니다

　미국 한가운데에는 천 마일에 달하는 네모진 땅이 펼쳐져 있는데, 동쪽으로는 미시시피 강과 맞닿아 있고 서쪽으론 사막과 접하고 있다. 그곳에는 부드러운 언덕은 있지만 산은 찾아볼 수 없고, 작은 강과 개울은 있어도 커다란 호수는 없다. 이곳의 토질은 바람이 바윗덩어리를 깎아내려 만든 먼지 부스러기가 진흙으로, 그다음에는 흙으로, 그리고 결국에는 검고 비옥한 토양으로 변해가면서 형성되었다. 한편 이곳의 도로는 똑바른 일직선이어서 지평선 끝까지 끊이지 않은 채로 길게 뻗어 있다. 이러한 길에는 모퉁이도 없거니와 간혹 살짝 휘어지는 정도의 굴곡만 보일 뿐이다. 사실 이 땅 자체가 애초에 농지를 염두에 두고 구획된 곳인지라, 도로 중 약간 휜 부분은 측량 작업 중에 수정된 부분이다. 정확히 1마일, 즉 약 1.6킬로미터마다 모든 도로가 또 다른 완벽한 직선의 도로와 교차한다. 그리고 이 도로들의 경계선으로 만들어진 바둑판의 네모 하나하나마다 1제곱마일의 농지가 들어차 있다. 그러니 대략 백만 개의 사각형을 쭉 꿰어놓은 꼴인 이 부지가 세계에서 가장 중요한 곡창 지대인 것이다. 대평원 혹은 미국의 심장부라 불리는 바로 그곳, 아이오와. 그러나 대다수의 사람들에게는 어디론가 비행기를 타고 날

아가며 그저 지나치는 곳일 뿐이기도 하다. 하지만 바다와 산, 해변과 스키 리조트 모두 그들의 차지라 한들 상관없다. 나는 아이오와를 선택할 테니.

아이오와의 북서부에 겨울이 오면, 추운 날에는 평원을 건너온 검은 구름이 마치 쟁기가 되어 땅을 마구 갈아엎는 것처럼 보인다. 봄이 되면 수확을 마치고 남겨져 밭갈이를 기다리는 옥수수 줄기만 가득해 온 세상이 납작하고 텅 빈 곳으로 변해버린다. 이때에는 하늘과 땅이 접시 돌리기 막대 위에 올려놓은 접시의 앞뒷면처럼 완벽하게 균등한 비율이 된다. 하지만 늦여름의 아이오와는 땅이 불쑥 솟아올라 하늘을 그림 밖으로 밀어내는 게 아닐까 하는 생각이 들 정도로 정반대의 모습이 된다. 3미터 높이로 자란 옥수수의 새파란 잎사귀들 위로 빛나는 황금색 수염이 치렁치렁 달려 있다. 그 속에 파묻혀 옥수수의 벽에 둘러싸이면 한 치 앞도 보이지 않지만, 조금 높은 지대에 올라서서 보면 녹색의 풍광을 배경으로 햇살에 반짝이는 황금빛 실크 수염이 끝없이 펼쳐진 평야를 볼 수 있다. 이 실크 수염들은 옥수수의 생식기로, 꽃가루가 날아와 여기에 붙게 된다. 이 수염들은 한 달간 금빛으로 나부끼다가 서서히 말라 결국에는 여름 땡볕 속에서 밤색으로 바랜다.

나는 바로 이러한 점들 때문에 아이오와의 북서부를 사랑한다. 이곳은 늘 끊임없이 변화하기 때문이다. 이는 도시 근교 주택가의 체인 레스토랑들이 돌아가면서 바뀌는 것과는 차원이 다르고, 도심의 빽빽한 빌딩 숲 속에서 건물이 층층이 높다래지며 생기는 변화와도 다르다. 시골에서의 변화는 뒤로 갔다 앞으로 갔다 하는 움직임 속에서도 전체적으로 전진하긴 하지만 결코 속도가 빠르지 않은 것이 특징이다. 이곳에는 가게도 그다지 많지 않다. 토속 공예품 가게도 없고 직거래 장터도 없다. 더구나 도로를 끼고 있는 농장들은 해마다 그 수가 줄어들고 있다. 차를 타고 지나가다 보면 대형 곡물 저장 창고나 곡물 처리 공장, 편의점, 간단히 요기를 해결할 수 있는 식당 등이 늘어선 읍내 거리가 보인다. 그리고 약 16킬로미터마다 도로변에는 공동묘지가 나온다. 나지막한 돌담 너머로 작고 검소한 묘지들을 볼 수 있다. 이곳들은 개척자의 묘지로 시작해 대가족의 묏자리가 되었고, 나중에는 마을 전체를 위한 묘지로 커졌다. 다들 집 근처에 묻히길 원하고, 쓸데없이 많은 공간을 차지하는 것도 싫어한다. 그냥 가진 것을 활용하라. 소박하게 살아라. 동네에서 해결하라. 이게 그들의 신조다.

고개 너머로 옥수수가 줄줄이 늘어서 있을 것 같다는 생각이 들 즈음, 언덕을 넘어 내리막이 시작되면서 널찍한 도로와 여러 상점들이 들어선 길을 만나게 된다. 그중에는 맷 퍼니처, 아이언 호스 호텔, 프라임 립 레스토랑 같은 동네 가게들도 있고 월마트, 맥도날드, 모텔 6처럼 큰 체인점들도 있다. 이곳에서 약 80킬로미터를 지나 처음으로 교차로 신호등이 나타나면 차를 북쪽으로 틀어보자. 그러면 얼마 되지 않아 아름다운 리틀수 강의 낮은 다리를 건너게 된다. 그러곤 1931년 이후 변한 게 거의 없는 아이오와 주의 스펜서라는 마을, 그 중심으로 들어서게 된다.

스펜서는 사진엽서에서 흔히 볼 수 있는 미국의 전형적인 작은 마을이다. 1층에 상점을 둔 2, 3층짜리 건물들이 늘어서 있는 형식이다. 사람들은 길가에 차를 주차하고 걸어다닌다. 화이트 약국, 에디 퀸 남성복, 스테판 가구점은 수십 년간 이곳에서 영업을 하고 있다. 헨 하우스는 농장의 안주인이나, 약 30킬로 북쪽에 위치한 호수를 보러 가다 간혹 들르는 관광객들에게 인테리어 소품을 팔고 있다. 모형 비행기를 전문으로 하는 취미용품 가게도 있고, 각종 카드를 판매하는 상점, 그리고 산소통과 휠체어를 대여해주는 가게도 있다. 또 진공청소기 가게, 그랜드 화랑, 거기에다 오래된 극장도 여전히 영업 중이다. 비록 강의 남쪽 지역에 일곱 개의 스크린을 가진 멀티플렉스 상영관이 생기면서 재상영관으로 전락하긴 했지만 말이다.

시내는 다리에서 여덟 블록 떨어진 더 호텔에서 끝이 난다. 더 호텔(The Hotel). 진짜 이름이 그렇다. 1920년대에는 태그니라는 이름이었는데, 그 당시는 이 지역 최고의 숙박업소였을 뿐 아니라 버스 정류장이자 기차역이었으며 이 마을에선 유일하게 격식을 차려 식사할 수 있는 곳이었다. 하지만 대공황이 끝날 무렵에는 완전히 쇠락하여, 사창가로 변했다고 한다. 이 호텔은 5층짜리 평범한 붉은 벽돌 건물로, 오랜 세월을 버티도록 설계되었으나 결국 그렇게 버려졌다가 1970년대에 재건축되었다. 그러나 그때는 이미 시내의 중심지가 그랜드 애버뉴에서 다섯 블록 떨어진 자매네 메인 스트리트 카페로 옮겨간 후였다. 자매네는 꾸밈없는 소박한 식당으로, 플라스틱 테이블에 드립 커피와 담배 연기 자욱한 부스가 있는 곳이다. 이곳에는 세 부류의 남자들이 매일 아침 모인다. 노인들, 더 나이 든 노인들, 정말로 나이 든 노인들. 이들은 지난 60년간 스펜서를 이끌어온 원로들이다.

자매네 카페에서 모퉁이를 돌면 작은 주차장이 나오고, 이 주차장 건너편으로 그랜드 애버뉴에서 불과 반 블록 떨어진 곳에 나직한 회색의 콘크리트 건물이 서 있는데, 바로 스펜서 공공 도서관이다. 그리고 내 이름은 비키 마이런. 나는 이 도서관에서 25년 동안 일했는데, 20년간은 도서관장으로 있었다. 나는 컴퓨터가 처음으로 도서관에 들어오던 순간도, 새로 열람실을 증축하는 공사도 기억한다. 아이들이 자라서 도서관을 떠난 지 10년 뒤 자기 아이의 손을 잡고 다시 도서관 문을 들어서는 것도 지켜보았다. 스펜서 공공 도서관은 처음 보면 대단할 것 없어 보일지 모르지만 어쨌거나 미국의 한가운데에서 일어나는 이 이야기의 중심이요, 무대이자 구심점인 곳이다. 스펜서 마을을 비롯해 주변 농장 이야기, 인근의 호숫가, 하틀리의 가톨릭 성당, 모네타 학교, 박스 공장, 아널드 공원의 오래됐지만 근사한 흰색 회전식 관람차 등등 내가 스펜서에 대해 이야기하는 모든 것들은 결국 이 작은 회색 건물과 이곳에서 19년 이상을 지낸 고양이 이야기로 귀결될 것이다.

한 마리의 동물이 얼마나 큰 영향력을 가질 수 있을까? 고양이 한 마리가 얼마나 많은 사람들에게 감동을 줄 수 있을까? 버려진 새끼 고양이 한 마리가 어떻게 미국의 한 시골 마을에 생기를 불어넣고 온 동네를 하나로 묶어주었으며 그곳을 세계적으로 유명한 장소로 만들 수 있었을까? 아마도 아이오와 스펜서 마을의 사랑스러운 도서관 고양이 '듀이 리드모어 북스(Dewey Readmore Books)'의 이야기를 온전히 듣기 전까지는 위 질문에 답할 수 없을 것이다.

Contents

Prologue 환영합니다, 이곳부터는 아이오와입니다 · 5

Chapter 01 버려진 새끼 고양이 · 13

Chapter 02 어떻게 나를 좋아하지 않을 수 있나요 · 22

Chapter 03 듀이 리드모어 북스 · 32

Chapter 04 즐거운 하루 · 42

Chapter 05 고무줄을 좋아하는 장난꾸러기 · 54

Chapter 06 나의 옛날 이야기 · 65

Chapter 07 작은 승리 · 77

Chapter 08 고양이와 그 친구들 · 87

Chapter 09 듀이의 특별한 사랑법 · 99

Chapter 10 절망의 끝에서 · 111

Chapter 11 숨바꼭질 · 126

Chapter 12 듀이 러브 크리스마스! · 139

Chapter 13 위대한 유산 · 149

Chapter 14 가출 사건 · 164

Chapter 15 올해의 포토제닉 · 178

Chapter 16 스타 탄생 · 187

Chapter 17 변해가는 것들 · 200

Chapter 18 도서관을 지키는 유능한 고양이 · 211

Chapter 19 내 친구, 내 아기 · 225

Chapter 20 작은 마을 도서관을 찾는 사람들 · 243

Chapter 21 우리를 특별하게 만드는 것들 · 255

Chapter 22 우리를 행복하게 만드는 것들 · 270

Chapter 23 우리를 살아있게 만드는 것들 · 282

Chapter 24 까다로운 제왕 · 296

Chapter 25 위기의 순간 · 305

Chapter 26 작별 인사 · 313

Chapter 27 사랑하는 듀이에게 · 321

Epilogue 인생은 결국 사랑이다 · 327

역자 후기 야옹이와 듀이 · 333

버려진 새끼 고양이

⊰ Chapter 01 ⊱

　　1988년 1월 18일은 몹시 추운, 전형적인 아이오와 겨울의 아침이었다. 전날 밤의 기온은 영하 26도에 바람까지 불어 매서운 추위가 코트를 파고들어 뼈가 으스러질 것만 같았다. 그 엄청난 냉기는 숨을 쉬기조차 고통스러울 정도였다. 아이오와 사람 모두가 알고 있듯, 이 대평원의 벌판이 갖고 있는 문제는 바람과 추위를 막아줄 그 무엇도 없다는 점이다. 캐나다에서 밀려 내려오는 찬 바람은 다코타 주를 거쳐 곧장 마을로 불어닥친다. 1800년대 후반에 놓인 리틀수 강의 첫 번째 다리는 강이 꽁꽁 얼어붙는 바람에 교각이 무너져 내릴까 봐 결국 다리 전체를 뜯어내야만 했다. 1893년 겨울에는 마을의 물탱크를 지탱하던 구조물에 불이 났는데, 이때 두께 60센티 지름 3미터의 얼음덩어리가 물탱크에서 떨어져 내리면서 마을의 레크리에이션 센터를 박살내고는 산산조각 난 얼음덩어리들이 그랜드 애버뉴 거리로 쏟아지기도 했다. 겨울에 물파이프가 얼어붙는 것을 방지하려고 지푸라기로 옷을 입혀놓았는데 바로 거기에서 불이 붙었던 것이다. 설상가상으로 주변의 소방전들까지 죄다 얼어붙어 있어 속수무책이었던 사건이었다. 스펜서의 겨울 추위는 한마디로 대단하다.

　나는 늘 그래왔듯 그날도 일찍 집을 나섰다. 아침 7시 반. 도로에는 차가 거의 없었고, 열 블록 거리에 있는 직장에 도착했을 때에도 여느 때와 마찬가지로 주차장에는 내 차밖에 없었다. 길 건너의 스펜서 공공도서관은 마치 죽은 듯 보였다. 불빛도 움직임도 소리도 없이 고요하다가, 내가 스위치를 켜면 그제야 모든 것들이 기지개를 편다. 밤중에 히터가 자동으로 들어온다고는 하지만 이른 아침의 도서관은 냉동고가 따로 없다. 도대체 누가 아이오와 북부 지역에 콘크리트와 유리로 된 도서관을 만들 생각을 했을까? 나는 커피 생각이 간절했다.

　곧장 직원 휴게실로 가서 코트를 걸고 커피를 내렸다. 휴게실이라 해봤자 전자레인지와 싱크대가 딸린 작은 부엌에 지저분한 냉장고, 의자 몇 개, 개인적인 통화를 할 수 있는 전화 한 대가 고작이다. 나는 토요일자 신문을 훑기 시작했다. 마을에 문제가 있으면 도서관도 영향을 받고, 그 반대의 경우도 마찬가지이기 때문이다. 지역 신문인 『스펜서 데일리 리포터』는 일요일과 월요일에 쉬므로 월요일 아침은 토요일 신문을 따라잡는 시간이 된다.

"좋은 아침이에요, 비키." 도서관 부관장인 진 홀리스 클라크가 스카프와 벙어리장갑을 벗으며 들어섰다. "밖이 정말 춥네요."

"진, 어서 와요." 나는 읽던 신문을 내려놓았다.

직원 휴게실 가운데에는 뒷벽을 끼고 뚜껑이 달린 커다란 금속 상자가 자리하고 있다. 높이 60센티에 가로세로 1.2미터짜리의 네모 상자로, 다리를 반쯤 잘라낸 2인용 식탁 크기 정도라고 보면 된다. 상자 위로는 파이프가 솟아올라 벽으로 연결된다. 그리고 그 파이프의 반대편 끝은 도서관 건물 뒤 골목으로 이어진 수납구로, 도서관 근무 시간 후에 책을 반납하는 곳이다.

반납함에는 별의별 것들이 다 들어온다. 쓰레기, 돌멩이, 눈덩이, 음료수 캔까지. 사람들이 따라 할까 봐 사서들이 말을 안 할 뿐이지 어느 도서관이나 사정은 다 마찬가지일 것이다. 아마 비디오 가게들도 비슷한 골치를 앓을 것 같다. 벽에다 구멍 하나만 뚫어놓아 보라. 사서 고생한다는 말이 어떤 건지 알게 될 거다. 특히 우리 도서관 뒷골목 맞은편에는 마을 중학교가 있어 반납함은 수난의 연속인 셈이다. 오후 시간대에 반납함에서 커다란 폭발음이 나 모두를 놀라게 한 적도 몇 번이나 있다. 불꽃놀이용 화약이 터진 것이었다.

주말이 지나면 반납함은 책으로 꽉 찬다. 그래서 월요일마다 나는 사서들이 나중에 분류해서 서가에 진열할 수 있도록 반납된 책들을 카트에 실어놓곤 한다. 그날도 카트를 끌고 다시 휴게실로 들어섰는데 진이 방 한가운데에 가만히 서 있는 걸 보았다.

"무슨 소리가 났어요."

"어떤 소리요?"

"반납함에서요. 무슨 동물인 것 같아요."

"뭐라고요?"

"동물이요. 반납함 속에 동물이 있나 봐요."

바로 그때, 나도 그 소리를 들었다. 금속 뚜껑 안으로 나지막이 우르르 하는 소리가 들렸던 것이다. 동물이 내는 소리라기보다는 오히려 할아버지들이 목청을 가다듬으려고 애쓸 때 내는 소리처럼 들렸다. 하지만 노인이 거기 들어앉아 있을 리 만무하지 않은가. 골목의 반납함 입구는 너비가 몇 센티밖에 되지 않는, 터무니없이 좁은 공간이었다. 무슨 짐승임에는 틀림없었다. 그런데 어떤 동물일까? 나는 무릎을 꿇고 앉아 그 안에 있는 게 그저 다람쥐이길 바라며 반납함 뚜껑 쪽으로 손을 뻗었다.

얼어붙은 찬 공기가 먼저 엄습했다. 누군가 반납함 뚜껑에 책을 끼워놓아 밤새 열려 있었던 것이다. 반납함 안은 밖과 똑같이 찼다. 아니, 반납함은 금속이어서 오히려 바깥보다 더 차가웠을 것이다. 냉동된 고기를 얼려놓아도 좋을 정도였다. 나는 찬 공기에 숨이 막혀 호흡을 고르다 바로 그때 문득 새끼 고양이를 보았다.

그 아기 고양이는 반납함 왼쪽 앞부분에 웅크리고 있었다. 머리를 폭 파묻은 채 다리를 모두 안쪽으로 말아 넣고는 되도록 작게 보이려고 애쓰는 중이었다. 책들이 반납함 천장까지 어지럽게 쌓여 있어서 고양이는 부분적으로만 보였다. 나는 좀 더 똑똑히 보기 위해 책 한 권을 조심스럽게 빼냈다. 그러자 그 고양이는 천천히 슬픈 몸짓으로 고개를 들어

나를 올려보았다. 하지만 이내 고개를 떨어뜨리고는 다시 푹 꺼졌다. 씩씩해 보이려는 것도 아니고 숨으려는 것도 아니었다. 겁먹은 것도 아닌 듯했다. 그저 누군가가 자기를 구해주었으면 하고 바라는 것처럼 보였다.

온몸이 녹는다고 표현하면 진부하게 느껴질지 모르지만, 그 순간 나는 정말로 온몸이 노긋노긋해졌다. 몸 안의 뼈가 다 사라지면 이런 기분일까 싶었다. 난 원래 감상적인 사람이 아니다. 딸을 혼자 키우는 싱글맘에다 시골 농장에서 자랐고 인생의 굴곡도 겪을 대로 겪어본 터였는데, 이건 정말 뭐랄까, 생각지도 못한 일이었다.

나는 반납함에서 고양이를 꺼냈다. 양손으로 감싸자 새끼 고양이는 손안에서 거의 사라져버린 것 같았다. 나중에야 안 사실이지만, 그 당시 나이는 생후 8주 정도였다고 한다. 그러나 겉보기에는 태어난 지 8일도 채 안 된 새끼처럼 보였다. 너무 말라서 갈비뼈가 앙상할 정도였다. 나는 녀석의 심장이 뛰는 것과 숨 쉬는 걸 느낄 수 있었다. 불쌍한 새끼 고양이는 힘이 없어 고개를 가누지도 못했고 온몸을 주체할 수 없이 떨고 있었다. 울어보려고 입도 벌려봤지만, 2초 후에 새어나온 소리는 아주 미약했고 그것도 갈라져 나올 뿐이었다.

차가움. 가장 기억나는 것은 차가움이다. 어떻게 살아 있는 동물이 그토록 차가울 수 있을까. 온기라곤 전혀 없는 듯했다. 내 체온으로 데워주려고 가슴에 살포시 안아보았다. 녀석은 바동거리지 않았다. 오히려 내 가슴을 파고들더니 자기 머리를 내 심장 위에 기대는 것이었다.

"어머, 저것 좀 봐." 진이 말했다.

"가여운 것." 나는 새끼 고양이를 더욱 꼭 끌어안았다.

"너무 귀엽네요."

우린 둘 다 한동안 말없이 아기 고양이만 바라보았다. 한참 만에 진이 물었다. "여긴 어떻게 들어오게 되었을까요?"

나는 전날 밤에 대해 생각하고 있진 않았다. 현재가 더 급했기 때문이다. 수의사를 부르기에는 너무 일렀다. 한 시간은 더 기다려야 동물병원이 문을 열 텐데, 고양이의 몸은 얼음장 같았다. 내 품의 온기에도 불구하고 계속 떨고 있는 것을 느낄 수 있었다.

"뭔가 조치를 취해야겠어요." 나는 말했다.

진이 타월을 가져와 코끝만 밖으로 나오게 해놓고는 고양이를 둘둘 감쌌다. 타월 안쪽을 보니 녀석은 커다란 눈을 동그랗게 뜨고선 놀란 표정으로 내다보고 있었다.

"따뜻한 물로 목욕을 시키죠." 나는 제안했다. "떠는 건 멈출지도 모르니까요."

직원 휴게실의 싱크대를 따뜻한 물로 채우고 나는 고양이를 안은 채 팔꿈치를 넣어 수온이 적당한지 확인했다. 새끼 고양이는 마치 얼음덩어리처럼 스르륵 미끄러져 물속으로 들어갔다. 진이 공예 제작용품 수납장에서 샴푸를 꺼내왔고, 나는 고양이를 천천히 정성을 들여 쓰다듬듯이 씻겼다. 물은 점점 진한 회색으로 변해갔고 심하게 떨던 고양이가 이제는 기분 좋은 듯 가르랑거리기 시작했다. 나는 웃었다. 그래도 이놈이 살려는 투지가 있구나. 하지만 고양이는 너무 어렸다. 싱크대에서 고양이를 꺼냈을 때, 그 작은 머리는 왕방울만한 눈으로 가득 차 있었고 양쪽에 커다란 귀 두 개가 솟아 있었으며 몸은 너무나 작아서 영락없이 갓 태어난 새끼의 모습이었다. 온몸이 젖은 채로 야옹거리며 엄마를 찾는 아기 고양이 말이다.

우리는 공작 시간에 쓰는 드라이어로 고양이를 말렸다. 그리고 약 30초가 지나자 아름다운 긴 털의 오렌지색 줄무늬 고양이가 우리 앞에 나타났다. 외관이 너무 더러운 나머지 이제껏 회색 고양이인 줄 알고 있었던 것이다.

그때쯤에는 도리스와 킴도 도착해 휴게실에는 모두 네 사람이 아기 고양이를 둘러싸고는 귀엽다며 난리들이었다. 여덟 개의 손이 동시에 고양이를 어루만지고 있는 것처럼 보이기도 했다. 나는 고양이를 아기처럼 안고 무게 중심을 이 발에서 저 발로 옮기며 어르면서 직원 세 명이 얘기하는 것을 듣고 있었다.

"어디서 난 거예요?"

"반납함."

"진짜요?"

"여자예요, 남자예요?"

고개를 들어보니 다들 나를 쳐다보고 있었다. "수놈이에요."

"너무 예쁘다."

"몇 개월쯤 됐을까?"

"어떻게 반납함에 들어왔을까요?"

그런 얘기들은 내 귀에 들어오지 않았다. 내 신경은 오직 새끼 고양이한테만 쏠려 있었으니까.

"이렇게 추운데."

"살이 에이도록 추웠잖아요."

"올해 들어 제일 추운 아침이래요."

잠시 침묵이 흘렀다.

"누가 반납함에 떨어뜨렸나 보죠."

"설마, 누가 그런 짓을."

"너무 추우니까 구해주려고 그랬는지도 모르죠."

"알 수 없죠……. 어쨌든 너무 불쌍하네요."

"이렇게 어린데."

"그리고 이토록 예쁜데요. 아, 보기만 해도 가슴이 아프네요."

나는 고양이를 테이블 위에 내려놓았다. 가여운 새끼 고양이는 겨우 힘겹게 설 수 있었다. 부드러운 네 발바닥은 모두 동상에 걸려 일주일이 지나자 하얗게 벗겨졌다. 그럼에도 이 고양이는 그날 정말로 놀라운 행동을 했다. 테이블 위에서 겨우 균형을 잡고 서게 되자 천천히 고개를 들어 우리를 한 명씩 쳐다보는 것이었다. 그러고는 다시 비틀거렸다. 우리가 손을 뻗어 쓰다듬어주려고 하면 작은 머리를 손에 기대고는 기분 좋은 듯 가르랑거렸다. 그래, 이전에 겪은 끔찍한 일들은 모두 다 잊어버리렴. 도서관 반납함에 너를 쑤셔 넣은 잔인한 사람도 잊고. 녀석은 그 순간부터 만나는 사람마다 자기 생명을 구해줘서 고맙다고 일일이 인사하고 싶어하는 듯했다.

반납함에서 고양이를 꺼내고 나서 20여 분이 흐르는 동안 나는 여러 가지에 대해 생각해보았다. 옛날에는 흔히 도서관에 고양이를 두었던 전례가 있었다는 것, 도서관을 좀 더 친근하고 매력적인 장소로 만들고자 하는 내 계획, 고양이의 밥그릇, 먹이, 화장실은 어떻게 할 것인지, 그리고 내 가슴을 파고들며 나를 믿는다는 얼굴로 올려다보던 새끼 고양이의 표정까지. 그래서 직원 중 하나가 "이제 이 애를 어떡하죠?"라고 물었을 때, 나에게는 이미 답이 준비돼 있었다.

"글쎄요." 난 마치 방금 떠오른 생각인 양 대답했다. "우리가 한번 키워보죠, 뭐."

어떻게 나를 좋아하지 않을 수 있나요

◄ Chapter 02 ►

정말 놀랍게도 새끼 고양이는 첫날부터 너무나 행복해했다. 새로운 환경에서 자신을 끌어안고 얼굴을 만지거나 얼굴에 대고 아기 어르는 소리를 내는 낯선 인간들에 둘러싸여 있어도 녀석은 매우 침착했다. 아무리 이 사람 저 사람 돌아가며 안아보고 또 어떠한 자세로 안고 있든 간에, 고양이는 놀라거나 몸부림을 치지 않았다. 절대 물지도 않았고 도망가지도 않았다. 오히려 사람 손안에 녹아들듯이 안겨 그 사람과 눈을 맞추곤 했다.

별것 아닌 것 같지만 그건 대단한 일이었다. 왜냐하면 우리는 단 1초도 아기 고양이를 가만히 두지 않았기 때문이다. 누군가가 정신을 차리고 일을 하기 위해 어쩔 수 없이 고양이를 내려놓으면, 적어도 다섯 명은 달려들어 고양이를 안고 쓰다듬고 보살피기에 바빴다. 그래서 첫날 저녁 도서관 문을 닫기 위해 고양이를 내려놓았을 때에는, 혼자 힘으로 밥그릇과 고양이 화장실용 모래 상자까지 혼자 걸어갈 수 있을지 걱정되어 5분간 지켜봐야 했다. 그날 하루 동안은 동상 걸린 네 발이 거의 한 번도 땅을 디딘 적이 없었기 때문이다.

다음 날 아침 도리스 암스트롱이 따뜻한 핑크색 담요를 가지고 왔다. 도리스는 직원들의 할머니 격으로 어미 닭처럼 우리를 돌보아온 분이다. 도리스가 아기 고양이의 턱 아랫부분을 긁어주고는 마분지로 된 상자 안에 담요를 깔아주었다. 아기 고양이는 얼른 상자 안으로 들어가 다리를 몸 아래로 집어넣고 앉았다. 고양이는 행복한 만족감으로 눈을 지그시 감았지만 그것도 잠시뿐, 또다시 누군가가 고양이를 집어들어 품 안에 안았다. 단 몇 초간만 안고 있어도 다들 행복해했다. 수년간 우리 도서관 직원들은 양분되어 있었다. 그런데 이제는 새끼 고양이를 위한 일이라면 너나 할 것 없이 나서서 한 가족으로 뭉쳤고, 고양이도 이제는 도서관을 자기 집으로 생각하게 되었다.

우리는 이튿날 아침 느지막에야 도서관 외부 사람에게 새 가족이 생겼다는 얘기를 처음으로 털어놓았다. 그 사람은 메리 휴스턴으로, 스펜서의 지역 역사학자이자 도서관 이사회의 일원이었다. 직원들은 이미 아기 고양이를 식구로 생각했지만 고양이를 키우는 일은 우리들이 마음대로 결정할 수 있는 일이 아니었다. 사실 그 전날 나는 임기를 한 달 남겨놓고 있던 스퀴지 채프먼 시장에게 전화를 걸었었다. 예상했듯이 그는 별로 개의치 않았다. 스퀴지는 독서광도 아니었고, 스펜서에 도서관이 있다는 사실조차 몰랐던 것 같다. 나는 두 번째로 마을 변호사에게도 전화를 걸었다. 그는 도서관에 동물을 들일 수 없다는 법규는 없는 걸로 안다고 했고 실제 그러한 법이 있다 해도 열심히 알아볼 열의는 전혀 없는 듯 보였다. 나는 그 정도면 됐다 싶었다. 이사회는 도서관 경영을 위해 마을 사람들 중에서 시장이 임명하는 단체인데, 결국엔 이 이사회가 최종 결정을 하는 것이었다. 이사회는 '도서관 고양이'를 반대하지 않았지만, 그렇다고 두 팔 벌려 환영하는 태도도 아니었다. 그들의 반응은 '물론이에요, 우리가 전적으로 밀어드리지요' 라기보다는 '글쎄, 해보지요, 뭐'에 가까웠다.

그래서 메리 같은 이사회 회원을 만나는 것은 매우 중요한 일이었다. 왜냐하면 도서관에 동물이 있어도 무방하다는 일반론과, 바로 이 새끼 고양이가 있어도 된다는 것은 또 다른 이야기였기 때문이다. 귀엽다고 아무 고양이나 데려다 놓을 수는 없는 노릇이다. 그 고양이가 사람을 좋아하지 않으면 적이 생기기 마련일 테고, 만일 너무 수줍어하거나 겁이 많으면 어느 누구도 고양이를 옹호해주지 않을 것이다. 또 참을성이 없는 동물이라면 사람을 깨물지도 모를 일이다. 한편 너무 천방지축이어도 사방을 엉망진창으로 만들어놓을 것이니, 무엇보다 사람과 함께 하는 걸 좋아하고 사람들로부터 사랑을 받을 수 있어야 한다. 다시 말해, 아무 고양이나 가능한 게 아니라 이러한 조건에 딱 맞는 고양이가 따로 있다는 것이다.

나는 우리 고양이가 틀림없이 적합하다고 생각했다. 첫날 차분한 눈빛으로 나를 올려다보던 순간부터 이 녀석은 우리 도서관의 고양이가 될 거라고 확신했다. 내 팔에 안겨 있을 때도 고양이의 가슴은 요동치지 않았고 그 작은 얼굴은 한순간도 무서워하는 기색이 없었다. 나를 완전히 믿었던 것이다. 그리고 이 새끼 고양이는 우리 직원 모두를 완벽하게 믿었다. 그래서 더욱 특별했던 것이다. 사람을 완전히, 못 말릴 정도로 믿어주는 것. 그 때문에 나도 이 고양이를 믿었다.

그렇다고 메리에게 직원 휴게실로 들어오라고 손짓하면서도 전혀 걱정하지 않았던 것은 아니다. 아기 고양이를 안고 메리를 향해 돌아서는 그 순간, 나는 불안함에 가슴이 싸해지는 걸 느꼈다. 새끼 고양이가 처음 나와 눈을 맞추었을 때, 그때 벌써 내 마음은 정해졌다. 그 순간 우리의 마음이 서로 엮여버렸던 것이다. 녀석은 이미 내게 그냥 단순한 고양이가 아니었다. 단 하루 동안 같이 있었을 뿐이었는데, 벌써 헤어진다는 건 견딜 수 없을 것 같았다.

"어머! 얘로군요." 메리는 미소를 지으며 환호했다. 그녀가 손을 뻗어 새끼 고양이의 머리를 쓰다듬으려 했을 때 나는 더 꼭 붙잡기 위해 안고 있던 팔에 힘을 주었지만 듀이는 전혀 긴장한 기색이 아니었다. 오히려 목을 쭉 빼고는 메리의 냄새를 맡았다.

"오, 잘생겼구나." 메리가 말했다.

잘생겼다. 이 말은 그 뒤에도 여러 번 들었다. 말 그대로 듀이는 잘생긴 고양이였으니까. 듀이의 털은 밝은 오렌지색과 흰색이 섞인 바탕에 희미하게 어두운 줄무늬가 들어가 있었다. 나중에 크면서 털은 더 길어졌지만 새끼 때에는 목 주위에만 두툼하고 멋진 긴 털이 나 있었다. 고양이들은 대부분 코가 뾰족하다거나 주둥이가 너무 튀어나왔다거나 입이 약간 삐뚤기도 하는데, 이 새끼 고양이는 완벽하게 균형 잡힌 얼굴에 커다란 황금색 눈을 갖고 있었다.

하지만 우리의 마음을 사로잡은 것은 외모만이 아니었다. 듀이는 성격도 좋았다. 그저 한 번만 이 고양이를 안아보면 쉽게 알 수 있었다. 고양이의 얼굴에서, 당신을 쳐다보는 그 눈길에서, 사랑을 갈구하는 느낌이 여실히 풍겨나왔다.

"안아주는 걸 좋아해요." 조심스럽게 듀이를 메리의 품에 안겨주며 말했다.

"아니요, 위를 쳐다보게요. 네, 그렇게요. 아기 안듯이요."

"5백 그램 정도 될까요?"

"제가 보기엔 그만큼도 안 나갈 것 같아요."

아기 고양이는 꼬리를 흔들더니 메리의 품 안에 자리를 잡았다. 이 고양이는 도서관 식구들만 본능적으로 믿는 것이 아니라 모든 사람을 쉽게 믿었다.

메리는 곧 "오, 비키, 너무 귀여워요. 이름이 뭐예요?"라고 물었다.

"듀이라고 부르고 있어요. 듀이 십진분류법에서 따왔지요. 정식 이름은 아직 못 정했어요."

"안녕, 듀이야. 도서관 좋아하니?"

듀이는 메리의 얼굴을 올려다보더니 살며시 머리를 그 팔에 기댔다. 메리는 고개를 들더니 "온종일 안고 있고 싶네요"라고 웃으며 말했다.

그러나 물론 그녀는 그렇게 하지 않았다. 메리가 건네준 듀이를 다시

내 품에 안고 복도 모퉁이를 돌아갔더니 전 직원이 우리를 기다리고 있었다. "잘된 것 같아요. 한 사람 성공, 이제 만 명만 더 설득하면 되겠어요."

우리는 서서히 고양이를 좋아하는 단골 이용객들에게 듀이를 소개하기 시작했다. 듀이는 여전히 많이 허약한 상태였기에 손님들의 팔에 직접 안겨주었다. 마시 머키가 둘째 날 도서관에 왔는데, 듀이에게 첫눈에 반하고 말았다. 마이크 베어와 그의 아내 페그도 너무 좋아했다. 두 사람은 듀이를 도서관에서 기르는 것이 '좋은 아이디어'라고 했는데, 마이크가 마침 도서관 이사회 회원이었기에 더욱 잘된 일이었다. 팻 존스와 주디 존슨도 너무 귀여워했다. 사실 스펜서에는 주디 존슨이 네 명이나 있었다. 그중 둘은 도서관 단골이었고 곧 둘 다 듀이의 팬이 되었다. 인구 만 명의 마을은 도대체 어느 정도의 규모일까? 제일 많은 동명이인이라고 해봐야 주디 존슨이 네 명이고, 세 개의 가구점과 두 개의 신호등이 있는 상가 거리가 있으며, 저택은 단 하나밖에 없다. 그래서 모두들 그 건물을 그저 '저택'이라고 불렀다. 전형적인 아이오와 스타일이란 이런 것이다. 이곳에서는 겉치레나 거추장스러운 것을 싫어하고 단순 사실만을 전달하는 방식을 선호한다.

일주일 후 '스펜서 도서관의 새 식구'라는 헤드라인으로 듀이 이야기가 『스펜서 데일리 리포터』의 1면을 장식했다. 반 페이지에 달하는 그 기사는 듀이의 기적적인 구출 사건을 소개하며, 구식 도서관 카드 카탈로그 서랍장 위에 앉아 수줍지만 자신 있게 카메라를 들여다보는 조그마한 오렌지색 새끼 고양이의 컬러 사진을 함께 실었다.

언론을 타는 것은 위험한 일이다. 일주일간 듀이의 존재는 도서관 직원들과 소수의 고객들만 알고 있던 비밀이었다. 도서관을 방문하지 않고는 듀이에 대해 알 길이 없었기 때문이다. 그러나 이제는 온 마을사람이 알게 되었다. 도서관 직원들을 포함해 대부분의 사람들은 듀이에 대해 크게 신경 쓰지 않았지만, 듀이의 등장에 열광하는 두 개의 집단이 생겨났다. 바로 고양이 애호가들과 어린이들이었다. 나는 아이들의 즐거워하는 모습과 환한 미소만으로도 듀이가 우리와 함께 살아야 할 이유는 충분하다고 생각했다.

하지만 불평분자들도 있었다. 솔직히 약간 실망은 했지만, 그다지 놀랄 일도 아니었다. 하느님이 만든 이 푸른 하늘 아래에서 인간이 불평하지 않는 것은 하나도 없으니 말이다. 심지어 하느님과 푸른 하늘에 대해서까지 불평하는 세상이니까.

그중 심기가 매우 불편하다는 여성이 있었다. 나를 비롯해 시의회 의원 모두에게 보낸 항의 편지는 성경에나 나오는 불과 유황 비를 내릴 듯한 기세였다. 그 편지는 어린이들이 급성 천식 발작으로 쓰러져가고, 임신부들은 고양이 배설물에 노출되어 유산하는 이미지들로 가득 차 있었다. 그 여자의 말에 따르면 나는 사람 잡는 정신 나간 여자로, 아직 배 속에 있는 아기까지 포함해 무고한 어린아이들의 건강을 위협하는 존재였으며, 이 공동체의 사회적 근간을 뒤흔드는 사람이었다. 동물이라니! 그것도 도서관에! 만약 이 사태를 좌시한다면 앞으로 그랜드 애버뉴에 암소를 몰고 나오지 말라는 법도 없다는 얘기도 있었다. 실제로 그녀는 날을 잡아 도서관에 본인의 암소를 몰고 오겠다고 했다. 다행히 아무도 그녀의 말을 진지하게 생각하진 않았다. 물론 표현이 지나쳐서 그렇지 마을에는 그녀와 비슷한 생각을 하는 사람들도 있었을 것이다. 하지만 대중의 이러한 일반적인 분개는 그리 큰 문제가 아니라고 생각했다. 내가 아는 한 그 사람들 중 실제로 도서관을 이용하는 이는 단 한 사람도 없었기 때문이다.

한편 부모들의 근심 어린 전화가 내겐 더 시급한 문제였다. "우리 애한테 알레르기가 있어요. 어쩌면 좋죠? 도서관 가는 걸 너무 좋아하는데요." 사실 그 점은 나 역시 가장 크게 우려하는 점이었기 때문에 나는 어느 정도 준비가 되어 있었다. 1년 전 뉴욕 주 북부 퍼트넘 밸리 도서관에서 한창 사랑받던 애완 고양이 머핀이 쫓겨난 일이 있었다. 도서관 이사회 회원 중 한 명에게 극심한 고양이 알레르기가 생겼기 때문이었다. 그로 인해 도서관은 현지 주민들의 유산 중 도서관 기부금으로 약정되었던 8만 달러를 놓칠 수밖에 없었다. 나는 우리 고양이와 우리 도서관이 머핀과 그 도서관처럼 되지 않도록 만들 작정이었다.

스펜서에는 알레르기 전문의가 없었기에 두 명의 일반의로부터 조언을 구했다. 도서관은 개방된 큰 공간으로, 1.2미터 높이의 책장으로 섹션이 나뉘어 있었다. 직원 휴게실, 내 사무실, 창고 등은 가벽을 세워 구분했는데 이곳도 천장부터 약 2미터 정도는 뚫려 있었다. 벽에는 문 대신 문 크기로 두 개의 구멍을 내어 항상 개방되어 있었다. 직원 휴게실도 책장으로 분리되었을 뿐, 결국 도서관 전체가 열린 공간이나 다름없었다.

이런 구조 덕분에 듀이는 안전한 직원 휴게실을 언제나 마음대로 드나들 수 있었고, 의사들 말로는 열린 공간이기 때문에 고양이 털과 비듬 따위가 한곳에 계속 쌓이는 것을 예방할 수 있을 거라 했다. 어찌 보면 우리 도서관은 알레르기를 예방하기 위해 지어진 구조물인 듯했다. 만일 직원이 알레르기가 생긴다면 곤란하겠지만 일반 이용객들처럼 2, 3일마다 한 번에 한두 시간씩 노출되는 정도라면 문제될 것이 없다고 의사들은 입을 모았다.

부모들의 걱정스러운 전화는 내가 직접 받아 이런 전문적 소견을 다 설명해주었다. 물론 부모들은 여전히 회의적인 반응을 보였지만, 그럼에도 대다수가 시험 삼아 아이들을 한 번씩 데려오곤 했다. 그리고 그들이 찾아올 때마다 나는 듀이를 팔에 안고 인사를 건넸다. 부모들이 어떻게 반응할지 자신이 없기도 했지만, 한편으론 아이들이 듀이를 보고 좋아하며 흥분하는 경우가 있기에 듀이가 어떻게 반응할지 확신이 없어서이기도 했다. 어머니들은 아이들에게 고양이를 차분히, 부드럽게 대하라고 일렀다. 아이들은 천천히 조심스럽게 다가와 "듀이, 안녕" 하며 속삭이고는 기쁨에 넘치는 웃음을 터뜨렸고, 어머니들은 "그만 가자"라고 채근하며 아이들을 데리고 나가곤 했다. 듀이는 어린이들의 웃음과 소음에도 전혀 동요하지 않았다. 듀이는 내가 아는 한 가장 침착한 새끼 고양이였다. 내 생각엔 오히려 아이들이 자기를 만지지 못하게끔 하는 것이 불만인 듯했다.

그러고 나서 며칠 후 그중 한 가족이 도서관을 다시 방문했는데, 이번에는 카메라를 들고 왔다. 어머니가 알레르기 때문에 그토록 우려했던 아이는 듀이 옆에 나란히 앉아 한껏 고양이를 쓰다듬었고, 어머니는 그런 아이의 모습을 사진에 담았다.

"저스틴은 애완동물을 키울 수가 없어요." 어머니가 말했다.

"그래서 전 이 애가 얼마나 동물을 좋아하는지 미처 몰랐어요. 애는 벌써 듀이를 사랑한대요."

나도 이미 듀이를 사랑하고 있었다. 우리 모두 듀이를 사랑했다. 어떻게 듀이의 매력을 거부할 수 있겠는가. 아름답고, 사람을 잘 따르고, 사교적이고, 그리고 아직도 동상 걸린 조그만 네 발로 절룩거리고 다니는 그 녀석을 어찌 사랑하지 않겠는가 말이다. 더구나 정말로 신기한 사실은, 듀이가 우리를 매우 사랑한다는 것이었다. 이 고양이는 낯선 사람 곁에서도 너무나 편안해했다. 이 녀석의 태도는 마치 '아니, 고양이를 사랑하지 않는 사람이 있을 수 있나요?' 혹은 '어떻게 나를 좋아하지 않을 수 있나요?' 라는 것처럼 보였다. 나는 곧 깨달았다. 듀이는 자신을 단지 평범한 고양이라고 생각하지 않는다고. 녀석은 항상 자신을 독특하고 특별한 존재라고 생각했던 것이다. 녀석이 옳았다.

듀이 리드모어 북스

Chapter 03

 듀이는 운이 좋은 고양이였다. 도서관 반납함의 냉기와 추위를 이겨 냈고, 자신을 사랑해줄 도서관 식구들도 만났고, 더욱이 도서관은 자신 에게 안성맞춤으로 설계되어 있었다. 이리저리 생각해봐도 듀이는 팔자가 핀 고양이였다. 뿐만 아니라 이 마을로 봐서도 듀이는 행운이었다. 듀이는 정말 시기를 잘 맞추어 우리와 만났던 것이다.
 대도시 사람들은 1980년대의 농가 위기를 기억하지 못할 것이다. 가수 윌리 넬슨이 이끌었던 팜 에이드, 즉 농가 돕기 자선 공연이라면 혹시 기억할지 모르겠다. 또는 가족농과 소농들이 몰락하고 수 킬로미터가 지나도록 농장 하나 농부 한 사람 보이지 않는 대기업형 농업, 대농장형 농업으로 변모했다는 기사를 기억할지도 모르겠다. 대다수 사람들에게 이런 종류의 기사는 그냥 지나가는 이야기일 뿐 자신들에게 직접적으로 다가오지는 않는 법이다.

그러나 이 마을에서는 그 모든 것들이 피부로 느껴지는 일이었다. 공기에서, 땅에서, 사람들의 말 속에서 느껴지는 변화였다. 스펜서는 원래 제조업 기반이 탄탄한 편이었지만, 그럼에도 기본적으로는 농촌 마을이다. 스펜서는 농부에 의한, 농부를 위해 있는 마을인 것이다. 그런데 농장에서 모든 것이 무너지고 있었다. 이들은 우리가 모두 잘 아는 집들이고 수 세대에 걸쳐 이곳에 뿌리내리고 있던 집안들인데, 이들이 힘들어하고 있다는 걸 마을 사람들은 모두 알 수 있었다. 이들은 처음에 새 기계나 부품을 사러 읍내로 들어오지 않았다. 자체적으로 대충 수리하고 견디어보자는 것이었다. 그다음엔 식료품 구입을 줄이기 시작했다. 그리고 나중에는 농장 대출 월납금을 연체하기 시작했다. 한번 풍년만 들어준다면 충분히 갚을 수 있을 거라 믿었고, 또 그것을 기대했다. 하지만 기다리던 기적이 일어나지 않자 은행은 강매 처분에 들어갔다. 아이오와 북서부 농장의 절반이 1980년대에 파산했다. 이 농장들을 새로 인수한 주인들은 거대한 농업 대기업이나 외지 투기꾼들, 그리고 보험회사였다.

농장 위기는 1930년대 이 지역을 강타했던 모래바람과 황진 사태 같은 자연재해가 아니었다. 이 위기는 근본적으로 금융 재앙이었다. 1978년만 해도 클레이 카운티의 농지는 1에이커가 9백 달러에 거래되고 있었다. 그러나 땅값이 오르기 시작하더니 1982년에는 에이커당 2천 달러가 되었다. 그리고 1년 후, 땅값은 4천 달러로까지 치솟았다. 상황이 그렇게 되자, 농부들은 대출을 받아서라도 더 많은 땅을 사들였다. 땅값이 천정부지로 올라 그 땅에 농사를 짓는 것보다 땅을 더 갖고 있다가 몇 년마다 땅을 조금씩 파는 게 더 돈이 되었으니 말이다.

그러다 실물 경제가 나빠지기 시작했다. 땅값이 떨어지고 은행의 돈줄이 말라갔다. 농부들은 더 이상 땅을 담보로 융자를 받아 새로운 기계를 살 수 없었고, 심지어 파종기에 새 종자를 살 돈도 대출받지 못했다. 곡물가는 예전에 받은 대출 이자를 갚을 만큼 높지 못했고, 이자가 연 20퍼센트 이상까지 달하는 융자가 대부분이었다. 경제가 바닥을 치기까지 4, 5년이라는 기간이 더 걸렸다. 이제는 바닥이겠거니 하는 희망도 헛되게 세월은 그렇게 흘러갔고, 우리 지역 농민들은 서서히 바닥 없는 수렁으로 빠져들었다.

1985년에는 마을 북쪽에 있던 랜드오레이크스라는, 버터와 마가린을 생산하는 큰 기업의 공장이 문을 닫았다. 곧이어 실업률이 10퍼센트에 이르렀다. 10퍼센트면 별것 아닌 것 같지만, 스펜서 시의 인구가 단 몇 년 동안 만 천여 명에서 8천 명으로 줄어든 상태였으니 8백 명이라는 숫자가 가지는 비중은 꽤 큰 것이었다. 주택 가격은 하룻밤 새 25퍼센트나 떨어졌다. 사람들은 일자리를 찾아 마을을 떠났고, 아예 아이오와 주를 떠나는 사람들도 적지 않았다.

농지 가격은 계속 떨어졌고 결국 더 많은 농부들이 파산에 이르렀다. 하지만 땅을 경매에 부쳐봤자 대출금을 회수하기에는 턱없이 부족해 결국 은행도 막대한 손해를 입게 됐다. 이 은행들은 지방의 시골 은행으로 작은 마을의 버팀목이었다. 이들 은행은 서로 잘 알고 믿으며 지내던 농부들과 동네 사람들에게 대출을 해주며 살았는데, 농부들이 돈을 갚을 수 없게 되면서 시스템이 붕괴되었던 것이다. 아이오와 도처에서 시골 은행들이 파산하기 시작했다. 뿐만 아니라 미국 중서부 전역에서 은행들이 도산 대열에 올랐다. 스펜서의 저축 대부 은행은 헐값에 외지인에게 팔렸고, 은행의 새 주인들은 신규 융자를 해주려 하지 않았다. 경제 발전에 급제동이 걸렸다. 1989년 말까지 스펜서 시에서 신규 건설 허가 신청 건은 한 건도 없었다. 단 한 건도. 어느 누구도 죽어가는 마을에 돈을 투자하려 하지 않았다.

매해 크리스마스가 되면 스펜서 시는 마을로 산타클로스를 부르곤 했었다. 스펜서의 가게들은 돈을 모아 행사를 개최해 하와이 여행을 경품으로 내걸곤 했다. 특히 1979년에는 마을 가게들이 엄청난 성황이어서 가게 앞에 산타 행사를 위한 스탠드조차 세울 공간이 없었다. 하지만 1985년에는 시내의 스물다섯 개 가게가 텅텅 비어 30퍼센트의 공실률을 보였다. 당연히 하와이행 경품 행사도 없었다. 산타클로스도 간신히 마을로 부를 수 있었다.

도서관은 이 상황에서 마을에 기여할 수 있는 일을 찾았다. 랜드오레이크스가 문을 닫았을 때 도서관에 일자리 은행을 설치해 구인 리스트나 구직에 필요한 신기술에 대한 책, 그리고 직무 요건이나 기술 트레이닝에 대한 정보를 제공하기 시작했다. 또 컴퓨터를 구비해 마을 사람들이 이력서를 작성하고 자기소개서를 쓸 수 있게 했다. 대부분의 마을 사람들은 이때 컴퓨터를 처음 보았을 것이다. 너무 많은 사람들이 일자리 은행을 이용했기 때문에 마을 전체가 우울한 분위기였다. 나처럼 직장이 있는 사서도 우울함을 느낄 정도였는데 해고당한 공장 노동자, 파산한 자영업자들, 농장이 파산해 실직한 농부들은 얼마나 암울했겠는가.

그러던 중, 우리 품에 듀이가 뛰어들었던 것이다. 사실 듀이가 누구를 먹여 살린 것도 아니요, 새로운 일자리를 창출해낸 것도 아니고 듀이 때문에 경제가 회복된 것도 아니었기에 이 사건이 대단히 의미있는 일이라고 말하고 싶지는 않다. 그러나 경제가 나쁠 때 겪는 가장 큰 피해 중 하나는 마음의 상처가 아니던가. 경기가 나쁠 때 사람들은 종종 기운이 빠지고 부정적인 생각이 사고를 지배하게 하며 매사를 어둡게 바라보게 된다. 나쁜 소식은 상한 빵을 먹는 것만큼이나 해로운 것이다. 그런데 듀이는 잠시나마 사람들의 고달픈 삶을 잊게 해주었다.

사실 듀이는 그보다 더 큰 존재였다. 듀이가 도서관에 오게 된 사연은 왠지 모르게 스펜서 사람들의 마음에 와 닿았다. 즉, 모두가 듀이의 상황을 자신과 동일시했던 것이다. 어찌 보면 우리 모두 은행이나 외부의 경제적 힘에 의해 등 떠밀려 도서관 반납함에 쑤셔 박히듯 추락하지 않았던가. 우리가 수확한 곡물을 먹고 사는 미국의 다른 곳들로부터 버림받지 않았던가 말이다.

이 고양이는 냉동고 같은 반납함에 버려졌고, 공포에 떨며 외롭게 목숨을 걸고 추위와 사투를 벌였다. 듀이는 그 어두운 밤을 견뎌냈고, 그 끔찍한 사건은 결국 녀석에게 전화위복이 되었다. 이 고양이는 어떠한 상황에서도 결코 믿음을 버리지 않았고 삶에 감사할 줄 알았으며 겸손했다. 어쩌면 겸손이라는 말은 적절한 단어가 아닐는지도 모르겠다. 얘는 고양이니까. 그러나 오만하지 않다고는 할 수 있지 않을까. 그러면서도 듀이는 자신감이 있었다. 이것은 죽다 살아온 생존자만이 가질 수 있는 태도일지 모른다. 모든 희망이 사라진 저 너머까지 갔다 온 사람에게서만 느낄 수 있는 의연함, 그런 것이 아닐까? 우리가 듀이를 발견한 그 순간부터 이 작은 고양이는 모든 것이 더 나아지리라 믿었던 것이다.

듀이는 주변에 있는 다른 사람들도 그렇게 믿도록 만들었다. 열흘이 지나자 듀이는 혼자 도서관을 탐험할 수 있을 정도로 건강해졌고, 도서관을 한 바퀴 돌아본 후에는 녀석이 책과 책장, 다른 물건들에도 별 관심이 없다는 것이 명확해졌다. 듀이의 관심사는 오로지 사람이었다. 도서관에 손님이 있을 때면 아직 발이 아파 빨리 걷지는 못할지라도 더 이상 비틀거리지 않고 똑바로 걸어가 사람 무릎 위로 뛰어올랐다. 손님이 밀쳐내는 경우도 자주 있었지만 녀석은 거절당한다고 결코 포기하지 않았다. 듀이는 자기가 누울 수 있는 무릎과 자신을 쓰다듬어줄 손을 찾아 계속해서 사람들의 품으로 뛰어들었고, 도서관의 분위기는 차츰 달라지기 시작했다.

처음에는 나이 든 고객들이 바뀌기 시작했다. 이 노인들은 잡지를 뒤적이거나 책을 보기 위해 도서관을 자주 찾는 이용객들이었다. 그런데 듀이가 이들과 함께 시간을 보내기 시작하면서부터 노인들은 더 자주 도서관에 나타나 예전보다 더 오래 머물렀다. 몇 명은 예전보다 옷도 더 잘 차려입고 자신의 외모에 신경을 쓰는 듯 보였다. 대개 노인들은 우리 직원들에게 손을 흔들거나 간단한 인사만 하곤 했는데, 이제는 직원들과 대화를 나누기 시작했다. 화제는 늘 듀이였다. 듀이의 이야기는 아무리 들어도 싫증 나지 않는 듯했다. 이제 그들은 대충 시간을 때우러 도서관에 오는 게 아니라 친구들을 만나러 도서관에 오는 것이었다.

 매일 아침 같은 시간에 들러 크고 안락한 의자에 앉아 신문을 읽는 노인이 있었다. 부인이 얼마 전 세상을 떠났고 그가 매우 외롭다는 것을 나는 알고 있었다. 그가 고양이를 좋아할 거라고는 생각지 못했는데, 듀이가 노인의 무릎에 올라간 순간부터 노인의 얼굴이 환해지기 시작했다. 더 이상 그는 혼자 신문을 읽고 있는 것이 아니었다. "듀이야, 여기서 지내는 게 그렇게 좋으니?" 노인은 아침마다 자신의 새 친구를 쓰다듬으며 이렇게 물었다. 그러면 듀이는 눈을 지그시 감고는 대부분의 경우 이내 잠이 들었다.

 일자리 은행 프로그램을 사용하러 오는 남자가 있었다. 개인적으로 아는 사람은 아니었지만 나는 그런 유형을 잘 알고 있었다. 자존심 강하고 성실하며 강인한 사람인 듯했지만 그는 많이 힘들어하고 있었다. 일자리 은행을 이용하는 다른 사람들과 마찬가지로 그는 농부가 아니라 노동자였다. 예전에 직장이 있었을 때와 똑같이 늘 청바지에 평범한 셔츠 차림이었던 그는 절대 컴퓨터를 이용하지 않았다. 이력서 작성법 책을 꼼꼼히 읽었고 우리 도서관이 작성한 구인 리스트도 종종 살펴보는 듯했지만 우리에게 도움을 청한 적은 한 번도 없었다. 과묵하고 꾸준하고 침착한 사람이었지만 몇 주가 지나는 동안 점차 그의 구부정한 등에서, 깨끗이 면도한 얼굴과 깊어지는 주름에서, 무거운 실직의 무게를 느낄 수 있었다. 듀이는 매일 아침 이 남자에게 다가갔지만 항상 내침을 당하곤 했다. 그러던 어느 날, 우연히 나는 듀이가 그의 무릎 위에 앉아 있는 것을 보았고 몇 주 만에 처음으로 그 남자가 웃는 것을 보았다. 아직 등은 구부정했고 눈가에는 슬픔이 묻어 있었지만, 그는 분명 웃고 있었다. 듀이가 가진 것은 별로 없었을지 몰라도, 1988년 겨울의 그 녀석은 스펜서가 가장 필요로 하는 것을 주었던 것이다.

그래서 나는 우리의 아기 고양이를 마을 전체에 안겨주기로 했다. 직원들도 그것을 이해했다. 듀이는, 엄밀히 말하자면 우리의 것이 아니었기 때문이었다. 듀이는 스펜서 공공 도서관 고객들의 친구였다. 나는 도서관 입구, 일자리 은행 코너 바로 옆에 상자를 갖다 놓았다. 그리고 그 상자에 '여러분의 무릎에 앉아 이력서 작성을 도와주는 고양이 아시죠? 여러분과 함께 신문을 읽는 고양이에 대해 알고 계시죠? 여러분의 가방에서 립스틱을 빼내고 여러분이 소설 서가를 찾는 걸 도와주는 고양이를 아시죠? 이 고양이는 여러분의 고양이입니다. 고양이의 이름을 지어주세요' 라고 써 붙였다.

그 당시 나는 도서관장이 된 지 6개월밖에 되지 않았으므로 각종 콘테스트에 열심이었다. 나는 몇 주 간격으로 로비에 이와 같은 상자를 가져다 놓고선 마을의 라디오 방송국을 통해 경품을 걸고 콘테스트를 한다고 발표했다. 어떻게 해서든 도서관의 최신 소식에 사람들의 관심을 모으기 위해서였다. 좋은 선물을 주는 콘테스트라면 50명 정도 응모했고, 상품이 텔레비전 세트와 같은 값비싼 경우에는 70명까지도 모을 수 있었다. 평균적으로는 25명 정도가 응모하곤 했다. 고양이 이름 짓기 콘테스트는 라디오에서 발표하지 않았다. 도서관의 단골 이용객들만 응모했으면 했고 또 상품도 없었기 때문이다. 그런데 이 콘테스트에 397명이 응모를 한 것이었다. 397명! 도서관으로서는 획기적인 수확이었다. 듀이에 대한 마을 사람들의 관심은 하늘을 찌를 듯했다.

라자냐를 좋아하는 고양이 만화 『가필드』가 인기 절정이었을 때인지라 가필드(Garfield)라는 이름이 많이 나왔다. 타이거(Tiger)라는 이름도 아홉 표를 얻었다. 그리고 티거(Tigger)도 비슷한 표를 얻었다. 나인 라이브스(Nine Lives)라는 사료를 선전하는 고양이 모리스(Morris)도 여러 표를 얻었다. 그리고 TV쇼를 진행하는 귀여운 외계인 인형 알프(ALP)와 맥주 광고로 유명해진 파티 강아지 스퍼드 매켄지(Spuds MacKenzie)에서 이름을 딴 스퍼즈(Spuds)처럼 반짝 유행하는 이름도 몇 표를 얻었다. 그리고 플리백(Fleabag), 즉 벼룩쟁이처럼 응모자의 얄미운 의도가 드러나는 것도 몇 있었고 기발함과 괴이함의 선상을 넘나드는 캣갱 아마데우스 태피(Catgang Amadeus Taffy, 사탕 이름)와 같은 이름도 있었으며 레이디북스(Ladybooks, 수컷 고양이에겐 맞지 않는 이름인 듯), 홉스노퍼(Hopsnopper), 박스카(Boxcar), 넉스터(Nukster)와 같은 이름들이 있었다.

그러나 결국 50명 이상의 표를 얻어 선택된 이름은 듀이였다. 알고 보니 도서관 고객들은 벌써 이 고양이에게 정이 들었고 이름이 바뀌는 걸 원치 않았다. 그리고 솔직히 말해, 우리 직원들도 마찬가지였다. 우리도 지금껏 불러왔던 듀이라는 이름에 정들어 있었다.

그럼에도 이 이름은 뭔가가 허전했다. 그래서 우리는 듀이에게 성을 지어주기로 했다. 어린이 도서 담당 사서인 메리 워크가 리드모어(Readmore)를 제안했다. 그때만 해도 만화는 어린이들만 봤고, 토요일 낮 12시 이전에만 방영될 때였다. 토요일 아침 만화가 방영될 때 O. G. 리드모어라는 만화속의 고양이가 나오는 광고가 있었다. "책을 보면 머릿속에 TV가 보여요"라며 어린이들에게 독서를 권장하는 공익 광고였다. 거기서 나온 이름이 분명했다. 듀이 리드모어. 그럴듯했다. 하지만 그럼에도, 뭔가 허전했다. 그래서 나는 북스(Books)라는 성을 제안했다.

듀이 리드모어 북스(Dewey Readmore Books). 첫 이름은 듀이. 십진분류법을 철칙으로 알고 사는 사서들을 위한 이름. 두 번째 이름은 어린이들을 위해. 그리고 마지막은 모든 사람을 위해서.

우리 '리드 모어 북스(Read More Books)' 할까요? 우리 책을 더 많이 읽을까요? 그 이름은 하나의 도전을 뜻하기도 했다. 우리 모두를 배움의 분위기로 이끌 수 있는 이름. 이제 마을 전체가 더 많이 읽고 더 많이 배우게 될 것만 같았다.

듀이 리드모어 북스. 기품 있고 자신에 찬, 아름다운 우리 고양이를 위한 세 개의 이름. 만약 그때 생각이 났더라면 나는 듀이 리드모어 북스 '경(Sir)'이라고 불렀을 것이다. 그러나 우리는 일개 사서에 불과할 뿐 아니라 동시에 아이오와 사람이었다. 우리는 겉치레와 허세를 싫어했다. 그리고 듀이 역시 그런 것을 싫어했다. 그래서 사람들은 거의 대부분 성을 빼고 이름만 부르거나, 때로는 그것도 줄여 '더 듀(the Dew)'로만 부르곤 했다.

즐거운 하루

Chapter 04

고양이는 습관의 동물인지라 듀이도 얼마 지나지 않아 자신의 일과를 만들기 시작했다. 매일 아침 내가 도서관에 도착하면 듀이는 복도에서 나를 기다리고 있었다. 내가 목도리와 가방을 거는 동안 듀이는 먹이를 조금 먹고는 나와 함께 도서관을 순회하며 특별한 이상이 없는지 점검도 하고 전날 저녁에 무엇을 했는지 이야기하기도 했다. 물론 듀이는 말하는 것보다 냄새를 맡는 것에 더 집중했지만, 나는 개의치 않았다. 무엇보다 이른 아침에 문을 열 때마다 죽은 듯이 고요했던 도서관에 이제는 활력이 생겼고 생기가 돌았다.

함께 순찰을 돈 후 듀이는 직원들을 찾았다. 누군가 아침에 기분이

언짢으면 그 사람과 시간을 더 많이 보냈다. 최근에 이사한 진 홀리스 클라크는 에스더빌에서 도서관까지 45분이나 운전을 해 출근했다. 그렇게 출근하는 것만으로도 지쳐서 신경이 예민해질 법한데, 그래도 진은 항상 평정심을 잃지 않았다. 그런 진도 직원끼리 갈등이 생길 때만은 마음의 평온을 잃었다. 이런 일이 있을 때면 진은 다음 날 출근했을 때까지도 기분이 상당히 가라앉아 있었는데, 듀이는 그녀를 찾아가 위로했다. 듀이는 누가 자기를 필요로 하는지를 파악하는 데 있어 놀라운 감각이 있었고, 언제나 그 사람을 위해 흔쾌히 시간을 내주었다. 그렇다고 오래 머물지는 않았다. 9시 2분 전이면 듀이는 하던 모든 일을 팽개치고 도서관 현관으로 달려갔다. 9시경에는 도서관 이용객이 최소한 한 명은 문밖에서 개관을 기다리고 있었고, 우리가 문을 개방하면 그 사람은 "듀이야 안녕, 잘 있었니?"라고 따뜻하게 인사를 건네며 들어섰다.

나는 듀이가 늘 현관문 왼쪽에 자리하고 앉아 '어서 와요, 어서 와' 하며 말하는 거라고 상상했다. '저 한번 쓰다듬어주고 가는 건 어때요?'

하지만 대부분 묵묵부답이다. 이른 아침에 오는 사람들은 다 그럴 만한 이유가 있어서 왔기 때문에 고양이와 한가하게 수다를 떨 시간이 없었다.

'안 쓰다듬어줘? 좋아. 당신 말고도 사람은 많다구요. 당신들이 다 어디에서 오는지는 모르겠지만.'

올라앉을 무릎을 찾는 것은 어렵지 않았다. 게다가 일어난 지 두 시간쯤 되었으니 잠깐 낮잠을 잘 시간이다. 듀이는 도서관에 이미 너무 익숙해져서 아무 데서나 곧잘 잠을 자곤 했다. 물론 사람 무릎을 제일 좋아했지만 무릎이 없을 때에는 카탈로그 상자 안에 몸을 말고서 잠을 청했다. 카탈로그용 카드는 아기 신발 사이즈의 작은 상자에 포장되어 배달되었는데, 듀이가 그 상자 안에 네 발을 다 구겨 넣고 주저앉으면 옆구리가 사방으로 삐져나왔다. 조금 더 큰 상자가 있을 때엔 그 안에 머리와 꼬리도 깊숙이 집어넣었다. 그러면 상자 밖에서 보이는 것은 상자 위로 불거진 듀이의 등밖에 없었다. 마치 부푼 머핀 같았다. 어느 날은 카드가 가득 들어 있는 상자 옆에서 상자 안쪽으로 한 발만 집어넣은 채 자는 것을 본 적도 있다. 녀석은 한 발밖에 집어넣을 수 없다는 것을 인정하고 포기하는 데 아마도 수 시간이 걸렸을 것이다.

얼마 뒤에는 반쯤 비어 있는 화장용 티슈 박스 안으로 천천히 비집고 들어가 앉는 장면을 목격하기도 했다. 티슈 박스 위에 뚫려 있는 작은 구멍으로 앞발 둘을 먼저 집어넣고는 섬세하고 정교하게 나머지 뒷발도 넣는 것이었다. 그러고는 조금씩 주저앉더니 자신의 몸이 구멍에 꼭 끼일 때까지 등을 양쪽으로 움찔거리며 들어갔다. 몸의 앞부분을 구멍 속으로 천천히 끼워 넣기까지, 이 작업은 4분에서 5분 정도 걸렸지만 결국 티슈 박스 위로 한쪽 끝에는 머리가, 뒤쪽으로는 꼬리만 나올 때까지 비집고 들어갈 수 있었다. 그러곤 두 눈을 반쯤 감고 마치 나머지 세상이 존재하지 않는 것처럼 먼 곳을 바라보는 것이었다.

그 당시에는 아이오와 주 정부가 세금 양식을 넣는 봉투를 제공하고 있었다. 도서관에서는 이용객들을 위해 그 봉투를 상자에 담아 내놓았다. 듀이는 첫 겨울의 반을 바로 그 상자 속에서 몸을 말아 넣고 지냈던 것 같다. "저…… 봉투가 필요한데요." 한 이용객이 미안해하며 말했다. "그런데 듀이를 깨우고 싶진 않거든요. 어떻게 하면 좋죠?"

"걱정 마세요. 애는 그냥 자요."

"그렇지만 듀이가 깨지 않을까요? 봉투를 깔고 자고 있거든요."

"아녜요, 그냥 빼가셔도 돼요. 애는 누가 업어가도 모른다니까요."

그제야 손님은 불필요할 정도로 조심스럽게 듀이를 살짝 옆으로 밀치고선 봉투를 한 장 꺼내갔다. 그렇게까지 하지 않았어도 듀이는 세상모르고 잤을 것이다. 마술사가 정찬을 차려놓은 식탁에서 식탁보를 확 잡아 빼도 접시들이 꼼짝하지 않을 때와 같은 이치이다.

"따라오는 고양이 털은 공짜예요."

듀이가 좋아하는 또 다른 장소는 바로 복사기 뒤편이었다. 당황해하는 손님들에게 나는 "걱정 마세요. 복사해도 상관없어요. 복사기 뒤가 따뜻하니까 이 녀석이 거기서 자는 거거든요. 복사를 하면 할수록 따뜻해서 듀이는 더 좋아해요"라며 안심시켜야 했다.

그럼에도 듀이 때문에 어찌할 줄 모르는 이용객이 있다면 우리 직원들은 주저하지 않고 녀석을 밖으로 끌어냈다. 듀이가 처음 왔을 때부터 이 고양이를 보살피는 데에는 도서관 기금을 한 푼도 쓰지 않겠다는 것이 나의 결정이었다. 대신 우리는 도서관 뒤편에 '듀이 박스'라는 모금 상자를 마련했고 직원들이 쓰다 남은 동전을 모으기 시작했다. 그리고 우리는 집에서 모은 빈 캔들을 도서관으로 가져왔다. 그 당시는 음료수 캔 재활용이 대유행이었는데, 직원 가운데 하나인 신시아 베렌즈가 매주 한 번 빈 캔들을 모아 재활용품장에 내다 팔았다. 야옹이 한 마리의 먹이를 위해 온 직원이 쌈짓돈을 모았던 것이다.

이런 작은 수고의 대가로 우리는 무제한의 기쁨을 누렸다. 듀이는 서랍을 아주 좋아해서 우리가 예측하지 못한 때에 서랍 안에서 불쑥 튀어나와 우리를 놀라게 하는 버릇이 있었다. 직원들이 책장에 책을 정리하려고 하면 듀이는 카트에 올라타고 도서관을 한 바퀴 돌자고 조르기도 했다. 그리고 도서관의 비서 킴 피터슨이 타이핑을 시작하면 곧바로 듀이의 공연이 시작되었다. 타자기 소리가 들리면 나는 하던 일을 멈추고 기대에 차서 그 공연을 기다렸다.

킴이 외쳤다. "듀이가 타자기를 공격해요!"

나는 얼른 사무실에서 나와 킴의 커다란 하얀색 타자기 뒤에서 듀이가 웅크리고 앉아 있는 것을 보러 갔다. 타자기의 나르개가 왼쪽에서 오른쪽으로 움직였다가 다시 거꾸로 돌아오는 것에 맞춰 듀이의 머리도 왔다 갔다 하다가, 마침내 도저히 참을 수 없는 순간에 이르면 녀석은 종이에 찍히는 키가 올라옴과 동시에 이를 향해 달려들었다. 그러면 모든 직원이 그 모습을 보며 웃곤 했다. 듀이의 장난은 항상 관객들의 인기를 끌었다.

하지만 우리에겐 이건 단순한 재미 이상의 의미가 있었다. 도서관 직원들은 모두 좋은 사람들이었지만, 시간이 흐르면서 분파가 생기고 끼리끼리 모이는 일이 적지 않았다. 우리보다 더 연장자이고 현명했던 도리스 암스트롱만이 유일하게 모든 사람들과 친하게 지냈다. 도리스는 직원 휴게실 한가운데에 있는 커다란 책상 위에서 신간 출판물들에 비닐 커버 씌우는 작업을 하곤 했는데, 종종 탁월한 유머 감각으로 분위기 메이커 역할을 톡톡히 해냈다. 또한 그녀는 우리들 중에서 고양이를 가장 좋아하는 사람이기도 했다. 그래서 곧 그녀의 책상은 듀이가 가장 즐겨 찾는 곳이 돼버렸다. 오전의 느지막한 시간이면 듀이는 그곳에 퍼질러 앉아 도리스의 커다란 비닐 시트를 발로 톡톡 때리는 새로운 놀이에 탐닉했다. 듀이는 직원 모두의 공통분모가 된 셈이었고 비로소 우리 모두는 함께할 수 있게 된 것이다. 또 듀이는 모든 어린이들의 친구였다(도리스에겐 손자뻘이 될 것이다). 무슨 구체적인 변화가 있었던 것은 아니다. 직원들끼리 서로 사과하거나 직접적인 대화로 지난 일을 풀거나 한 것은 아니었다. 하지만 듀이가 들어온 후로 직원들 간의 긴장감이 사라지기 시작했다. 우리는 더 많이 웃었고, 더 많이 행복해했다. 그렇게 듀이는 우리를 하나로 만들었다.

그러나 듀이는 아무리 장난에 푹 빠져 있을 때에도 자신의 일과를 잊지 않았다. 정확히 10시 30분이 되면 벌떡 일어나 휴게실로 향했다. 진 홀리스 클라크는 휴식 시간에 요구르트를 먹곤 했는데, 듀이가 주위에서 얼쩡거리면 녀석에게 요구르트 뚜껑을 핥게 해주었다. 진은 과묵하기만 한 사람이었지만 듀이가 졸라대면 뭐든 들어주려고 노력했다. 듀이는 안기고 싶지만 진이 서류 정리를 하고 있을 때엔 진의 왼쪽 어깨 위에 걸치듯 앉아 있곤 했다. 그것도 항상 왼쪽 어깨였고, 오른쪽 어깨에는 앉지 않았다. 그러다 몇 달이 지난 뒤부터는 팔에 누워 안기기를 거부했다(자기가 너무 아기 같다고 생각했는지도 모른다). 그래서 모든 직원들은 진이 하는 식으로 듀이를 어깨에 걸치는 테크닉을 익혔다. 우리는 이것을 '듀이 어깨걸이'라고 불렀다.

듀이는 내가 쉴 수 있도록 도와주기도 했다. 일을 과다하게 하는 경향이 있던 나로서는 참 고마운 일이었다. 나는 종종 예산을 짜고 진행 보고서를 만드느라 몇 시간씩 책상 앞에 가만히 앉아 있을 때가 많았고, 듀이가 내 무릎 위에 뛰어들 때까지는 무엇이 내 곁에 있는지 알아채지 못하는 경우가 잦았다.

나는 그럴 때마다 웃으면서 녀석을 맞았다. "어, 잘 있었니? 우리 아가, 날 찾아와줬구나." 나는 듀이를 몇 번 쓰다듬고는 바로 다시 내 일로 돌아가곤 했다. 이것이 불만이었던 듀이는, 내 책상 위로 올라와 쿵쿵거리며 냄새를 맡았다. "너는 꼭 내가 보고 있는 서류에 앉아야 했니? 정말 우연인 거야?"

나는 듀이를 바닥에 내려놓았다. 그러나 녀석은 다시 책상 위로 뛰어올랐다. "지금은 안 돼, 듀이. 내가 너무 바빠." 나는 듀이를 다시 내려놓았지만 이번에도 또 뛰어올라오는 것이었다. 그래 좋아, 이번에는 한번 아예 무시해봐야지.

듀이는 내 연필을 머리로 밀었다. 그래서 나는 듀이를 밀쳤다. '좋아요. 그러면 나는 펜을 떨어뜨릴 거예요.' 듀이는 이렇게 생각한 듯 그대로 행동에 옮겼다. 한 번에 하나씩 펜이 바닥에 떨어지는 것을 지켜보는 것이었다. 나는 웃지 않을 수 없었다.

"오케이, 듀이. 네가 이겼다."

나는 종이를 구겨서 공을 만들어 듀이에게 던졌다. 듀이는 공을 쫓아 뛰어갔다가 냄새를 맡아보고는 다시 돌아왔다. 전형적인 고양이였다.

언제나 공을 쫓아가긴 하지만 결코 물어오지는 않는다. 결국 나는 몇 번이나 자리에서 일어나 종이 공을 집어 다시 던지는 일을 반복해야만 했다. "내가 널 어떡하면 좋겠니?"

그러나 항상 즐겁고 좋은 날만 있었던 것은 아니다. 내가 책임자였고, 따라서 내가 할 의무란 것도 있었다. 가령 고양이 목욕 같은 것. 내가 처음 듀이를 목욕시키려고 했을 때는 잘할 수 있다는 자신감이 있었다. 우리가 처음 만난 날을 생각해보면, 듀이는 목욕을 좋아했었잖아? 그런데 이번에는 달랐다. 처음에는 얼음덩어리처럼 스르륵 싱크대 속으로 들어갔으나 갑자기 불에 덴 것처럼 펄쩍펄쩍 뛰며 비명을 질렀다. 녀석은 싱크대 가장자리를 꼭 잡곤 필사적으로 뛰쳐나올 기세였다. 나는 두 팔로 듀이를 누르고 있어야 했다. 그 결과, 20분 뒤 나는 온통 물을 뒤집어쓴 꼴이 됐다. 머리는 영락없이 벼락 맞은 형국이었다. 사람들이 그 모습을 보고 웃었고, 결국엔 나도 웃었다.

세 번째 목욕도 마찬가지로 끔찍했다. 나는 간신히 듀이를 씻겼지만 타월로 닦고 드라이어로 말릴 기력은 남아 있지 않았다. 이렇게 격렬하게 저항하니 나로서도 감당할 수가 없어 결국 포기했다. "좋아, 정말 그렇게까지 싫다면 혼자서 말려봐."

듀이는 허영심도 대단했다. 일단 한 시간은 족히 들여서 자기 마음에 들 때까지 얼굴을 닦고 또 닦았다. 주먹을 만들어 손등을 핥고는 그걸로 귀를 닦는 모습이 가관이었다. 귀가 하얗게 빛날 때까지 닦을 정도였다. 어느새 온몸이 젖은 가발을 뒤집어쓴 치와와 같은 몰골로 변해 있었다. 그 모습을 본 직원들은 재미있다며 사진을 찍었지만 나는 듀이가 정말로 맘 상한 표정을 짓는 걸 보았기에 잠시 후 사진 찍기를 그만뒀다.

"듀이야, 너도 네 꼴이 우습지 않니?" 내가 놀렸다. "자업자득이야, 이 녀석." 듀이는 책 선반 위로 올라가 오랜 시간 동안 나오지 않았다. 그 사건이 있고 나서 듀이와 나는, 목욕은 1년에 두 번이면 충분하다는 데 합의를 보았다. 그리고 다시는 듀이 혼자 젖은 몸을 말리게 하지 않기로 했다.

"목욕은 아무것도 아니었어." 듀이와 함께한 지 몇 개월 뒤 녀석을 녹색 타월로 감싸면서 말했다. "이건 네가 정말 싫어할 텐데, 어쩌지?" 나는 듀이와 외출할 때 절대 캐리어 같은 데에는 넣지 않았다. 듀이에게 악몽 같은 그날 밤의 반납함이 떠오를 것 같았기 때문이었다. 나는 이 날도 듀이를 녀석의 전용 녹색 타월로 감싸고서 도서관을 나섰다.

5분 후에 우리는 마을에 있는 에스털리 박사의 사무실에 도착했다. 스펜서에는 수의사가 여러 명 있었다. 우리 지역에는 새끼를 낳다 문제가 생기는 암소도 많았고, 농장에서는 돼지가 스트레스를 받기도 하며 개들도 자주 병에 걸리곤 하기 때문이었다. 그 여러 명의 수의사들 중에서 나는 에스털리 선생님이 좋았다. 그는 조용하고 겸손한 사람으로서, 화법이 무척 특이했다. 선생님의 목소리는 깊고 느려서 천천히 흐르는 강물 같았다. 절대 서두르는 법이 없었고 언제나 깔끔했으며 몸집은 컸지만 손길은 항상 부드러웠다. 양심적이고 효율적으로 일을 했고, 실력도 있었다. 그리고 무엇보다 동물을 진심으로 사랑하는 게 느껴졌다. 그의 권위는 말을 많이 해서 나오는 것이 아니라 과묵함에서 나오는 듯했다.

에스털리 박사는 듀이의 건강 상태를 확인해보면서 말을 걸었다. "안녕, 듀이."

"그런데 선생님, 정말 이걸 꼭 해야 할까요?"

"고양이는 중성화를 시켜줘야 됩니다."

나는 동상에서 회복된 듀이의 작은 발을 바라보았다. 이제는 발가락 사이에서 털이 약간씩 자라고 있었다. "선생님, 혹시 듀이는 페르시안 고양이의 피가 조금 섞인 종은 아닐까요?"

에스털리 박사는 듀이를 살펴보았다. 왕족 같은 기품과 목 주위의 길고 근사한 오렌지색 털목도리. 듀이는 진정 길고양이의 옷을 입은 사자이렷다.

"아니요, 그냥 잘생긴 길고양이일 뿐입니다."

말도 안 되는 소리. 나는 믿지 않았다.

"듀이는 적자생존의 결과물입니다." 박사는 말했다.

"이 녀석의 조상들은 아마 그 골목에서 수 세대에 걸쳐 살았을 겁니다."

"그럼 우리랑 같네요."

에스털리 박사가 웃었다. "그런 셈이죠." 그는 듀이를 번쩍 들어 자신의 팔에 안았다. 듀이는 편안한 듯 그르렁거렸다. 듀이를 데리고 수술실로 사라지기 전에 에스털리 박사는 말했다. "듀이는 정말 멋진 고양이예요."

듀이는 정말 그랬다. 나는 벌써 듀이가 보고 싶었다.

다음 날, 듀이를 데리러 병원에 도착했을 때 나는 가슴이 찢어질 것만 같았다. 듀이는 멍한 눈빛으로 날 올려다보고 있었고, 배에는 털이 깎인 흔적이 남아 있었다. 나는 듀이를 팔에 안았다. 듀이가 작은 머리를 내 팔에 기대더니 만족스럽게 가르랑거리기 시작했다. 듀이는 자신의 친구 비키를 다시 만나 행복한 듯했다.

도서관으로 돌아가자 전 직원이 하던 일을 멈추고 달려왔다. "불쌍한 것. 아유, 불쌍한 것." 나는 직원들이 듀이를 보살피도록 건네주고는 내 일을 하러 갔다. 듀이는 그들의 친구이기도 했으므로 나는 듀이를 그들에게 마음 편히 맡길 수 있었다. 다들 서로 달려들어 듀이를 보살피겠다고 야단이었다. 동물병원에 다녀오는 바람에 할 일이 산더미처럼 밀려 있었다. 사실 내 일을 제대로 하려면 적어도 두 사람은 필요했지만, 시에서 또 한 명의 인력을 고용할 여력이 없었기에 난 모든 걸 혼자서 해야만 했다.

그러나 나는 결코 혼자가 아니었다. 한 시간쯤 지나 내가 전화기를 내려놓으며 고개를 들었을 때, 듀이가 절뚝거리며 내 사무실 문으로 들어섰다. 전 직원들로부터 많은 애정과 관심을 한 몸에 받고 있지만 결연한 자세로 절룩거리며 걸어오는 듀이의 모습을 보니, 녀석에겐 그 이상의 무언가가 필요한 듯했다.

물론 고양이는 재미있는 성격의 동물이지만, 듀이와 나의 관계는 이미 보다 복잡하고 끈끈한 것으로 되어가고 있었다. 듀이는 머리가 좋았고, 장난도 잘 쳤다. 사람들에게 친절한 고양이이기도 했다. 그러나 나는 아직 듀이와 깊은 유대감이 형성될 정도로 오래 함께하지도 않았는데 벌써 듀이를 사랑했다.

그리고 듀이도 나를 사랑했다. 다른 모든 사람들을 사랑하는 방식보다도 더 특별하고 깊이 있는 사랑이라는 것을 나는 느낄 수 있었다. 우리가 처음 만난 날의 그 아침, 듀이가 내게 주었던 눈길은 의미 있는 것이었다. 정말 그랬다. 녀석이 내 쪽으로 고집스럽게 한 발씩 다가오는 모습을 보니 그 점은 더욱 자명해졌다. 마치 듀이의 목소리가 들리는 듯했다. '어디 갔었어요? 보고 싶었잖아요.'

나는 허리를 굽혀 듀이를 안아 올려 내 가슴에 품었다. 그때 내가 그렇게 생각만 했는지, 소리를 내어 말했는지는 별로 중요하지 않다. 듀이는 분위기로, 아니 마음으로 내 목소리를 들었을 것이다. "내가 엄마다, 그렇지?"

듀이는 내 어깨에 머리를 기대고는 목으로 파고들며 예의 그랬던 것처럼 기분 좋게 그르렁거렸다.

고무줄을 좋아하는 장난꾸러기

◁ Chapter 05 ▷

듀이의 모든 게 완벽했던 것은 아니다. 듀이는 성품 좋고 아름다운 고양이였으며 유별나게 사람을 믿었고 또 너그러웠다. 하지만 그럼에도 아직은 새끼 고양이였다. 듀이는 직원 휴게실을 미친 듯이 가로질러 뛰어다니곤 했고, 장난삼아 작업 중인 서류를 땅바닥에 떨어뜨리기도 했다. 그리고 너무 어린 까닭에 누가 자기의 친구인지 구분을 못한 나머지 귀찮아하는 이용객들에게 놀아 달라며 계속 조르기도 했다. 이야기책을 읽어주는 시간에 듀이가 있으면 어린이들이 너무 흥분했고 예측할 수 없는 일이 벌어지곤 했기 때문에 어린이 도서 담당 사서인 메리 워크는 듀이를 이야기방으로 들어오지 못하게 했다. 한편 도서관에는 마크라는 이름의 커다란 인형이 있었는데, 이 인형을 가지고 어린이들에게 신체 장애에 대해 가르쳤다. 그런데 마크의 다리에 고양이 털이 너무 많이 붙어 있어 나중에는 수납장에 넣어버릴 수밖에 없었다. 그러자 듀이는 밤새도록 어떻게 수납장을 여는지 연구해서 결국 마크의 무릎을 베고 잠을 자는 데 성공했다. 우리는 그날 당장 수납장용 자물쇠를 사올 수밖에 없었다.

그러나 이 모든 장난 역시 고양이풀*에 대한 듀이의 반응에 비하면 아무것도 아니었다. 도리스 암스트롱은 종종 작은 공이나 장난감 쥐 같은 것들을 듀이에게 선물로 사다 주곤 했다. 도리스는 집에서 이미 고양이를 키우고 있었는데, 누구든 어미 닭처럼 보살피는 것을 좋아했던 그녀는 자기 고양이의 사료와 화장실용 모래를 사기 위해 동물용품 가게에 갈 때마다 항상 듀이를 생각해 무언가를 사오곤 했던 것이다. 한번은 듀이가 우리와 함께한 첫여름이 끝날 무렵 도리스가 별생각 없이 고양이들이 좋아한다는 개박하, 일명 고양이풀 한 봉지를 선물로 사온 적이 있었다. 그런데 듀이는 그 냄새에 너무 흥분한 나머지 도리스의 다리로 기어오를 태세였다. 듀이 일생에 있어 최초로 무언가를 달라고 애걸복걸하는 순간이 온 것이다.

도리스가 드디어 고양이풀 약간을 바닥에 뿌렸을 때, 듀이는 미친 듯이 달려들었다. 녀석은 마치 온 바닥을 들이마실 기세로 고양이풀의 냄새를 열렬히 맡았다. 몇 번을 깊게 들이마시더니 재채기를 했지만, 그

---

*catnip : 박하류에 속하는 허브. 고양이가 물어뜯는다고 해서 캐트닙이라고 하고, 고양이가 좋아한다고 해서 캐트민트라고도 한다.

래도 멈추지는 않았다. 그렇게 듀이는 풀잎을 씹다가 재채기하기를 반복했다. 그러는 동안 듀이의 몸에선 서서히 몸 전체의 뼈를 타고 등허리까지 근육이 물결치듯 출렁이기 시작했다. 그리고 마침내 근육의 긴장을 꼬리 끝까지 털어버렸을 때 듀이는 땅바닥에 누워 고양이풀 위를 구르기 시작했다. 듀이는 마치 온몸의 뼈가 흐물흐물해진 것처럼 그 위를 뒹굴었다. 걷지도 못하고 바닥 위를 기어다니면서, 제설차 블레이드처럼 턱으로 카펫을 밀기도 했다. 정말 이 고양이가 이대로 녹아버리는 게 아닐까 걱정이 될 정도였다. 그러다 듀이는 천천히 등을 뒤로 휘게 만들고는 자신의 머리가 엉덩이에 닿을 때까지 몸을 활처럼 굽혔다. 녀석은 혼자 바닥에서 팔자(八字)를 그리고, 앞뒤로 몸을 비틀었다가, 꽈배기처럼 배배 몸을 꼬면서 쉴 새 없이 움직였다. 하도 요동을 쳐서 듀이의 몸 앞부분이 뒷부분과 전혀 연결되어 있지 않은 듯 보이기도 했다. 녀석은 배를 깔고 엎드려 누운 자세가 되었을 때, 다시 고양이풀 쪽으로 엉금엉금 기어가 그 위에 몸을 비비기 시작했다. 이제는 대부분의 풀 조각들이 자기 털에 붙어 있었지만, 녀석은 계속해서 냄새를 맡고 씹는 일을 반복했다. 끝내는 하늘을 보고 누워 자신의 턱을 뒷발로 차기까지 했다. 그리고 나중에는 허공에 대고 다리를 찰 기력밖에 남지 않을 때까지 계속하다가, 결국 마지막 남은 고양이풀 부스러기 위에 쓰러져 완전히 뻗어버렸다. 도리스와 나는 너무 놀라 서로를 쳐다보다가 웃음을 터뜨렸다. 정말 대단한 볼거리였다.

그렇게 했는데도, 듀이는 그놈의 고양이풀에 질리지 않은 듯했다. 오래되어 향이 달아난 풀도 가끔 아쉬운 듯 냄새를 맡았는데, 누군가 도서관에 신선한 고양이풀을 갖고 들어오면 듀이는 당장 알아차리곤 했다. 듀이에게 고양이풀을 줄 때면 항상 같은 일이 일어났다. 등이 휘도록 기지개를 펴고서 풀 위를 뒹굴고, 턱을 바닥에 대고 미끄러지듯 기어다니고, 다리를 허공에 차기도 하고, 그러다가 제 풀에 지쳐 의식 불명이 돼버리는 것이다. 우리는 이걸 두고 '듀이 맘보'라 불렀다.

인형과 서랍장, 상자, 복사기, 타자기, 그리고 고양이풀 등등 듀이에겐 수많은 취미 생활이 있었지만 그중에서 빼놓을 수 없는 또 하나가 바로 고무줄이었다. 듀이는 고무줄에 대해 각별한 관심과 흥미를 갖고 있었다. 광적인 반응을 이끌어낼 수 있는 몇 안 되는 놀이 가운데 하나였다고나 할까. 듀이는 눈으로 볼 필요도 없었다. 도서관 저 끝에 있는 고무줄도 냄새로 단번에 알아차릴 수 있었다. 책상 위에 고무줄을 한 상자 꺼내놓는 순간 듀이는 어디에선가 갑자기 나타났다.

"여기 있다, 듀이야." 나는 새로운 고무줄 상자를 열 때마다 말했다. "네 거 하나, 내 거 하나." 듀이는 내가 준 고무줄을 입에 물고는 행복한 듯 어디론가 뛰어갔다.

그리고 다음 날 나는 그 고무줄을 발견했다. 그건 듀이의 화장실 모래 상자 안에 있었다. 모래 속에서 고개를 내밀고 있는 지렁이 같은 모양을 하고 말이다. "저게 몸에 좋을 리가 없는데."

듀이는 늘 직원 회의에 참석했지만 우리가 무슨 얘기를 하는지는 아직까지 알아듣지 못했다. 몇 년이 지난 뒤에는 비로소 이 고양이와 내가 길고 긴 철학적 대화까지도 나눌 수 있게 되었지만, 당시로서는 회의를 마무리할 때 항상 이런 말로 끝내곤 했다. "듀이에게 고무줄을 주지 마세요. 아무리 달라고 해도 안 됩니다. 듀이가 고무줄을 먹어요. 그게 한창 자라는 어린 고양이에게 좋은 음식일 리가 없잖아요."

하지만 다음 날에도 어김없이 듀이의 화장실에는 더 많은 고무줄 지렁이들이 나타났다. 그리고 다음 날도, 또 그다음 날도. 그래서 다음번에 열린 직원 회의 때 나는 좀 더 직설적으로 물었다. "듀이에게 고무줄을 주시는 분 계세요?"

아니요, 아니요, 아뇨, 아닙니다, 아니에요.

"그럼 듀이가 고무줄을 몰래 가져가는 게 아닌가 싶어요. 지금부터는 책상 위에 고무줄을 그냥 놓아두지 말아주세요."

물론 말처럼 쉬운 일은 아니었다. 도서관에 실제로 고무줄이 얼마나 많은지 세어본다면 아마 여러분도 놀랄 것이다. 우리가 고무줄 꾸러미를 전부 말끔히 치웠다고 생각했더라도 이 문제는 전혀 해소되지 않았다. 고무줄은 숨바꼭질의 달인인 듯했다. 아무도 모르게 컴퓨터 키보드 밑으로 숨어 들어가거나 연필꽂이 안으로 기어들어갔다. 책상 위에서 떨어져 전선들 틈에 끼여 있기도 했다. 어느 날 저녁, 나는 듀이가 다른 직원 책상 위에 놓인 서류더미를 마구 뒤지는 것을 보았다. 듀이가 종이 한 장을 밀쳐낼 때마다 거기엔 숱한 고무줄들이 숨어 있었다.

"숨은 고무줄도 다 찾아서 치워주세요." 그다음 직원 회의 때 나는 말했다. "책상 정리를 하신 후 고무줄을 치워주십시오. 꼭 기억해주세요. 듀이는 고무줄 냄새를 아주 잘 맡으니까요." 그 후 며칠 동안 직원들의 책상은 보기 드물게 완벽히 정리되었다.

그러자 듀이는 최후의 방편으로 안내 데스크에 비치된 고객용 고무줄을 노리기 시작했다. 물론 우리는 그 고무줄들도 다시 서랍에 넣어두었다. 그런데도 듀이는 집요하게 복사기 옆에 있는 고무줄을 찾아냈다. 그 바람에 사람들은 고무줄을 달라고 따로 우리에게 요청해야만 했다. 하지만 나는 그 정도의 불편함이 도서관 방문객을 즐겁게 해주는 고양이의 건강을 위한 대가라면, 그다지 큰 희생은 아니라고 생각했다.

곧 우리의 반격은 성공의 조짐을 보였다. 아직도 화장실에서는 지렁이가 간혹 발견되긴 했지만, 이전만큼 많지는 않았다. 상황이 그렇게 되자 듀이는 뻔뻔해지기 시작했다. 내가 서랍에서 고무줄을 꺼낼 때면 듀이는 가만히 나를 올려다봤다.

"애간장이 타는구나, 그렇지?"

'아니, 아니에요. 무슨 말씀을. 그냥 뭐 하나 보고 있는 거라고요.'

그러다가도 내가 고무줄을 잠시 책상에 내려놓으면 듀이는 쏜살같이 이를 덮쳤다. 그러면 나는 재빨리 듀이를 밀쳐냈고, 듀이는 다시 책상 위에 앉아 기회를 노렸다. "이번에는 안 돼, 듀이." 나는 애써 엄하게 말했지만, 솔직히 꽤나 재미있는 게임이었다.

듀이는 점점 머리를 쓰기 시작했다. 사람이 등을 돌릴 때까지 기다렸다가 잠시 한눈을 파는 순간 잽싸게 책상 위에 남은 고무줄을 물고 가는 것이다. 사람은 고무줄이 거기 있다는 것을 5분만 지나도 잊어버린다. 그러나 고양이는 절대 잊지 않는다. 듀이는 조금씩 열려 있던 서랍들을 모조리 기억해두었다가 그날 밤 무슨 수를 써서든 서랍들을 열고야 말았다. 서랍 안의 내용물은 절대 어질러놓지 않았다. 다음 날 아침 확인해보면 오직 고무줄만 감쪽같이 사라져 있었다.

어느 날 오후, 도서관 바닥에서 천장까지 닿아 있는 대형 캐비닛 옆을 지날 때였다. 그때 나는 뭔가 딴생각을 하고 있었는데 아마 예산안에 대해 생각하고 있었던 것 같다. 그런데 그 옆을 지나가는 중에 무심코 수납장 문이 살짝 열려 있는 걸 보았다. "아니, 저건……."

나는 가던 길을 멈추고 다시 돌아와 수납장을 열었다. 아니나 다를까. 그 안에선 듀이가 내 눈높이의 선반에 앉아 커다란 고무줄을 입에 물고 앉아 있었다.

'누가 나를 말리겠어요! 난 일주일 내내 이 고무줄을 씹을 거라고요.'

그 모습을 본 나는 크게 웃을 수밖에 없었다. 전반적으로 듀이는 내가 아는 한 가장 말 잘 듣는 새끼 고양이였다. 선반에서 책이나 장식물을 넘어뜨리는 적도 없었고, 뭔가를 하지 말라고 하면 대부분의 경우 하지 않았다. 듀이는 도서관을 처음 방문하는 손님에게도, 상주하는 직원에게도 늘 똑같이 친절하게 대했다. 그리고 새끼 고양이치고는 성격이 매우 느긋했다. 그러나 고무줄에 관해서만큼은, 듀이는 못 말리는 고양이였다. 고무줄을 씹을 수만 있다면 언제 어디든 달려갈 각오가 되어 있었다.

나는 들고 있던 서류를 내려놓았다. "듀이야, 잠깐만 그대로 있어. 난 이걸 꼭 찍어놔야겠어." 하지만 내가 다시 카메라를 가지고 돌아왔을 때, 듀이와 고무줄은 사라지고 없었다.

나는 다시 한번 직원들에게 상기시켰다. "모든 캐비닛과 서랍장은 꼭 꼭 닫아주세요." 듀이는 이미 악명이 높았다. 녀석은 서랍장 안이나 서랍에 갇히는 경우가 종종 있어서, 아무 생각 없이 서랍을 열었다가 그 안에서 듀이가 갑자기 튀어나와 깜짝 놀라는 일도 가끔 있었다. 이것이 듀이가 의도한 게임인지 아니면 정말 사고로 갇혀 있었던 것인지는 확실치 않지만, 분명한 건 듀이가 이 상황을 즐기고 있다는 것이었다.

며칠 뒤 아침, 나는 안내 데스크 위의 도서 파일 카드가 고무줄에 묶이지 않은 채 놓여 있는 것을 발견했다. 그전까지 듀이는 묶여 있는 고무줄을 노린 적이 한 번도 없었다. 그런데 이제는 묶인 고무줄까지 노리는 것이다. 물론 이런 행각을 저지를 때조차 듀이는 무척 섬세했다. 카드 하나 삐져나온 것 없이 파일 더미의 모양은 그대로였다. 그때부터는 카드도 모두 서랍 속에 보관되었고, 서랍은 늘 꽉 닫혀 있게 되었다.

결과적으로 1988년 가을쯤이 되어선 스펜서 공공 도서관 어디에서도 고무줄은 찾아볼 수 없게 되었다. 물론 고무줄은 있었지만, 모든 고무줄은 엄지손가락을 가진 생명체들만이 만질 수 있는 곳에 숨겨져 있었다. 그것은 도서관 역사상 최고의 대청소 작전이었다. 덕분에 도서관은 아름답게 정돈되었고, 우리는 그 성취에 뿌듯해하기도 했다. 다만 여전히 한 가지 문제가 남아 있었는데, 그것은 듀이가 아직도 어디에선가 고무줄을 찾아내어 씹고 있다는 것이었다.

나는 결국 단속반을 편성해 모든 단서들을 조사하기 시작했다. 그리고 이틀에 걸친 조사 끝에 듀이의 마지막 고무줄 공급처를 찾아낼 수 있었다. 그것은 메리 워크의 책상에 놓인 머그잔이었다.

"메리." 나는 진부한 경찰 드라마에 나오는 형사처럼 수첩을 넘기며 말했다. "조사 결과, 고무줄은 당신 머그잔에서 나오는 것 같아요."

"그럴 리 없어요. 나는 듀이가 내 책상 근처로 다가오는 것조차 본 적이 없는걸요."

"그렇지만 우리가 조사한 증거에 따르면, 용의자는 일부러 우리의 주의를 피하려고 당신 책상 옆에 가지 않는 것 같아요. 한밤중에만 머그잔을 기습하는 게 틀림없어요."

"무슨 증거로요?"

나는 바닥에 널려 있던 씹다 남은 고무줄 몇 조각을 가리켰다.

"듀이가 씹어 삼켰다가 다시 뱉어놓은 거예요. 아침밥 먹듯이 고무줄을 삼켜요. 무슨 얘긴지 아시죠?"

메리는 바닥에 널린 쓰레기가 바로 고양이 배 속에 들어갔다 다시 나온 것들이라는 말에 몸서리를 쳤지만, 그럼에도 그녀는 믿을 수 없다는 표정이었다.

"머그잔은 깊이가 15센티나 되고 클립, 스테이플러, 펜, 연필 같은 것들이 가득한데 어떻게 듀이가 다른 내용물을 쏟지도 않고 고무줄만 골라낼 수 있을까요?"

"뜻이 있으면 길이 있는 법이죠. 이 도서관에서 지낸 8개월 동안 관찰한 결과, 우리의 용의자는 정말 의지가 대단해요."

"하지만 이 컵 안에는 고무줄이 거의 없는걸요! 여기서만 가져갔다고 단정할 수는 없잖아요!"

"그럼 한번 실험을 해보는 건 어떨까요. 수납장 안에 머그잔을 넣어두고 가세요. 그러고 나서 내일 아침 책상 근처 바닥에 고무줄 조각이 있나 봅시다."

"하지만 이건 우리 애들 사진이 그려진 머그잔인데요!"

"아, 그렇군요. 그럼 차라리 머그잔 안에서 고무줄만 골라 치워놓는 건 어때요."

메리는 머그잔 위에 뚜껑까지 덮어놓았다. 다음 날 아침, 그 뚜껑은 책상 위에 엎어져 있었고 한쪽에는 수상쩍은 이빨 자국까지 나 있었다. 의심할 바가 없었다. 머그잔이 확실한 공급처였던 것이다. 메리의 고무줄도 이제 서랍 안으로 치워졌다. 듀이를 위해 또 한 번 편의를 희생한 것이었다.

그러나 듀이의 고무줄 집착증을 완전히 뿌리 뽑지는 못했다. 간혹 시들해지기도 했지만 녀석은 몇 개월 후 또는 몇 년 후에 또 다시 고무줄 사냥에 나서곤 했다. 그리고 결국 듀이와 우리 사이에 이 고무줄 사건은 전투라기보다 게임이 되었다. 기지와 계략의 대결이었던 것이다. 우리는 기지를 발휘해 듀이를 어떻게든 막아야 했고, 듀이는 교묘하게 계략을 짜서 원하는 것을 손에 넣어야 했다. 그러나 듀이를 막으려는 우리의 의지보다는 고무줄을 먹고자 하는 녀석의 의지가 더 강했으므로 승률은 항상 듀이가 높았다. 게다가 듀이는 고무 냄새를 맡을 수 있는 강력한 코를 가지고 있었으니까.

하지만 고무줄을 향한 집착도 그리 심각하게 생각되지는 않았다. 어쨌거나 고무줄은 일종의 취미일 뿐이었다. 고양이풀과 상자처럼 단순한 기분 전환용에 가까웠다. 듀이의 진정한 열정은 사람을 향해 있었고, 때문에 이 특별한 고양이는 자신의 팬들을 위해 못할 일이 없었다. 어느 하루는 아침에 안내 데스크 앞에 서서 도리스와 이야기를 하다가 어린아이 하나가 뒤뚱뒤뚱 걸어가는 것을 보았다. 그 아이는 이제 막

걸음마를 배운 듯 균형을 좀처럼 잡지 못했고 걸음걸이도 불안했다. 게다가 이 여자아이는 자기 품에 듀이를 꼭 끌어안고 걷고 있었기에 더 심하게 뒤뚱거렸다. 그런데 듀이의 엉덩이와 꼬리 부분은 어린아이의 얼굴 쪽으로 향해 있었고 듀이의 머리는 바닥 쪽을 향해 있었다. 도리스와 나는 말을 멈추고 너무도 놀라 이 어린 소녀가 도서관을 천천히 가로지르는 것을 멍하니 지켜만 보고 있었다. 소녀의 얼굴은 미소로 환했고 자포자기한 듯한 듀이는 아이의 팔에 거꾸로 매달려 있었다.

"어쩜, 저럴 수가." 도리스가 말했다. 나는 "아무래도 말려야 되겠지?"라고 말하면서도 그렇게 하지 않았다. 왜냐하면 보기와 달리 이 상황은 듀이의 완벽한 통제하에 이루어지고 있었기 때문이다. 듀이는 자신의 상황을 정확히 알고 있었고, 어떤 상황이 벌어지더라도 자기를 보호할 줄 알았다.

우리는 도서관과 같은 건물을 떠올리면 그곳이 무척 좁은 장소라 생각하곤 한다. 어떻게 하루 종일, 그것도 매일 1만 3천 평방피트의 공간 속에 살면서 갑갑하지 않을 수 있을까. 그러나 듀이에게는 스펜서 공공도서관도 엄청난 세상이었다. 그곳에는 서랍과 정리함이 넘치고, 책 선반이나 장식장을 비롯해 고무줄, 타자기, 복사기, 책상, 의자, 가방 등이 곳곳에 있으며, 끊임없이 자기의 머리를 쓰다듬는 손들의 행렬이 있고, 또 자기 몸을 비빌 다리들과 자신을 찬양하는 사람들의 입들로 가득 차 있었다. 그리고 물론 무릎도 있었다. 도서관은 풍성하고 훌륭한 무릎의 보물 창고였다.

1988년 가을, 듀이는 이 모든 것들이 자신의 것이라고 생각했다.

나의 옛날 이야기

⊰ Chapter 06 ⊱

　크기란 관점에 따라 다른 법이라, 작은 벌레에겐 옥수수 하나가 전 세계가 될 것이다. 그와 마찬가지로 스펜서 공공 도서관은 듀이를 끝없이 매료시키는 미로였다. 적어도 듀이에게 바깥세상에 대한 관심이 생기기 전까지는 그랬다. 아이오와 북서부에 사는 대다수의 사람들에게 스펜서는 큰 도시다. 사실 인근 수백 마일을 통틀어 우리 지역이 제일 크다. 아홉 개 카운티*의 사람들이 놀거리와 볼거리, 쇼핑거리를 찾아 스펜서로 모여든다. 스펜서에는 가게, 각종 서비스점, 라이브 공연장,

---
*county : 우리나라의 행정구역으로는 '군' 에 해당된다.

극장 등이 있고 마을 축제도 열린다. 그 이상 바랄 게 뭐 있으랴. 시내의 그랜드 애버뉴에 나머지 세상으로 통하는 문이 있다 하더라도 이곳 사람들은 그 문을 열고 나가려 하지 않을 것이다.

어렸을 때는 스펜서에 사는 여학생들이 무서웠었다. 사실 한 번도 만난 적은 없지만 그냥 큰 도시의 여자아이들이라는 생각에 괜스레 주눅이 들었던 것 같다. 대다수 이곳 사람들이 그렇듯 어렸을 적엔 나도 농장에서 자랐다. 내 증조 고모였던 루나는 클레이 카운티의 첫 교사였다. 루나 고모님은 진흙으로 된 교실 하나짜리 학교에서 수업을 했다. 이곳의 들판에는 나무가 없어서 초기의 개척자들은 현장에서 쉽게 얻을 수 있는 풀, 뿌리, 흙 같은 소재를 쓸 수밖에 없었다. 증조할아버지였던 노먼 깁슨은 여섯 명의 자식들에게 다 농지를 물려줄 만큼 농지가 넉넉했다. 그래서 옛날에는 이곳의 어디를 가든 아버지의 친척 땅을 밟고 다녔다. 깁슨 가족은 대다수가 열혈 침례교도들이었다. 그래서 그런지 바지를 입지 않았다. 좋다, 물론 남자들은 열심히 바지를 입었다. 하지만 여자들은 오직 치마만 입었다. 우리 친가 쪽 여자들 중에 바지를 입었던 사람은 아무도 없었다.

결국 우리 아버지도 땅을 물려받아 가족 농장을 운영하는 고난의 길을 걷기 시작했지만, 그보다 먼저 춤을 배우셨다. 춤은 대다수의 침례교도들에게는 금기였으나, 우리 아버지 벌린 '깁' 깁슨은 위 네 명의 형제들보다 열다섯 살이나 어려서 부모님이 오냐오냐 키우는 바람에 좀 더 기회가 있었다. '깁'은 젊은 시절 집에서 몰래 빠져나와 한 시간 동안 트럭을 몰아 루프 가든에 다녀오곤 했다. 그곳은 1920년대의 황금기에 오코바지 호숫가에 자리 잡은 휴양지로, 금요일마다 댄스파티가 열렸던 곳이다. 오코바지는 아이오와에서도 신비로운 지명인데, 부근에는 다섯 개의 호수가 모여 있다. 그중 웨스트 오코바지는 가장 중심에 위치하고 있으며, 유일하게 바닥 용천에서 물이 샘솟는, 푸른빛이 도는 호수이다. 사람들은 멀리 네브래스카 주와 심지어 호수 많기로 유명한 미네소타 주에서까지도 이곳 호숫가의 호텔로 찾아 들었다. 여하튼, 1940년대 말에는 오코바지, 아니 아이오와 주를 통틀어 가장 잘나가는 곳이 바로 루프 가든이었다. 유명 스윙밴드들이 출연해 직접 연주를 했고, 무도회장은 콩나물시루처럼 꽉꽉 들어차곤 했다. 2차 대전도 끝났겠다, 파티는 영원히 지속될 것 같았다. 야외로 나가면 호반의 산책로와 롤러코스터, 회전 관람차가 보이고 찬란한 조명에 은은한 음악 소리, 예쁜 아가씨들까지 북적거렸으니 이곳이 그저 드넓은 미국 대평원의 황량함 속에서 반짝거리는 한 점에 불과하다는 것을 깜빡 잊어버리기란 쉬운 일이었다.

그리고 그 조그마한 오아시스에서 짐 집슨은 마리 메이유라는 여인을 만났다. 둘은 그날 밤새 춤을 췄고, 그 후 6개월간 거의 이틀에 한 번씩 만나 춤을 추었다. 아버지는 그 관계를 비밀에 부쳤다. 가족이 반대할 게 뻔했기 때문이다. 한편 메이유 가문은 집슨 쪽과는 달랐다. 메이유가는 몬트리올에서 이주한 백 퍼센트 프랑스 사람들이었다. 사랑도 강렬하게 하고, 싸움질도 거칠게 했으며, 술도 진탕 퍼마시고, 종교도 세게 믿었다. 활활 불타는 신앙심을 가진 화끈한 중서부 가톨릭교도들이었던 것이다.

메이유가는 아버지의 농장에서 16킬로미터 정도 떨어진 아이오와 주 로열이라는 곳에서 카페를 경영하고 있었다. 우리 어머니의 아버지, 그러니까 외할아버지는 멋진 분이셨다. 사람 좋아하고 솔직했으며 모든 이들에게 친절했다. 뿐만 아니라 제대로 된 알코올 중독자이기도 했다. 어린 시절의 어머니는 수업 중간에 얼른 뛰어와 카페의 점심 서빙을 거들다가 다시 오후 수업을 몇 시간이라도 들으러 학교로 가곤 했다. 할아버지는 카페 부스에서 술에 취해 정신을 놓고 널브러져 있을 때가 많아 할머니는 손님들이 불쾌해하기 전에 남편을 침대로 옮기기에 바빴다.

그렇다고 마리 메이유 일가의 평판이 나빠 결혼에 문제가 있다거나 한 것은 아니었다. 1940년대의 아이오와에서 16킬로미터는 소문이 퍼지기에 너무나 먼 거리였기 때문이다. 정작 심각한 걸림돌은 어머니 쪽 일가가 가톨릭교라는 것이다. 그래서 우리 부모님은 결국 미네소타로 '사랑의 도피'를 하고 나서야 결혼할 수 있었다. 물론 야반도주 결혼의 상처가 아무는 데에는 몇 년이라는 시간이 걸렸지만, 결국 아이오와 사람들은 실용을 중요시했다. 일은 이미 저질러졌으니 받아들이고 앞날을 걱정하자는 것이다. 그렇게 해서 부모님은 가족 농장에 살림을 차렸고, 여섯 남매 중 첫 세 아이를 주르륵 낳았다. 아들 둘(데이비드와 마이크)과 딸 하나, 내가 그 중간이었다.

가족 농장이라. 말로는 낭만적이지만 세계 역사를 보면 가족 단위의 농업은 대부분 힘들고 남는 것도 없으며 등골이 휘는 사업이었다. 집슨가도 별반 다르지 않았다. 부엌에서는 손으로 펌프질을 해야 찬물이 나왔고, 지하실에는 세탁기가 있었지만 위층 난로에서 물을 데워야 쓸 수 있었다. 빨래를 하고 나서는 롤러를 사용해 옷 하나하나에서 물을 다 짜낸 다음 밖에다 널어야 했다. 지하실 한구석에는 샤워기가 하나 있었는데, 벽은 콘크리트였지만 바닥에는 그나마 타일을 깔았었다. 우리 나름의 사치였다.

에어컨은? 나는 당시에 그런 게 있었다는 것도 몰랐다. 어머니는 부엌 화로 옆 38도의 찜통 속에서 하루 여섯 시간씩 일하셨다. 아이들은 2층에서 잤는데, 여름에는 너무 습하고 더워서 우리는 베개를 가지고 아래층으로 내려와 식당 바닥에서 자곤 했다. 리놀륨 바닥이 그나마 우리 집에서 가장 시원한 곳이었다.

실내 화장실? 내가 열 살 때까지 우리는 집 밖의 재래식 변소에서 볼일을 봤다. 화장실이 꽉 차면 그 옆에 새로 구덩이를 판 뒤 지붕과 벽만 살짝 옮겼다. 돌이켜보면 어떻게 살았나 싶지만 그때는 다들 그렇게 살았다.

그래도 나에겐 최고의 유년기였다. 정말 최고였다. 디모인 시*의 돈을 다 끌어다 준다 해도 바꾸지 않을 것이다. 새 옷, 새 장난감이 부럽지 않았냐고? 우리 주변에는 아무도 그런 걸 가진 사람이 없어서 필요한지도 몰랐다. 옷은 물려받았고 장난감도 이어받았다. 텔레비전이 없어서 우리는 대화를 하며 놀았다. 1년에 한 번 있는 가족 여행은 스펜서에 있는 시립 수영장으로 갔다. 우리는 모두 같이 일어나서 같이 일했다.

---

*Des Moines : 아이오와 주에서 가장 큰 도시

내가 열 살 때부터 부모님은 나머지 3남매를 연이어 낳으셨다. 스티브, 발, 그리고 더그였다. 나는 어머니를 도와 동생 셋을 키웠다. 우리는 집슨 가족이었으므로, 서로를 도우며 살았다. 농장의 밤은 어둡고 적막하고 외로웠지만, 이 세상 어떤 것도 무서울 게 없었다. 나는 러시아 사람, 미사일, 도둑도 전혀 무섭지 않았다. 우리에겐 가족이 있었으니까. 그리고 정말 힘들 때에는 옥수수 밭이 있었다. 언제든지 밭으로 뛰어들어가 잠시 사라져버릴 수도 있었기 때문이다.

물론 그 밭에 우리만 있었던 것은 아니다. 농장의 1평방마일을 경계로, 사방에는 아이오와 도로가 교차하고 있었는데, 1평방마일을 각각 한 섹션이라고 불렀다. 당시에는 한 섹션에 대개 네 개의 가족 농장이 있었는데, 우리 섹션에서는 3과 2분의 1의 가족들이 모두 가톨릭교도였고, 우리 가족이 바로 그 2분의 1이었다. 네 가족을 다 합치면 17명의 아이들이 있었기에 우리는 야구 놀이를 할 수 있었다. 하긴, 네 명만 뭉쳐도 우린 야구를 했다. 실은 다른 게임을 해볼 생각조차 하지 못했던 것 같다. 나는 몸집이 작았지만 열 살 즈음에는 타석에 서면 도랑 너머 옥수수 밭까지 공을 날려 보낼 수 있었다. 매일 밤 우리는 식탁에 모여 하느님께 옥수수 밭에서 야구공을 잃어버리지 않고 하루를 보내게 해주셔서 감사하다는 기도를 했다.

우리 집 동쪽 밭에서 약 3킬로미터쯤 가면 두 번째 섹션의 끝부분쯤부터 아이오와 주 모네타 시가 나온다. 스펜서와 모네타는 32킬로미터 정도밖에 떨어져 있지 않았지만, 전혀 다른 세상이었다. 두 도시 사이의 풍경이 별 개성이 없다고 말하는 사람도 있긴 하지만, 9월에 드라이브를 나가보면 얘기가 달라진다. 특히 검푸른 폭풍구름이 드리워오고 곡식이 가지각색의 갈색 빛으로 풍성하게 익어가는 풍경을 보게 된다면 아마도 아름답다는 경탄이 절로 나올 것이다.

모네타의 인구는 5백 명을 넘어본 적이 없다. 하지만 모네타의 일원이라고도 생각하는 우리 가족 같은 주변 농장 인구들까지 합하면 그 수는 늘어날 수 있을 것이다. 1930년대의 모네타는 아이오와 북서부에서 도박의 수도라 부를 만했다. 메인 스트리트의 식당에서는 밀주를 팔았고, 뒤쪽 비밀 문을 통해 들어가면 도박장이 있었다. 물론 내가 어렸을 때에는 이미 이런 것들이 전설 속으로 사라진 뒤였고, 그곳의 추억은 야구장과 꿀벌에 관한 것들이 대부분이다. 한 지역 주민이 60개가량의 벌통을 키웠는데, 그 꿀은 네 개의 카운티에서 최고라 했고, 그 네 곳 중에서 최고란 말은 곧 우리에게 세계 최고라는 찬사와 다름없었다. 이처럼 모든 마을에는 어린이들이 기억하는 무언가가 있기 마련이다. 60년 후에 스펜서를 다시 찾은 노인들은 이렇게 말할 것이다. "고양이 한 마리가 있었지. 도서관에 살았었어. 이름이 뭐였더라? 아, 그래, 듀이. 듀이는 평생 잊을 수가 없을 거야."

시내의 중심은 모네타 학교였다. 야구장에서 조금만 내려가면 보이는 60개의 교실을 갖춘 2층짜리 벽돌 건물이었다. 마을 사람들 대부분이 모네타 학교를 최소한 몇 년씩은 다녔다.

우리 학년에는 비록 여덟 명밖에 없었지만 수적 열세는 쾌적한 환경으로 보충했다. 매일 동네 아주머니 두 분이 전교 학생들을 위해 집에서 식사를 준비해주곤 했다. 우리 반에는 여자가 재닛과 나 둘뿐이었는

나의 옛날 이야기 : 71

데, 아침에 선생님의 특별 허락을 얻어 식사 준비를 하는 집에 가서 시나몬 롤에 설탕 입히는 일을 돕기도 했다. 이따금 학교에서 문제가 생기는 경우엔 선생님이 학생을 학교 뒤 숲 속 공터에 데리고 가서 일대일의 대화를 나누곤 했다. 그리고 우리는 때로 혼자 있고 싶거나 특별한 누군가와 둘만 있고 싶을 때에도 숲 속 공터로 갔다. 나는 첫 키스도 그곳에서 했다.

모네타 학교는 운동회로 한 해를 마감했다. 자루 뛰기, 이어달리기, 그리고 물론 야구도 하면서 보냈는데, 온 마을 사람들이 도시락을 싸와 모두 함께 참여했다. 한여름에는 옥수수가 높게 자라 온 마을을 벽처럼 둘러쌀 즈음 학교 농장회가 열렸다. 1950년에는 수천 명이 모였다. 그때는 모든 사람들이 학교를 자랑스러워했다. 모두가.

그러나 1959년, 아이오와 주 정부는 모네타 학교를 폐쇄해버렸다. 마을 인구가 계속 줄고 있었고, 주 정부는 더 이상 학교를 유지하기 어려웠던 것이다. 과거 모네타는 지역 농민들의 구심점이었지만, 이제는 농업 자체도 바뀌고 있었다. 1950년대 초, 대형 하베스터와 콤바인 1세대가 등장하면서 많은 농지를 간편하게 경작하고 추수하는 것이 가능해졌다. 여유 있는 농부들 몇몇은 새 기계를 구입해 옆 농장을 인수해서 생산량을 두 배로 늘리고는 그 돈으로 또 다른 농장을 사들였다. 결국 가족농이 사라지기 시작했고, 사람들은 농장을 떠나 스펜서와 같은 인구 밀집 지역으로 이주했다. 그들이 떠나면서 농장과 가족 텃밭도 사라지고, 여름 햇빛과 겨울바람으로부터 농장을 보호하기 위해 개척민들이 농장 주변에 심었던 나무들도 사라지게 되었다. 이 나무들은 엄청나게 컸는데, 지름이 1.5미터나 되는 백 년 이상씩 된 나무들이었다. 큰 농사를 짓기 시작한 농장의 새 주인들은 모든 걸 불도저로 밀어버렸다. 농장, 나무 할 것 없이 모조리 밀어서 쌓아놓고는 불태워버렸다. 아무도 살지 않는 농장을 방치해두면 뭐 해, 차라리 그 공간을 밭으로 쓰는 게 낫지. 그렇게 그 공간은 다시 자연으로 돌아가지 못했다. 모조리 옥수수 차지가 된 셈이었다.

옛날 가족 농장에서는 가축도 길렀다. 또한 텃밭도 가꾸었고, 따로 몇 개의 밭에 작은 규모로 각종 농사를 짓기도 했다. 대형화된 새 농장에서는 옥수수와 옥수수의 동반자 격인 콩만 길렀다. 매년 아이오와 주에서는 더 많은 양의 옥수수를 수확했지만 옥수수 알이나 옥수수 자체는 점점 덜 먹게 되었다. 대부분은 동물 사료가 되었고, 일부는 에탄올이 되었다. 나머지는 분리, 분해해서 가공해버렸다. 인스턴트식품의 포장지 뒤쪽을 보면 도저히 뭔지 알 수 없는 원료들의 리스트가 빼곡히 적혀 있는데, 이 역시 대부분 옥수수인 것이다. 평균적으로 따지자면 미국 식단의 70퍼센트가 옥수수이다. 무려 70퍼센트가!

그러나 시골살이는 쉽지가 않았다. 소수의 대형 농장들은 큰돈을 벌었지만 대다수의 농부와 농장의 일꾼, 영업사원, 저장고 노동자, 가공업자, 지역 자영업자 등은 대형 농장에 의존할 수밖에 없었고 그들의 삶은 빠듯하고 고되었다. 이제 인생은 자기 스스로 통제할 수 없는 것이 되어버렸다. 비가 그치지 않아도, 너무 더워도, 너무 추워도, 경작한 농산물을 시장에 내놓았을 때 가격이 받쳐주지 않는 것도, 한낱 힘없는 사람으로선 어쩔 수 없는 일이니 말이다. 농사는 더 이상 손바닥만

한 밭뙈기에 노새 한 마리로 되는 일이 아니었다. 새로운 시대의 농사는 콤바인으로 넓은 땅을 경작하는 것이었고, 그 콤바인 가격은 50만 달러 또는 그보다 더 비쌌다. 거기에다 종자, 비료, 생활비까지 보태면 농가 부채는 백만 달러를 넘어가기 일쑤였다. 한번 삐끗하거나 약간 뒤처져도, 때로는 운 나쁜 일이 조금만 연달아 일어나도 그 집은 바로 파산했다.

농촌 마을의 읍내들도 상황은 마찬가지였다. 마을도 결국 사람들이 모여 형성되는 곳이니까. 마을은 사람에게 의존하고 사람은 마을에 기댄다. 꽃가루와 옥수수수염같이 서로 의존하는 관계인 것이다. 그래서 아이오와 주 북서부 사람들이 자기 마을에 그토록 자부심을 가지는 것이고, 그렇기 때문에 마을이 잘되도록 공을 들이는 것이다. 마을 사람들은 나무를 심고, 공원도 만들고, 마을 모임에도 가입한다. 마을이 꾸준히 앞을 보고 함께 나아가지 않으면, 그 마을은 뒤처지고 결국 사라질 수도 있기 때문이다.

어떤 이는 1930년대 곡물을 대량 운반하는 양곡기가 불타 없어짐과 동시에 모네타 시내도 몰락하기 시작했다고 말한다. 그러나 나는 그것보다 모네타 학교가 문을 닫은 것이 몰락의 주된 원인이라고 생각한다. 1959년, 집슨가 아이들이 16킬로미터나 떨어진 하틀리로 버스를 타고 등교하기 시작하면서부터 아버지는 농사짓고 사는 것에 흥미를 잃었다. 우리 땅은 생산 경쟁에서 밀렸고, 비싼 기계를 살 여력도 우리에겐 없었다. 아버지는 소를 거래하는 사업을 잠시 하다가 나중에는 보험 상품을 팔기 시작했다. 우리 집슨가는 3대째 농사를 지어왔었지만 모네타 학교가 문을 닫은 지 2년째 되던 해, 아버지는 이웃에게 농장을 팔고 보험업에 전념하기 시작했다. 아버지는 보험 영업에 적응을 못하셨다. 사람들에게 겁을 주어 보험에 들게 하고는 정작 그들이 보험금을 필요로 할 때엔 보험금을 어떻게든 적게 주려는 보험회사가 싫으셨던 것이다. 결국 아버지는 크로우라는 브랜드의 종자를 파는 세일즈맨이 되었다. 우리 농장을 인수한 동네 사람은 그 농장을 부수고 나무를 베더니 160에이커나 되는 땅 전체를 밭으로 만들었다. 거기에다 그 안에 흐르던 냇물까지도 물길을 일직선으로 고쳐내어, 나중에는 그 옆을 차로 지나가면서도 알아보지 못할 지경이 되었다. 초입에 남아 있는 1미터 정도의 비포장 진흙길만이 내 유년기의 남은 전부였다.

만약 오늘 당신이 모네타를 방문하고 싶다면, 스펜서 시내에서 서쪽으로 24킬로미터쯤 계속 가보라. 모네타로 가는 이정표가 남아 있을 것이다. 그럼 거기서 왼쪽으로 돌아보자. 3킬로미터만 가면 포장도로가 끝나고 밭을 양쪽으로 낀 흙길이 나타난다. 하지만 이제 마을은 없다. 집이라고 해봐야 열다섯 채 정도 있을까. 그것도 그중 절반은 빈집이다. 가게 같은 것도 없다. 내가 기억하는 시내의 거리 모습은 다 사라지고, 오직 옥수수 밭만 남았다. 옛날 모네타 종합상회가 서 있던 자리도 보인다. 많은 아이들이 가게 카운터에 쌓여 있던 1센트짜리 사탕과 호루라기를 넋을 잃고 바라보던 곳이다. 그러나 이제 그 자리에는 농기계만이 앞머리에는 고깔 모양의 깔때기를 달고 뒤쪽에는 비료와 살충제 통을 매달고는 밭을 돌아다닐 뿐이다. 밭이 너무 광활하여 그 모습이 마치 한 마리 작은 메뚜기가 기어다니는 것 같다. 여전히 댄스홀과 밀주를 팔던 술집은 버티고 서 있지만, 둘 다 셔터를 굳게 내리고 있다. 몇 년 후면 이 건물들도 사라질 것이다.

모네타 학교 또한 아직도 철조망 울타리 안에 우두커니 서 있지만, 이미 벽돌 틈새로 잡풀과 나무가 무성하게 자라고 있다. 유리창은 거의 다 깨졌다. 염소들이 학교 안에서 산 10여 년 동안, 바닥은 더러워졌고 벽도 뜯겼으며 온 천지엔 염소 냄새만 진동한다. 이제 남은 것은 1년에 한 번 열리는 동창회뿐이다. 학교가 문을 닫은 지 40년쯤 지났을 무렵까지도 천여 명의 졸업생이 야구 시합과 학년 말 종강 파티가 열리던 그 벌판에 모이곤 했지만, 요즘은 참석자가 고작 백여 명으로 줄어들었다. 학교가 폐쇄된 지 50년이 다 되어가니 남은 졸업생이 급격히 줄어든 것도 그 이유였다. 그래도 18번 고속도로 위에는 모네타로 들어가는 호젓한 길을 가리키는 표지판이, 마을 3킬로미터 전방에 아직도 서 있다. 곧 그 표지판만 남게 될 날이 올 것이다.

작은 승리

Chapter 07

1980년대의 농장 위기는 심각했지만, 우리 마을 사람들은 결코 스펜서가 모네타의 전철을 밟으리라고는 생각지 않았다. 스펜서만큼은 바람에 날려 사라질 거라 믿지 않았던 것이다. 과거를 되짚어봐도, 스펜서는 잡초처럼 생명력이 질긴 마을이었다. 스펜서 사람들은 뭐 하나 공짜로 얻은 것이 없었다. 우리가 가진 모든 것은 순전히 다 노력으로 이룬 것이다.

사실 최초의 스펜서 마을은 사기꾼이 만든 거라 해도 과언이 아니었다. 1850년대에 어느 개발업자가 리틀수 강이 굽어지는 벌판을 조금씩 나누어 번호를 붙여 팔기 시작했다. 초기 개척자들은 강을 끼고 있는 번성한 마을이 있는 줄 알고 이주했지만, 그런 건 존재하지 않았다. 무심하게 흐르는 강 하나와 그 강으로부터 대략 6킬로미터 떨어진 곳에 오두막 한 채만 달랑 놓여 있었을 뿐, '마을'이라는 것은 단지 서류상에만 존재하는 것이었다.

그래도 개척민들은 그곳에 남기로 했고, 잘 차려진 동네에서 살게 되리라는 꿈을 접고 이 허허벌판에서 새롭게 마을을 만들어가야 했다. 1871년에 시가 된 스펜서는, 즉시 주 정부에 철로를 놓아줄 것을 요청했지만 그렇게 되기까지는 50년이 걸렸다. 그리고 그해에는 남쪽으로 48킬로미터 떨어진 더 큰 마을 피터슨을 제치고 클레이 카운티의 행정소재지가 되었다. 스펜서는 육체노동이 주가 되는 '블루칼라' 마을이라 겉으로 허세를 떨 일은 별로 없었다. 하지만 이 넓은 평원에서는 계속 움직이고 현대화해가며 성장하지 않으면 안 된다는 것을 사람들은 알고 있었다.

1873년 6월에는 메뚜기 떼가 출몰해서 곡식을 줄기까지 갉아 먹는 것도 모자라 추수된 곡물들까지 모두 먹어치웠다. 메뚜기들은 1874년 7월에 다시 돌아왔고, 1876년 7월 밀이 익어가고 옥수수의 알과 수염이 막 영글어가는 시기에 또다시 나타났다. 백 주년을 기념해 정리한 『스펜서 백년사』는, "메뚜기는 옥수수 알갱이를 모조리 먹어치우고는 줄기 위에 내려앉았고, 그 무게로 인해 옥수숫대까지 부러졌다. 완전한 재앙이었다"라고 당시 상황을 전하고 있다.

농부들은 이 지역을 떠나기 시작했다. 마을 주민들도 주택과 가게를 채권자들에게 넘기고 카운티를 떠났다. 남아 있는 몇몇 사람들은 힘을 합쳐 서로 도와가며 길고 배고픈 겨울을 넘겨야만 했다. 마침내 봄이 되자 마을 사람들은 외부에서 돈을 빌려 정성스럽게 파종을 했다. 그해 메뚜기들은 64킬로미터 떨어진 클레이 카운티의 서쪽 언저리까지 먹어 들어왔지만, 더 이상 전진해오지는 않았다. 그 1887년의 작황은 역사상 최고였고, 메뚜기들은 이후 한 번도 스펜서를 침략하지 않았다.

스펜서의 1세대 농장주들은 농사짓기에 너무 나이가 들자 다시 마을로 들어왔다. 그들은 강의 북쪽에 작은 방갈로 양식의 집을 지어 동네 상인과 일반 노동자들과 함께 살기 시작했다. 그리고 드디어 마을에 철로가 들어오자 이 지역 농부들은 더 이상 80킬로미터나 되는 먼 시장까지 마차로 오고 갈 필요가 없게 되었다. 오히려 이제는 다른 지역의 농부들이 30여 킬로미터를 차로 달려 스펜서를 찾게 되었다. 스펜서는 강에서 기차역까지의 도로를 넓히며 자축했고, 그 여덟 블록의 이름을 그랜드 애버뉴라고 붙였다. 이 거리는 금세 우리 지역에서 가장 큰 상업의 중심가가 되었다. 시내에는 저축 대부 은행도 있었고, 축제장 북쪽 옆으로는 팝콘 공장이 들어섰다. 콘크리트 블록 공장과 벽돌 공장, 제재소도 생겼다. 그렇다고 스펜서가 공업 도시가 된 건 아니었다. 대규모의 산업 시설 같은 건 없었다. 다이아몬드 반지를 번쩍거리며 20달러 지폐로 시가를 말아 피우는 금융 재벌도 없었고, 빅토리아풍의 저택이 즐비하게 들어서지도 않았다. 대신 농지와 농부가 있었고, 거대한 아이오와의 푸른 하늘 아래 여덟 블록에 걸쳐 상점들이 있었을 뿐이다.

그리고 1931년 6월 27일이 왔다.

오후 1시 36분, 기온이 40도에 달하는 무더운 날씨였다. 여덟 살짜리 소년 하나가 메인 스트리트와 웨스트 4번가 사이에 있는 오토 비욘스태드 씨의 약국 앞에서 장난감 불꽃놀이 통에 불을 붙였다. 그런데 누군가가 비명을 지르는 바람에 깜짝 놀란 아이는 불붙은 통을 바로 옆에 전시돼 있던 폭죽더미에 떨어뜨렸다. 그러자 폭죽은 크게 폭발했고, 바람을 타고 불길이 길을 건너 번져갔다. 몇 분 내에 그랜드 애버뉴 양쪽이 화염에 휩싸여 스펜서의 작은 소방서만으로는 도저히 진압할 수 없는 상태가 되어버렸다. 심지어 주변의 열네 마을에서 소방 장비와 인력을 끌어왔지만 수압이 너무 낮아 결국 강물을 퍼다 날라야 했다. 화재가 극에 달했을 때에는 그랜드 애버뉴의 포장 아스팔트에까지 불이 붙었고, 72개의 가게가 들어서 있던 서른여섯 채의 건물, 그러니까 마을 전체 건물의 반 이상이 불에 타 사라져버렸다.

자욱이 퍼져나가는 연기 속에서 자기 마을이 잿더미가 된 모습을 바라보는 사람들의 심경이 어땠을까? 그들이 무슨 생각을 했을지 나로선 상상하기조차 쉽지 않다. 어쨌든 그날 오후의 아이오와 북서부는 형언할 수 없을 만치 외롭고 고립된 곳처럼 느껴졌을 것이다. 복구 비용은 대공황 시절의 시세로 2백만 달러였다. 이는 아이오와 역사상 인재로 인한 피해 비용 중 가장 높은 금액이었다.

이런 것들은 어떻게 알고 있냐고? 스펜서에 사는 사람이라면 누구나 알고 있다. 화재는 우리의 역사 유산이었고, 우리를 정의해주는 사건이기도 했다. 단, 지금까지도 화재를 일으킨 그 소년의 이름만은 아무도 모른다. 물론 누군가는 알고 있었겠지만 당시 마을 회의는 소년의 이름을 불문에 부치기로 약속했다. 중요한 건, 우리가 하나의 운명 공동체라는 것이었다. 따라서 누구에게 손가락질할 것도 없었고, 함께 문제를 해결하면 되는 것이었다. 우리 동네에서는 이러한 태도를 진보적이라 불렀다. 만약 스펜서에 사는 사람을 붙잡고 이 마을이 어떠냐고 물어보면 "우리 마을은 진보적이에요"라는 대답을 들을 것이다. 그것이 우리의 모토인 셈이다. 그리고 진보적이라는 것이 무슨 의미냐고 묻는다면 우리는 이렇게 말한다. "마을에는 공원도 있고, 마을 사람들은 자원봉사도 많이 하고, 늘 우리의 삶을 향상시키려고 노력하지요." 그러나 좀 더 심도 있게 물어본다면 마을 사람들은 잠시 생각한 후 이렇게 말할 것이다. "옛날에 우리 마을에 대화재가 있었거든요……."

화재 자체가 우리를 정의하는 것은 아니었다. 그보다는 화재가 있은 후 마을 전체가 거기에 어떻게 대응했는가가 우리 마을을 설명해준다. 화재가 난 지 이틀 뒤 위원회가 결성되어 새로운 시내를 보다 현대적이고 재해 예방적인 거리로 만들기 위한 준비에 착수했다. 그리고 동시에 상점들은 일반 주택이나 창고를 빌려 장사를 시작했다. 어느 누구도 포기하지 않았다. 그 누구도 "옛날에 있던 그대로 지읍시다"라고 말하지 않았다. 한편 우리 마을의 지도자 격이었던 사람들은 중서부에 있는 시카고와 미니애폴리스 같은 대도시로 공부를 하러 가기도 했다. 그들은 거기에서 일관성 있는 도시 계획과 캔자스 시 같은 곳의 세련된 스타일을 보고 배워왔다. 그렇게 해서 한 달 안에 현대적인 아르데코 스타일의 마스터플랜을 짰는데, 그것은 당시에 가장 번화했던 도시 스타일을 본뜬 것이었다. 화재로 불탄 빌딩은 개인 소유였지만, 그 빌딩은 우리 마을의 일부이기도 했다. 건물 소유주들도 이 계획을 받아들였다. 그들도 우리가 더불어 살며 함께 일해야 살아남을 수 있다는 것을 이해했기 때문이다.

일단 빌딩은 저층으로 지어졌다. 그리고 대부분 벽돌 건물이었다. 그 중 몇몇은 앨러모 요새처럼 미션 스타일의 첨탑이 달린 건물도 있었다. 차분하지만 라인이 우아했고, 화려하거나 잘난 척하는 느낌도 아니었다. 그래서 우리에게 맞았다. 우리 스펜서는 보다 현대적이길 원했지만, 또한 지나치게 튀는 것도 원치 않았기 때문이다.

시내로 들어와 캐럴의 베이커리에서 빵을 사거나 헨 하우스에서 쇼핑을 한다고 했을 때, 나지막한 상점들과 길고 깔끔한 건물 라인은 자칫 눈에 들어오지 않을 수도 있다. 하지만 그랜드 애버뉴에 주차를 하고 나서 커다랗고 편편한 처마 아래나 가게 쇼윈도 앞을 잠깐이라도 여유 있게 산책해보라. 깔끔한 금속 가로등과 보도에 깔린 가지런한 벽돌에 상점들은 마치 하나로 연달아 흐르는 듯해서, 아마도 그걸 보는 사람은 '여기는 참 좋은 동네 같아. 시내 중심가도 효율적으로 지어졌어'라고 생각할 것이다.

스펜서 시내는 1931년 화재가 남긴 유산임에 틀림없다. 하지만 이 거리는 1980년대 농장 위기의 유산이기도 하다. 사람은 어려운 시기가 닥쳐오면 뭉치거나 혹은 흩어지거나, 둘 중 하나의 방향으로 간다. 이는 가정이건 마을이건 사람이건 매한가지다. 1980년대 말, 스펜서는 다시 한번 뭉쳤다. 그리고 내부로부터의 변혁을 이루어냈다. 1931년에 할아버지대가 경영하던 가게들을 이어받아 장사를 하던 그랜드 애버뉴의 상인들은 모두 하나로 뭉쳐 시내를 좀 더 발전시키기로 결정했다. 상인들은 시내의 전체 상가들을 관리하는 사업 매니저를 고용했고, 기간 시설도 향상시켰다. 여유 자금이 없었을 텐데도 불구하고 상가 광고에 많은 돈을 투자했다.

그렇게 변화의 바퀴가 천천히 돌아가기 시작했다. 한 부부는 시내에서 가장 크고 역사 깊은 빌딩인 '더 호텔'을 인수하여 재건축에 들어갔다. 낡아서 버려진 그 빌딩은 보기에도 흉했고 모두의 사기를 떨어뜨리는 존재였다. 그랬던 건물이 이제는 우리 동네의 자부심이요 보다 나은 내일의 약속으로 다가왔다. 그랜드 애버뉴의 상가 가게 주인들은 새 창문을 달고 보도를 새로 깔았고, 여름밤 오락 행사를 열기 위해 주머니를 털었다. 이들 모두는 스펜서의 앞날이 더 나아질 것을 확신하고 있었고, 마을 사람들도 잔잔한 음악이 흐르는 거리에서 새 보도 위를 거닐며 낙관적인 미래를 상상할 수 있었다.

1987년에 도서관장이 되자마자 나는 도서관을 리모델링하기 위한 예산을 상부에 요구하기 시작했다. 우리 마을은 도시를 따로 관리하는 책임자도 없었고, 심지어 시장도 파트타임 직책으로, 거의 의례적인 지위를 가지고 있을 뿐이었다. 결국 모든 결정은 시의회가 내렸다. 그래서 나는 시의회에 찾아가 요청하기 시작했고, 계속되는 거절에도 불구하고 포기하지 않았다.

스펜서 시의회는 전형적인 남성 위주의 인맥으로 구성되어 있었는데, 그것은 자매네 카페에 종종 모이는 지역 실력자들의 공식적 모임과 다름없었다. 자매네는 도서관에서 단지 6미터 떨어진 곳에 있었지만, 내가 보기에 자매네 카페에 다니는 그쪽 사람들 중 우리 도서관에 발을 들여놓았던 이는 단 한 명도 없었다. 물론 나 자신도 자매네 카페에는 가지 않았으니 어찌 보면 피차일반이었다.

"도서관을 위한 예산? 그 돈으로 뭘 하게? 우리 시에 필요한 건 일자리지 책이 아니라고."

"도서관은 창고가 아닙니다." 나는 시의원들에게 말했다. "도서관은 마을의 중요한 구심점이에요. 도서관은 구직에 대한 자료들과 회의실, 컴퓨터도 갖추고 있습니다."

"도대체 도서관에 왜 돈이 필요하다는 거요? 책은 이미 충분히 있을 텐데."

나는 다시 힘주어 말했다. "새로 포장한 도로도 물론 좋지만, 그걸로 우리 마을의 정신이 고양되는 건 아니거든요. 그런 것들이 따뜻하고 친근하게 주민들을 맞이하는 도서관과 같을 수는 없잖아요. 우리 마을이 자랑스러워할 수 있는 도서관이 있다면 사람들의 사기 진작에도 도움이 되지 않겠어요?"

"내 솔직히 말하지. 도대체 책이 더 예뻐진다고 해서 뭐가 달라지는지 모르겠다는 거요."

벌써 반년 동안이나 뒷전으로 밀려난 상황이라 그 말을 들으며 큰 좌절감을 느꼈지만, 나는 결코 내 계획을 포기하지 않았다.

그러던 중 재미있는 일이 벌어졌다. 듀이가 내 대신 말을 해주기 시작한 것이다. 1988년 여름이 끝날 무렵, 스펜서 공공 도서관에는 눈에 띄는 변화가 일어났다. 우리 방문객의 숫자가 올라간 것이다. 한번 방문한 사람은 더 오래 머문다는 통계도 나왔다. 사람들은 행복한 마음으로 도서관을 떠나 그 행복감을 집까지 간직하고 갔고, 이는 또 그들의 직장으로, 학교로까지 전해졌다. 그리고 그보다 더 좋은 소식은, 사람들이 말을 하기 시작했다는 것이다. 듀이 덕분에 말이다.

"도서관엘 갔었어." 어떤 사람이 새롭게 단장한 그랜드 애버뉴에서 쇼윈도를 구경하며 말했다.

"그럼 듀이 봤어?"

"당연하지."

"듀이가 무릎 위로 뛰어올라왔어? 내가 가면 항상 무릎에 올라앉던데."

"나는 사실 별생각 없이 높은 책장 위에서 책을 꺼내려고 했는데, 책을 붙잡는다는 게 듀이를 한 움큼 붙잡았지 뭐야. 너무 놀라서 책을 내 발 위에 떨어뜨렸어."

"그러니까 듀이는 어떻게 했어?"

"듀이가 웃더라."

"정말?"

"아니. 하지만 속으론 웃는 것 같았어."

이런 식의 대화가 자매네 카페에까지 흘러들어간 모양이었다. 왜냐하면 결국 시의회에서도 듀이에 대한 이야기가 회자되곤 했기 때문이다. 그러자 서서히 그들의 태도가 바뀌었다. 제일 먼저 나를 보고 더 이상 비웃지 않았다. 그러곤 내 말에 귀를 기울이기 시작했다.

"비키." 드디어 시의회도 반응을 보였다. "어쩌면 정말로 도서관이 우리 마을에서 중요한 부분인지도 모르겠소. 그런데 알다시피 현재로선 재정 사정이 좀 안 좋아요. 당장은 돈이 없소. 하지만 당신이 어디에서든 예산을 따올 수 있다면 우리도 확실히 밀어주겠소."

솔직히 많은 것을 얻은 것은 아니었지만, 그것은 도서관이 시로부터 정말 오랜만에 얻어낸 작은 승리였다.

고양이와 그 친구들

Chapter 08

1988년 가을에 시의회가 도서관에 관심을 가지게 된 것은 나 때문은 아니었다. 물론 나도 일조하긴 했지만, 나만의 목소리는 아니었다는 얘기다. 평소 나서지 않던 사람들이 목소리를 높인 결과였다. 그것은 노인들, 어머니들, 어린이들의 목소리였다. 어떤 사람들은 도서관에 책을 대출하기 위해, 혹은 신문이나 잡지를 보기 위해 온다. 하지만 어떤 이들은 도서관을 쉬러 오는 곳으로 생각하기도 했다. 도서관에서 시간 보내는 것을 즐기고, 또 도서관에 오면 힘이 나거나 왠지 신난다고도 했다. 몇 달이 지나면서 이런 이들이 늘어나기 시작했다. 이제 듀이는 단순히 신기한 구경거리가 아니었다. 듀이는 우리 마을의 고정 멤버,

다시 말해 터줏대감으로 자리 잡았고, 사람들은 듀이를 보러 도서관으로 모여들었다.

그렇다고 듀이가 특별히 애교가 많은 편이어서 도서관에 들어오는 모든 사람을 무조건 달려가 맞이하는 것은 아니었다. 사람들이 원하면 현관까지 마중을 나갔지만, 자기에게 관심이 없어 보이면 그냥 지나치곤 했다. 이 점이 고양이와 개의 미묘한 차이일 것이다. 특히 듀이와 같은 고양이는 더 그렇다. 고양이도 사람을 필요로 할 때가 있겠지만, 구태여 관심을 구걸하지는 않는다.

도서관의 단골 고객들은 입구에 들어섰을 때 듀이가 마중 나오지 않으면 도서관을 돌아다니며 듀이를 찾았다. 우선 모퉁이를 돌면 듀이가 있을까 싶어 바닥을 살핀다. 그다음으로는 서가를 찾아본다.

"아, 잘 있었니, 듀이? 거기 있는 걸 못 봤구나"라며 사람들은 손을 뻗어 듀이를 쓰다듬었다. 그러면 듀이는 머리를 내밀어주지만 손님을 따라가지는 않는다. 그럴 때 손님들은 항상 섭섭해했다. 그러나 듀이는 잊을 만하면 손님들의 무릎 위로 뛰어오르곤 했다. 그때 사람들의 얼굴에 퍼지는 그 환한 미소란! 듀이가 무릎에 10분, 15분씩 앉아 있어서가 아니라 듀이가 자신을 찾아와 관심을 가져주었다는 사실에 흐뭇해하는 것이다. 1년이 다 되어갈 때쯤엔 다들 "듀이가 사람을 따르는 건 사실이지만, 저랑은 각별한 관계랍니다"라고 말하곤 했다.

그러면 나는 미소를 지으며 끄덕였다. "맞아요, 주디." 하지만 속으로는 웃었다. '도서관에 오는 모든 손님들이 그렇게 생각하는걸요.'

물론 주디 존슨(혹은 마시 머카나 팻 존스 같은 듀이의 다른 팬일지라도)이 도서관에 좀 더 오래 있어보면 실망을 금치 못했을 것이다. 이런 대화를 하고 나서 30분 뒤에 도서관을 나서면서 듀이가 다른 사람의 품에 안겨 있는 걸 보고 서운해서 미소가 사라지는 경우를 나는 여러 번 보았다.

"오, 듀이. 난 네가 나만 좋아하는 줄 알았는데……." 주디는 섭섭하다는 듯 듀이를 바라보지만 녀석은 고개도 들지 않는다. 그래도 주디는 다시 웃으며 생각한다. '자기 일을 하는 것뿐이야. 그래도 듀이는 날 제일 좋아해.'

듀이가 스펜서에 끼친 영향을 이해하려면 우선 아이들을 보면 된다. 도서관에 들어서서 환한 얼굴로 듀이를 찾아 곳곳을 뒤지고, 듀이를 찾았을 때는 기뻐 어쩔 줄 몰라하는 아이들을 종종 볼 수 있었다. 그럴 때는 뒤에서 따라다니는 어머니들도 흐뭇하게 웃고 있었다.

당시 많은 가정이 힘든 나날을 보내고 있었고, 그것은 아이들에게도 힘겨운 시간이었다. 그렇다고 부모들이 나나 도서관 직원들에게 집안 문제를 터놓고 이야기했던 것은 아니다. 그들은 친한 친구에게도 힘든 처지를 하소연할 사람들이 아니었다. 그건 우리 방식이 아니었다. 좋건 나쁘건 혹은 그 중간이건, 우리는 자신의 처지에 대해 이렇다 저렇다 이야기하는 법이 거의 없었다. 하지만 느낄 수 있었다. 전해 겨울에 입었던 낡은 코트를 입고 오는 어린이가 있었다. 그 아이의 어머니는 처음에는 화장을 하지 않게 되더니 나중에는 점차 꾸미는 것도 포기하고 장신구 같은 치장도 전혀 하지 않게 되었다. 소년은 듀이를 사랑했다. 아주 친한 친구처럼 듀이에게 매달렸고, 둘이 함께 있는 모습을 볼 때 아이 어머니의 얼굴에선 웃음이 떠나지 않았다. 그러나 10월이 되자 소년과 어머니는 더 이상 도서관에 나오질 않았다. 나중에 알고 보니 동네를 떠나야 했던 것이다.

물론 그해 10월에 그 아이만 낡은 코트를 입었다거나, 그 아이만 듀이를 사랑했던 것은 아니었다. 어린이들은 모두 듀이를 너무 좋아해 이야기책 낭독 시간을 듀이와 같이 즐겁게 보낼 수 있는 방법을 터득하고 있었다. 매주 화요일 오전, 책을 읽어주는 시간이 되면 아이들이 모여 시끌벅적했다. 그러다가 누군가가 "듀이가 왔다!"라고 외친다. 그러면 모두들 듀이를 만져보려고 동시에 달려들어 야단법석이었다.

어린이 도서 담당인 메리 워크는 "너희들, 얌전히 있지 않으면 듀이를 내보낼 거야"라며 야단을 쳤다. 그러면 아이들은 억지로 흥분을 감추고 간신히 자기 자리로 돌아가 조용해졌다. 그러다 아이들이 어느 정도 진정되면 듀이는 다시 아이들 사이사이를 돌아다니며 이곳저곳 몸을 비볐고 여기저기서 즐거운 웃음이 터져나왔다. 그리고 아이들은 또 듀이를 붙잡고는 수군거렸다. "듀이야, 여기야 여기. 이리 와서 앉아 봐."

"애들아, 아까 내가 얘기했지?"

"네, 메리." 메리는 자신이 선생님이라고 불리는 걸 싫어했기 때문에 아이들은 그녀를 이름으로 불렀다.

듀이는 한참을 돌아다니다 그날 당첨된 운 좋은 아이의 무릎에 똬리 틀고는 누웠다. 녀석은 사람들이 자기를 붙잡고 억지로 앉히는 것을 싫어해서 자신이 누울 무릎만큼은 스스로 선택하는 편이었다. 듀이는 매주 다른 아이를 골랐다.

일단 무릎을 선택하고 올라앉으면 보통 한 시간 정도는 얌전히 앉아 있었다. 그러나 영화를 볼 때는 예외였다. 영화가 상영된다 싶으면 듀이는 테이블 위로 뛰어올라 다리를 몸 밑으로 말아 넣고는 열심히 화면을 들여다보았다. 그리고 엔딩 자막이 올라갈 때쯤이면 지루하다는 듯 테이블에서 뛰어내렸다. 아이들이 "듀이가 어디 갔지?" 하며 찾기도 전에 녀석은 일찌감치 사라져버렸다.

그런 귀하신 몸인 듀이도 어찌할 수 없는 아이가 하나 있었다. 그 여자아이는 듀이가 처음 왔을 때 네 살이었는데, 매주 엄마, 오빠와 함께 도서관에 왔다. 오빠는 듀이를 너무 좋아했다. 그러나 동생인 그 소녀는 겁을 내서 긴장하며 멀찍이서 바라만 보았다. 나중에 아이의 어머니는 그애가 네 발 달린 짐승을 두려워하며 특히 개나 고양이를 무서워한다고 귀띔해주었다.

이건 기회다! 고양이 알레르기가 있어 근처에도 못 가던 아이도 듀이 덕분에 결국 함께 있을 수 있는 고양이를 만나지 않았던가. 듀이는 이 아이도 구원해줄 거야. 나는 소녀가 처음에는 듀이를 창 너머로 지켜보다가 조금씩 어른과 같이 있는 곳에서 친해져가는 게 어떻겠냐고 제안했다.

"이건 순하고 정 많은 우리 듀이에게 딱 맞는 임무랍니다." 나는 소녀의 어머니에게 적극적으로 말했다. 그러곤 신이 나서 소녀가 공포를 극복하는 데 도움이 될 책도 뒤져보며 정성을 들였다.

그러나 아이 어머니가 그 방법을 거부했기 때문에 결국 아이를 바꾸는 대신 우리가 아이에게 맞춰야만 했다. 소녀가 안내 데스크 앞에서 직원에게 손을 흔들면 우리는 듀이를 찾아내 사무실에 잠시 가두기로 한 것이다. 하지만 듀이는 특히 손님들이 있을 때 갇히는 것을 매우 싫어했다. '이럴 것까진 없잖아요!' 듀이의 우는 소리가 밖에까지 들렸다. '나도 그 애는 알아본다고요! 옆에만 안 가면 되잖아요!'

나는 듀이를 가두는 것이 가슴 아팠고, 듀이가 이 소녀의 삶에 도움이 될 수 있는데도 그 기회를 놓치는 것이 아쉬웠다. 하지만 어쩌랴. '비키, 무리할 필요는 없어.' 나는 나 자신을 타일렀다. '언젠간 그렇게 할 수 있겠지.'

이런 생각을 하며 나는 듀이의 첫 생일을 조용히 계획하고 있었다. 나는 고양이 사료로 만든 케이크와 도서관 이용객들을 위한 케이크를 각각 준비했다. 녀석이 정확히 언제 태어났는지는 몰랐지만, 처음에 에스털리 박사가 태어난 지 8주 정도 됐다고 했던지라 날짜를 거꾸로 세어 계산해 보니 11월 말경이었다. 그래서 11월 18일을 택했다. 듀이를 1월 18일에 발견했으니 18이 행운의 숫자라고 생각했다.

듀이의 생일이 일주일 정도 남았을 때는 생일 카드를 준비하고 사람들의 서명을 받기로 했다. 며칠도 안 되어 백여 명이 서명을 했다. 어린이들은 이야기책 낭독 시간에 듀이의 생일 케이크 그림을 알록달록하게 그렸다. 생일 파티 나흘 전에는 안내 데스크 뒤편에 빨랫줄을 걸고서 이 그림들을 전시했다. 그리고 이 이야기가 신문에 소개되자 우편으로도 생일 카드들이 도착하기 시작했다. 고양이에게 사람들이 생일 카드를 보내다니, 믿어지지가 않았다!

생일이 되자 아이들은 흥분해서 펄쩍펄쩍 뛰어다녔다. 다른 고양이라면 그런 광경을 보고 무서워했을지도 모르지만, 듀이는 이 모든 소동을 평상시처럼 차분히 소화해냈다. 그러나 사실 듀이는 아이들과 어울려 놀기보다는 잿밥에 관심이 있었다. 특히 녀석의 관심을 끈 것은 고양이 사료로 만든 쥐 모양의 케이크였는데, 우리 도서관의 진 홀리스 클라크가 즐겨 먹는, 지방을 전혀 제거하지 않은 요구르트로 코팅한 케이크였다(듀이는 다이어트용 저지방 요구르트는 거들떠보지도 않았다). 아이들이 웃고 떠드는 동안 나는 뒤에 모여 있던 어른들을 둘러보았다. 대부분이 아이들의 부모였는데, 이 어른들도 아이들만큼이나 즐기고 있었다. 나는 그때, 듀이가 얼마나 특별한지 또 한번 깨달았다. 이런 팬클럽은 아무 고양이나 가질 수 있는 게 아니었다. 또 이런 생각도 들었다. 듀이가 정말로 사람들에게 영향력이 있는 고양이구나. 듀이가 이 마을의 일원으로 받아들여졌구나. 나는 듀이와 종일 같이 있긴 했어도 듀이가 얼마나 많은 사람들과 인연을 쌓았고, 얼마나 많은 사람들에게 감동을 주었는지는 알 수 없었다. 하긴, 듀이는 편애란 것을 몰랐다. 녀석은 모두를 똑같이 사랑했다.

말은 이렇게 해도 더 솔직히 말하자면 그것이 전적으로 사실은 아니다. 때로는 듀이와 사람 간에 각별한 관계도 있었던 것이다. 가장 기억에 남는 아이는 크리스털이다. 수년간 도서관은 인근 초중등학교의 특수교육반 아이들을 위해 별도로 책을 읽어주는 시간을 진행해왔다. 사실 듀이가 나타나기 전까지 아이들의 수업 태도는 그다지 좋지 않았다. 특히 그날이 주중에 학교를 벗어날 수 있는 유일한 시간이었기 때문에 특수반 아이들은 대체로 들떠 있었다. 비명을 지르거나 소리를 지르기도 했고, 펄쩍펄쩍 뛰며 돌아다니기도 했다. 그러나 듀이가 이런 분위기를 바꿔놓았다. 아이들이 듀이를 알게 되면서부터 자기들이 너무 시끄럽거나 짓궂게 굴면 이 고양이가 방을 떠나버린다는 걸 알게 된 것이다. 아이들은 듀이를 붙잡아두기 위해 안간힘을 썼다. 몇 달 후에는 아이들이 너무나 차분해져서 정녕 몇 달 전과 같은 아이들인지 의심스러울 정도였다.

이 아이들은 듀이를 잘 쓰다듬기조차 힘들어했다. 대부분 장애가 있었기 때문이다. 그러나 듀이는 전혀 신경 쓰지 않았다. 아이들이 조용히만 해준다면 듀이는 그 아이들과 꼬박꼬박 한 시간씩을 보냈다. 아이들 사이를 돌아다니며 아이들 발에 몸을 비비고 무릎 위로 뛰어오르기도 했다. 아이들은 듀이에게 너무 집중한 나머지 다른 곳에 정신을 팔 겨를이 없었다. 이 아이들을 앉혀놓고 이야기책 대신 전화번호부를 쭉 읽어 내렸다 한들 아무도 눈치채지 못했을 것이다.

크리스털은 아이들 중에서도 장애가 심한 편이었다. 크리스털은 열한 살의 아름다운 소녀였지만, 말을 하지 못했고 사지를 원활히 쓸 수 없었다. 그 아이는 늘 휠체어를 타고 다녔는데, 휠체어 앞에는 나무 쟁반 같은 트레이가 달려 있었다. 크리스털은 도서관에 올 때마다 항상 고개를 푹 숙인 채 눈을 트레이에 고정시키고 있었다. 선생님이 아이의 코트를 벗겨주고 재킷의 단추를 풀어주어도 소녀는 꼼짝하지 않았다. 마치 이 세상에 존재하지 않는 듯했다.

듀이는 금세 그러한 크리스털을 알아보았지만, 둘이 금방 친해진 것은 아니었다. 처음에 크리스털은 듀이에게 관심이 없는 듯했다. 듀이의 관심을 바라는 다른 아이들이 줄을 서 있었기 때문이다. 그러나 어느 날 듀이가 크리스털의 휠체어 트레이 위로 뛰어올랐을 때 소녀는 소리를 질렀다. 크리스털은 지난 수년 동안 도서관을 출입했지만, 그애가 소리를 낼 수 있다는 건 아무도 몰랐다. 그때 들은 소리가 사람들이 처음으로 들은 크리스털의 목소리였던 것이다.

이후 듀이는 매주 크리스털을 찾았다. 그리고 듀이가 트레이에 뛰어오를 때마다 크리스털은 기쁨의 소리를 질렀다. 고음의 아주 커다란 소음과도 같았지만 듀이는 한 번도 그 소리에 민감하게 반응한 적이 없었다. 듀이는 그 소리의 의미를 알고 있었던 것 같다. 소녀가 신이 났다는 것을 느끼거나 얼굴에서 표정의 변화를 읽었는지도 모른다. 듀이를 볼 때마다 크리스털의 얼굴은 빛났다. 예전에는 언제나 두 눈에 초점이 없었지만, 듀이를 바라볼 때는 마치 눈에 불이 붙은 것만 같았다.

듀이가 반드시 트레이에 올라가야만 크리스털이 반응을 보이는 것은 아니었다. 나중에는 선생님이 밀어주는 휠체어가 도서관 문턱만 넘어도 소녀의 눈가엔 생기가 돌았다. 듀이는 현관문 앞에서 크리스털을 기다렸는데, 소녀는 듀이를 보자마자 소리 지르기 시작했다. 평소에 내던 고음보다도 더 깊게 울리는 소리였다. 내가 보기엔 듀이를 부르는 소리인 듯했다. 듀이 역시 그렇게 생각하는 것 같았다. 왜냐하면 그 소리를 듣는 즉시 크리스털 곁으로 달려갔기 때문이다. 크리스털의 휠체어가 자리를 잡으면 듀이는 언제나처럼 트레이 위로 뛰어올랐고, 소녀는 행복에 겨워 터질 것만 같은 표정을 지었다. 소리도 지르고 환하게 웃기도 했다. 그 미소가 얼마나 크고 밝았는지 모른다. 크리스털의 미소는 내가 본 미소 중 최고였다.

대개는 선생님이 크리스털의 손을 잡아 듀이에게 가져가주었다. 그러면 소녀는 듀이의 털이 자신의 피부에 닿을 때마다 기쁨에 겨운 소리를 점점 더 크게 질렀다. 심지어 어떤 날은 고개를 들어 나와 눈도 맞췄다. 수년 동안 고개를 푹 숙이고서 누구와도 눈을 마주치지 않던 아이였다. 그런데, 너무나 기쁨에 넘친 나머지 누군가와 그 기쁨을 나누고 싶었던 것이다.

어느 날 나는 크리스털의 트레이 위에 앉아 있던 듀이를 그 애의 코트 안에 넣어주었다. 소녀는 소리조차 내지 못했다. 크리스털은 감격스러워하며 듀이를 내려다보았다. 너무도 행복해하는 듯했다. 그리고 듀이도 행복해했다. 듀이는 소녀의 가슴에 기댈 수 있었고, 그 품 안은 무척 따뜻했을 것이다. 듀이는 자기가 사랑하는 사람의 품에 한참동안 안겨 있었고 크리스털의 코트 밖으로 나올 생각을 하지 않았다. 그 코트 속에서 최소한 20분은 안겨 있었을 것이다. 다른 어린이들이 옆에서 책을 대출하는 동안, 듀이와 크리스털은 안내 데스크 앞에서 그렇게 함께 앉아 있었다. 아이들을 태울 버스가 도서관 앞에서 시동을 걸어놓고 기다렸고, 다른 아이들은 모두 버스에 올랐다. 그러나 듀이와 크리스털은 그 자리에 그대로 함께 남아 있었다. 그 미소, 그 순간은 온 세상을 다 준다 해도 바꿀 수 없었을 것이다.

나는 크리스털이 그 이후에 어떻게 살아갔는지에 대해선 알지 못한다. 크리스털이 학교를 졸업하고 세상 밖으로 나왔을 때 어떤 기분이었을까. 그녀가 지금 무엇을 하는지도 알 길이 없지만 크리스털이 스펜서 공공 도서관에 듀이와 함께 있었던 그때, 그녀가 행복했다는 것만은 분명했다. 크리스털이 경험한 그런 완벽한 행복을 맛볼 수 있는 사람은 세상에 그렇게 많지 않다. 듀이도 그걸 알고 있지 않았을까. 듀이는 크리스털이 그러한 행복감을 느끼길 바랐으며 그렇게 행복해하는 그녀를 사랑했다. 우리가 삶을 살면서 고양이건 사람이건 이런 기쁨과 행복을 누군가에게 안겨줄 수 있다는 것은 실로 대단한 일이 아닌가?

	듀이가 좋아하는 것	듀이가 싫어하는 것
먹이	퓨리나 스페셜 디너, 우유맛 나는 모든 것!	그 외 나머지!
잠자는 곳	상자나 누군가의 무릎	혼자서 자거나 자기 침대에서 자는 것
장난감	고양이풀이 들어 있는 것	움직이지 않는 것
좋아하는 시간	직원들이 도착하는 아침 8시	모든 사람들이 떠날 때
좋아하는 자세	몸을 죽 펴고 드러눕는 것	오래 서 있는 것
온도	따뜻하고, 따뜻하고, 또 따뜻한 것	춥고, 춥고, 또 추운 것
숨는 곳	서부 개척 시대물 코너의 맨 아래 칸	로비
활동	새 친구 만들기, 복사기 돌아가는 거 구경하기	동물병원 가는 것
쓰다듬기	머리와 귀 뒤	배를 긁거나 만지는 것
장비	킴의 타자기, 복사기	진공청소기
동물	자기 자신!	–
몸단장	귀 청소하기	빗질
약	펠락신(헤어 볼 치료제)	그 나머지
놀이	숨바꼭질, 밀기	마룻바닥에서 편파 레슬링하기
사람	거의 모든 사람	자기를 못살게 구는 사람
소리	과자 봉지 뜯을 때 나는 소리, 종이 부스럭거리는 소리	큰 트럭 소리, 공사 소리, 개 짖는 소리
책	왕이 되고 싶은 고양이	죽은 고양이를 활용하는 10가지 방법

듀이의 특별한 사랑법

Chapter 09

듀이와 크리스털의 관계가 중요한 이유는, 이들의 관계가 소녀의 인생을 바꿔놓았기 때문이기도 하지만 이를 통해 듀이에 대해 더 잘 알 수 있었기 때문이다. 그것은 듀이가 사람들에게 어떠한 영향을 미쳤는지, 듀이의 사랑과 이해심이 얼마나 컸는지, 그리고 듀이가 사람들에게 얼마만큼 관심을 가졌는지 보여주는 일례였다. 매번 하는 말이지만, 듀이가 우리 마을에 얼마나 소중한 존재였는지는 크리스털과 같은 한 사람의 이야기에 국한되는 것이 아니었다. 그 외에도 천 개에 달하는 이야기들이 있다고 할 수 있다. 모든 사람은 아니라 하더라도, 듀이는 매일 최소한 한 사람의 마음을 사로잡았으며, 그중 한 명은 나에게 아주

소중한 사람, 바로 내 딸 조디였다.

　나는 싱글맘이었기 때문에 조디가 어렸을 때 우린 늘 붙어살았다. 우리는 브랜디라는 코카푸* 강아지를 데리고 산책했고, 윈도쇼핑도 함께 다니곤 했다. 둘이서 응접실에 텐트를 치고 캠핑을 하기도 했고, 텔레비전에서 우리가 좋아하는 영화라도 방영될 때면 소풍이라도 온 듯 마룻바닥에 앉아 영화를 감상하기도 했다. 그중 1년에 한 번씩 방영되는 「오즈의 마법사」는 우리가 가장 좋아하는 영화였다. 무지개 너머의 모든 것들이 총천연색 컬러인 오즈의 나라, 그곳에는 항상 원하는 것을 이룰 수 있는 힘이 존재했고 자신의 잠재력을 일깨울 수만 있다면 언제든 그 힘을 가질 수 있는 기회가 있다. 조디가 아홉 살이 되었을 때는 날씨가 좋은 날마다 매일 오후 근처에 있는 산을 오르기도 했다. 적어도 일주일에 한 번은 라임스톤 절벽 꼭대기까지 등반을 했고, 우리는 그곳에 앉아 강을 내려다보곤 했다. 엄마와 딸이 나란히 앉아 이런저런 이야기로 오붓한 시간을 보낼 수 있었다.

　그 당시 우리는 미네소타 주 맨카토에 살았다. 하지만 우리 모녀는 아이오와 주 하틀리에 있는 부모님 집에서 많은 시간을 보내기도 했다. 미네소타 주의 옥수수 밭이 아이오와 주의 옥수수 밭과 이어지는 경계에서, 우리는 낡은 8트랙 오디오를 틀어놓고 노래를 따라 불렀다. 대부분 1970년대의 존 덴버나 배리 매닐로의 감상적인 노래였다. 그리고 항상 우리는 특별한 게임을 했다. 가령 내가 이렇게 묻는 식이었다. "네가

＊cockapoo : 코커스패니얼(cocker spaniel)과 미니어처 푸들(miniature poodle)의 교배종.

아는 세상에서 가장 큰 사람은 누구?"

그럼 조디가 이에 답한 후 나에게도 물었다. "엄마가 알고 있는 제일 힘센 여자는 누구?"

나는 또 거기에 답하고는 묻는다. "최고로 웃기는 여자는 누구?"

우리는 이렇게 질문하고 답하기를 반복하다가, 결국 내가 물어보려고 벼르던 그 질문을 던진다. "네가 아는 가장 똑똑한 여자는 누구?"

조디는 언제나 이렇게 대답했다. "우리 엄마." 아마 조디는 내가 그 말을 얼마나 듣고 싶어했는지 몰랐을 것이다.

그러다 조디가 열 살이 되었다. 그때부터 조디는 내 물음에 답을 하지 않기 시작했다. 물론 그 나이 때가 되면 아이들은 흔히 그렇게 행동한다는 걸 알고 있었지만, 그럼에도 나는 몹시 실망스러웠다.

열세 살이 되고 스펜서로 이사한 다음부터는 더 심해졌다. 조디는 내가 굿나잇 키스를 하는 것도 못하게 했다. "엄마, 난 이제 그러기엔 나이가 많아요."

"그래, 엄마도 안다. 너도 다 컸구나." 하지만 솔직히 마음이 아팠다.

나는 거실로 혼자 쓸쓸히 걸어나왔다. 당시 우리는 침실이 두 개 달린 작은 집에 살고 있었고 우리 집은 도서관에서 1.5킬로미터도 떨어지지 않은 곳에 위치하고 있었다. 물론 스펜서는 절반이 도서관으로부터 1.6킬로미터 반경 내에 있다고 보면 된다. 나는 문득 창밖을 바라보았다. 아름다운 사각형의 정원을 둔, 반듯하고 네모난 집들이 눈에 들어왔다. 아이오와 주의 대부분이 그러하듯 스펜서에 있는 모든 도로 역시 반듯한 직선이었다. 그런데, 인생은 왜 그렇게 될 수 없는 걸까?

브랜디가 뛰어와 내 손에 코를 갖다 댔다. 브랜디는 내가 조디를 임신했을 때부터 함께했던 개였는데, 이제는 역력히 나이 든 티가 났다. 녀석은 점점 움직임이 느려졌고, 처음으로 거실 바닥에 실례를 하기도 했다. 불쌍한 브랜디, 너마저……. 나는 돌볼 수 있을 때까지 돌보며 버텨보려고 했다. 하지만 결국 에스털리 박사에게 데려갈 수밖에 없었고, 브랜디는 이미 신부전증이 많이 진행된 상태라는 진단이 나왔다.

"브랜디는 열네 살입니다. 놀랄 일도 아니지요."

"그럼 어떡하면 좋죠?"

"비키, 치료는 해볼 수 있어요. 하지만 완전한 회복을 기대할 순 없을 거예요."

나는 이 불쌍하고 지친 개를 내려다보았다. 브랜디는 언제나 나를 위해 내 옆을 지켜주었고, 나에게 모든 것을 헌신해왔었다. 나는 브랜디의 머리를 양손으로 감싸고 귀 뒤를 긁어주었다. "브랜디, 내가 돈이 많은 건 아니지만 그래도 최선을 다해볼게."

약을 먹기 시작한 지 몇 주가 지난 어느 날, 나는 거실에서 브랜디를 무릎 위에 앉혀놓고 쉬고 있었다. 그때 뭔가 따뜻한 것이 느껴졌다. 그리고 곧 내 무릎이 축축해졌다는 걸 깨달았다. 브랜디가 오줌을 싼 것이었다. 그리고 브랜디는 부끄러워하는 게 아니라 고통을 느끼고 있었다.

"때가 됐습니다." 에스털리 박사가 말했다. 나는 조디에게 전부를 얘기해주지는 못했다. 한편으로는 조디를 생각해서였고, 또 한편으론 나 자신이 그것을 인정하고 싶지 않아서였다. 브랜디는 인생을 함께해온 친구였다. 나는 브랜디를 사랑했고 필요로 했기 때문에 도저히 브랜디를 안락사시킬 용기가 나지 않았다.

　여동생에게 전화를 했고, 동생 남편에게는 이렇게 부탁했다. "우리 집에 와서 브랜디를 데려가주세요. 언제 데려간다고 나한테는 말하지 말고, 그냥 아무 때나 데려가줘요."

　며칠 후 점심을 먹으러 집에 돌아왔을 때 브랜디는 가버리고 없었다. 나는 그것이 무엇을 의미하는지 알고 있었다. 브랜디는 영영 떠났던 것이다. 나는 여동생에게 전화해서 학교 수업이 끝나면 조디를 데리고 저녁을 먹으러 가달라고 부탁했다. 나 자신이 진정할 수 있는 시간이 필요했기 때문이다. 그날 저녁 식사 중에 조디는 뭔가 이상하다는 것을 느꼈고, 결국 동생은 브랜디를 안락사시켰다는 사실을 털어놓았다.

　사실 그때까지 나는 많은 잘못을 했었다. 브랜디의 고통을 덜어주려고 노력했지만, 정작 브랜디가 죽을 때는 동생의 남편이 그 곁을 지키도록 했다. 그리고 조디에게 솔직하지도 못했다. 조니는 자신이 사랑했던 개가 죽었다는 이야기도 이모로부터 들어야 했다. 그러나 나의 가장 큰 실수는 조디가 그날 집으로 돌아왔을 때의 일이었다. 나는 애써 울지 않았다. 어떠한 감정도 드러내지 않으려 했다. 딸애를 위해서라도 나는 강해져야 한다고 생각했기 때문에 내가 얼마나 상처를 받았는지 딸이 알게 되는 것을 원치 않았다. 조디가 다음 날 학교에 가고 집에 없을 때야 나는 울기 시작했다. 너무 많이 울어서 몸이 아플 것만 같았다. 나는 그날 오후가 될 때까지 출근도 하지 못했다. 하지만 나의 그런 모습을 보지 못한 조디의 생각은 달랐다. 열세 살짜리 소녀의 눈에 비친 엄마는, 자신이 키우던 강아지를 죽이고도 아무렇지 않게 모르는 척하는, 매정한 여자였다.

물론 브랜디의 죽음이 우리 관계의 결정적 전환점이 되었던 건 아니다. 우리 둘 사이에 이미 조금씩 벌어지고 있던 틈새가 그 사건으로 더 확연해졌다고나 할까. 조디는 더 이상 어린애가 아니었다. 그런데도 나는 여전히 조디가 세상 물정 모르는 아이인 양 대했던 것이다. 그렇다고 조디가 어른이 된 것도 아니었지만, 그 애는 자신이 다 컸고 엄마도 별로 필요치 않다고 생각하는 것 같았다. 그때 나는 처음으로 우리 둘 사이가 크게 소원해지는 것을 느꼈고, 브랜디의 죽음은 우리 둘을 더욱 더 갈라놓았다.

듀이가 내 앞에 나타났을 무렵 조디는 열여섯 살이었고, 그 나이의 딸을 둔 많은 어머니들이 그렇듯이 우리 모녀는 마치 별개의 삶을 살고 있는 듯했다. 물론 그러한 상황의 근본 원인은 나에게 있었다. 난 당시 도서관의 리모델링 계획에 매달리고 있었고 마침 시의회의 허락도 받은 상태였다. 때문에 집에서 보내는 시간이 거의 없었다. 하지만 한편으로 딸애의 잘못도 없지는 않았다. 조디는 대다수의 시간을 친구들과 보내거나 혼자 있을 때에도 자기 방 문을 잠그고 지냈다. 일주일 내내 우리는 겨우 저녁 식사 시간에나 얼굴을 볼 수 있었지만, 그때에도 서로 할 말이 많지 않았다.

듀이가 나타나기 전까지는 그랬다. 그러나 듀이가 우리에게 온 뒤로는 나도 조디가 듣고 싶어하는 이야기를 할 수 있게 되었다. 나는 조디에게 오늘은 듀이가 무엇을 했는지, 누가 듀이를 보러 왔는지, 듀이가 누구와 놀았는지, 어느 지역 신문과 라디오 방송국에서 듀이를 인터뷰

하고자 전화했는지 이야기해주었다. 도서관 직원들은 서로 돌아가며 일요일 아침에 듀이에게 먹이를 주고 있었는데, 내가 일요일 아침 도서관에 가야 할 때 조디는 늦잠 자느라고 따라가지 못했지만 대신 종종 일요일 저녁, 할머니·할아버지 댁에서 식사를 하고 돌아오는 길에 도서관에 들르곤 했다.

조디가 도서관 문에 들어서면 듀이가 얼마나 좋아했는지 모른다. 이 고양이는 기쁨의 춤을 추었다. 듀이는 조디에게 잘 보이려고 서가 위에서 한 바퀴 공중회전을 하다시피 했다. 내가 뒤쪽 방에서 고양이 화장실을 청소하고 먹이를 준비하는 동안, 듀이와 조디는 함께 놀았다. 듀이에게 조디는 단순히 자신과 놀아주는 많은 사람들 중 하나가 아니었다. 듀이는 조디를 숭배했다.

나는 그때까지 듀이가 절대로 사람들을 따라다니지 않으며 특히 처음에는 약간 거리를 두는 스타일이라고 말하고 다녔다. 그런데 조디와의 관계에선 전혀 그렇지 않았다. 녀석이 강아지처럼 조디를 졸졸 따라다니는 게 아닌가. 조디는 듀이가 진심으로 애정을 갈구했고 또 그만큼 애정을 주었던 유일한 사람이었다. 근무 시간 중에도 조디가 도서관에 오기만 하면 듀이는 냉큼 그 애 곁으로 달려갔다. 누가 보든 말든 조디 앞에선 모든 자존심을 버렸다. 조디가 의자에 앉으면 그 즉시 듀이는 무릎 위로 올라갔다.

도서관이 며칠간 문을 닫는 연휴에는 듀이를 우리 집으로 데려왔다. 듀이는 드라이브를 좋아하지 않았다. 아마도 자동차를 탄다는 것이 곧 에스털리 박사에게 가는 것이라고 생각했던 것 같다. 그래서 녀석은 처음 몇 분 동안은 자동차 뒷좌석 바닥에 바짝 엎드려 있었다. 그러나 차가 그랜드 애버뉴를 벗어나 11번가로 들어서는 것을 알아차리면 그때부턴 벌떡 일어나 창밖을 열심히 구경했다. 내가 우리 집 문을 열면 듀이는 쏜살같이 달려들어가 오랫동안 집 안 구석구석의 냄새를 맡고 다녔고, 그러고는 지하실 계단을 부지런히 오르락내리락 뛰어다녔다. 듀이는 늘 1층짜리 도서관의 세계에 살았기 때문에 계단이라면 사족을 못 쓸 정도로 좋아했다.

그러다 계단에서의 흥분이 어느 정도 가시고 나면 듀이는 내 옆으로 와 소파에 함께 앉았다. 그리고 종종 소파 뒤쪽에 올라앉아 창밖을 내다보았다. 조디를 기다리는 것이었다. 마침내 조디가 집으로 들어오면 듀이는 벌떡 일어나 문으로 달려갔다. 조디가 들어서자마자 듀이는 마치 찍찍이처럼 그애에게 찰싹 달라붙었다. 그렇게 녀석은 한시도 조디 곁을 떠나지 않았다. 하도 조디의 발밑에서 얼쩡거려서 조디가 걸려 넘어질 정도였다. 조디가 샤워를 할 때면 듀이는 화장실 안에서 샤워 커튼을 바라보며 그 애를 기다렸다. 조디가 안에서 문을 닫을 때엔 문밖에서 기다렸다. 만약 샤워 소리가 그쳤는데도 빨리 나오지 않으면 듀이는 계속 야옹 거렸다. 조디가 다시 의자에 앉으면 듀이는 언제나처럼 조디의 무릎 위로 올라갔다. 조디가 저녁 식사 테이블에 앉아 있건 화장실에 앉아 있건 마찬가지였다. 듀이는 조디의 무릎 위로 뛰어올라 앞발로 조디의 배를 긁으며 하염없이 그르렁그르렁 소리를 내곤 했다.

조디의 방은 엉망진창이었다. 물론 외모상으로 봤을 때 이 소녀는 흠잡을 데가 없었다. 머리카락 한 올 흐트러짐이 없었고 옷매무새에 먼지

한 톨 찾을 수가 없었다. 이렇게 설명하면 이해가 갈 것이다. 우리 딸은 양말도 다려 신었다. 그러니 실제로 조디의 방이 그토록 도깨비 소굴 같았다는 사실을 누가 믿을 수 있겠는가? 방문을 열어보면 몇 주 동안이나 빨지 않은 옷더미 아래 더러운 접시와 유리잔이 묻혀 있어 바닥은 보이지 않고 벽장문조차 닫을 수 없는 꼴이었다. 그런 방에서 살 수 있는 것은 오로지 10대들뿐일 것이다. 하지만 나는 그 방 청소를 거부했고, 자기 방은 직접 치워야 한다고 잔소리를 했다. 이건 아마도 전형적인 10대 딸과 엄마의 관계일 것이다. 그러나 말이 쉽지 실제 그 상황에서는 우리 둘 다 힘들었다.

반면 듀이에게는 모든 것이 쉬웠다. 방이 더럽든 말든, 엄마가 잔소리를 하든 말든, 그런 것들은 조금도 신경 쓸 필요가 없었으니까. 듀이는 '조디가 이 방에 있잖아요'라며 잠을 자기 위해 딸 방으로 유유히 사라지곤 했다. '다른 건 다 중요치 않다고요!'

때론 막 잠들기 전에 조디가 나를 부르기도 했다. 그래서 들어가보면, 듀이가 조디의 베개를 금덩어리처럼 지키고 앉아 있거나 또는 조디의 얼굴을 반쯤 덮고 누워 있었다. 나는 조디와 붙어 있기 위해 그토록 절박하게 애쓰는 듀이를 잠시 바라보고 나서 조디와 함께 마구 웃기 시작했다. 조디는 자기 친구들과는 장난도 잘 치고 재미있는 아이였지만, 고등학교 시절 내내 나와는 심각하기만 했다. 듀이만이 유일하게 우리의 관계를 가볍고 재미있게 만들어주는 존재였다. 듀이가 있을 때에는 조디가 어린아이였을 때 그랬던 것처럼 우리는 함께 웃을 수 있었다.

조디와 나만 듀이의 도움을 받고 있는 것은 아니었다. 도서관 길 건

너에는 스펜서 중학교가 있었는데, 약 50명의 학생들이 정기적으로 방과 후에 우리 도서관에 오곤 했다. 그 아이들이 허리케인처럼 들이닥치는 날에는 특히 짓궂은 아이들을 피해 듀이는 숨어 있어야만 했다. 그러나 평상시에는 대체로 아이들과 잘 어울렸다. 듀이는 많은 중학생 친구들을 사귀었다. 학생들은 듀이와 여러 가지 놀이를 함께했는데, 예를 들어 테이블 모서리 쪽으로 연필을 구르게 하고는 그 너머로 연필이 떨어져 사라질 때 듀이가 놀라는 모습을 바라보는 식의 놀이었다. 어떤 여학생은 코트 소매 끝에서 펜을 끄집어내는 묘기를 보여주었다. 그러자 듀이는 그 펜을 쫓아 학생의 코트 소매 안으로 기어들어갔다가 따뜻하고 어두워 마음에 든다고 생각했는지 그 안에서 잠깐 낮잠을 자기도 했다.

대다수의 아이들은 부모들이 직장에서 돌아오는 5시경에 도서관을 떠났다. 하지만 그중 몇몇은 8시까지도 남아 있었다. 사실 스펜서도 문제가 없는 마을은 아니었다. 알코올 중독과 무관심, 심지어 아동 학대도 간혹 있었다. 우리 도서관에 오는 학생들은 대부분 부모가 블루칼라인 노동자 계층이었다. 이 부모들은 물론 자녀를 사랑했지만 생계 문제 때문에 둘 이상의 직장에 다니거나 또 다른 잡업을 해야만 했다.

도서관에 잠깐 들러 아이를 데리고 가는 이 부모들은 듀이를 쓰다듬어줄 시간조차 없었다. 하루 종일 일을 한 데다, 잠자리에 들기 전 저녁도 준비하고 집 청소도 해야 하는 사람들이었다. 그러나 그 자녀들만큼은 듀이와 많은 시간을 보냈다. 듀이는 그 아이들을 즐겁게 해주었고, 사랑했다. 나는 그것이 얼마나 큰 의미가 있는지, 그 관계가 얼마나 소중한 것인지 깨닫지 못하고 있었는데, 어느 날 한 남학생의 어머니가 허리를 굽혀 듀이에게 속삭이는 걸 들었다. "듀이야, 고맙다." 그녀는 듀이의 머리를 부드럽게 쓰다듬었다.

그 어머니는, 아들이 혼자 있었으면 어색하고 외로웠을 시간을 듀이가 함께해준 것에 대해 진심으로 고맙게 생각했던 것이다.

그러고서 그녀는 일어나 아들의 어깨를 감쌌다. 나는 두 사람이 문밖으로 걸어나갈 때 어머니가 아들에게 하는 이야기를 들을 수 있었다. "듀이는 오늘 어땠니?" 그때 나는 그 어머니가 어떤 기분이었는지 정확하게 알 수 있었다. 듀이는 서로 떨어져 자칫 멀어질 수 있는 저 모자의 관계에서 연결 고리가 되어준 것이다. 그 어머니는 듀이를 통해 잃어버렸던 아이와의 시간을 다시 이어갈 수 있었다. 나는 그 소년이 듀이의 친한 친구라고는 생각하지 못했었다. 소년은 대부분의 시간을 친구들과 놀면서 보내거나 혹은 컴퓨터 게임을 하며 지냈기 때문이다. 그럼에도 듀이는 도서관 벽을 넘어 한 학생의 삶에 영향을 끼치고 있었다. 단지 그 학생에게만 그랬던 것이 아니다. 유심히 살펴보면 볼수록 조디와 나의 관계가 듀이를 통해 다시 연결되곤 했듯이, 다른 가정들도 비슷한 경우가 적지 않았다. 나와 마찬가지로 스펜서의 많은 부모들이 10대 자녀들과 하루 한 시간씩은 듀이 얘기를 하며 지내고 있었다.

한편 도서관 직원들은 그런 점을 잘 이해하지 못하는 듯했다. 직원들은 조디와 듀이가 늘 함께 있는 모습을 보고는 듀이가 나보다 더 사랑하는 사람이 있다는 사실에 내가 섭섭해할 거라 생각했다. 그래서 조디가 집으로 간 다음 직원 중 하나는 내게 위안하듯 이렇게 말했다. "조디

목소리가 엄마를 닮아서 그래요. 그래서 듀이가 그렇게 조디를 좋아하는 걸 거예요." 그러나 나는 전혀 질투하지 않았다. 사실 듀이와 나의 관계는 좀 더 복잡했다. 목욕을 시키고, 털을 빗기고, 수의사에게 데려가고, 듀이로선 그 밖에도 다른 불쾌한 경험이 뒤섞여 있는 게 나와의 관계였다. 반면 듀이와 조디의 관계는 복잡하지 않고 순수하기만 했다. 항상 재미있는 시간들을 보냈고 책임감 때문에 서로의 감정이 얽힐 일이 없었다. 그 둘의 관계를 내 관점에서 설명하자면, 듀이는 조디가 나에게 있어 얼마나 소중한지 깨달았던 것이고, 그래서 자신에게도 조디가 더 소중하지 않았을까. 좀 더 과장하자면, 아마 듀이는 우리 셋이 함께하는 순간들의 진정한 의미를 이해했을 수도 있다. 내가 딸애와 함께 웃는 시간들을 얼마나 그리워했는지, 듀이는 어쩌면 알고 있었는지도 모른다. 그래서 듀이는 우리 사이에 벌어진 틈새 위로 자기 자신을 내던짐으로써 우리 둘을 연결하는 다리가 되어주었던 것은 아닐까.

하지만 솔직히 듀이가 그렇게까지 생각했던 것은 아닐 듯싶다. 듀이가 조디를 사랑했던 이유는 단 하나. 상대가 바로 조디였으니까. 따뜻하고, 정 많고, 아름다운 조디였으니 말이다. 그리고 나는 내 딸을 사랑하는 그런 듀이를 사랑했다.

절망의 끝에서

Chapter 10

　내가 열네 살 때 우리 가족은 아이오와 주의 하틀리로 이사를 갔다. 그곳에서 나는 모범생에 학생 사서였고, 학교에선 캐런 와츠 다음으로 공부 잘하는 학생이었다. 비키 집슨은 대부분 A를 받았고 유일하게 타이핑 과목에서만 C를 받았다. 그런데도 한번은 나에 대해 안 좋은 소문이 돈 적이 있었다.

　어느 날 밤 나는 부모님과 함께 하틀리에서 14킬로미터 떨어진 작은 마을 샌본에 춤을 추러 갔다. 댄스홀은 11시에 문을 닫아, 우리는 그 옆 식당에 밥을 먹으러 갔는데, 그때 내가 갑자기 정신을 잃고 쓰러졌다. 아버지는 재빨리 신선한 공기를 쐬게 하려고 나를 밖으로 데리고 나갔는데, 나는 나가자마자 토하기 시작했고 잠시 후 괜찮아졌다. 그런데 다음 날 아침 8시 30분경에 할아버지가 집으로 전화해서는 이렇게 말씀하시는 것이었다. "도대체 무슨 일이냐? 비키가 어제 샌본에 가서 술을 마시고는 진탕 취했었다며?" 그때 내가 쓰러졌던 원인은 치아 농양 때문이었지만 하틀리 같은 작은 마을에서는 금세 소문이 이상하게 퍼지기도 했다.

한편 오빠 데이비드는 이제까지 하틀리 고등학교를 다닌 학생을 통틀어 가장 똑똑한 학생으로 인정받았다. 사람들은 오빠를 '교수'라 부르기도 했다. 데이비드는 나보다 1년 먼저 졸업해서 160킬로미터나 떨어진 미네소타 맨카토로 대학을 갔다. 나도 오빠 뒤를 따를 생각이었다. 하지만 내 계획을 진학 지도 담당 선생님께 말씀드렸을 때 그는 이렇게 말했다. "너는 대학 같은 건 걱정하지 않아도 된단다. 결혼해서 애 낳고 살림을 하게 될 테니까. 남편이 널 돌봐주게 될 거야." 순 엉터리! 하지만 그때는 1966년이었고, 더구나 그곳은 아이오와의 시골구석이었다. 아무도 그 외의 다른 조언은 해주지 않았다.

고등학교를 졸업한 후 나는 내 인생에서 세 번째로 만난 남자와 약혼했다. 우리는 사귄 지 2년이 되어가고 있었고, 그는 나를 사랑했다. 하지만 나는 이 아이오와 시골의 작은 마을, 현미경 아래 살고 있는 것 같은 답답한 삶에서 벗어나고 싶었고, 무엇보다 독립하길 원했다. 그래서 나는 세상에 태어나 최고로 하기 힘든 일이었지만 결국 파혼을 하고서 가장 친한 친구였던 샤론과 함께 맨카토로 이사를 갔다.

멘카토에서 오빠 데이비드가 대학을 다니는 동안, 샤론과 나는 맨카토 박스 포장 회사에서 일했다. 그 회사는 액체 식기 세척제 '제트 드라이'라든가 당시 인기가 많았던 '검비 인형' 같은 상품들을 포장하는 회사였다. 나는 주로 '펀치 앤 그로우'를 포장했는데, 그것은 흙까지 따라오는 간이 화분으로 뚜껑에 씨앗을 붙여 판매하는 제품이었다. 내가 하는 일은 화분용 흙이 들어 있는 용기가 작업 벨트를 타고 나오면 그 위에 플라스틱 뚜껑을 덮고 하드보드지로 만든 띠를 끼운 다음 상자에 넣는 것이었다. 샤론과 나는 나란히 서서 일하며 팝송의 멜로디에 '펀치 앤 그로'에 대한 코믹하고 바보 같은 가사를 붙여 부르곤 했다. 덕분에 우리 작업조 사람들은 항상 웃으며 일했다. 우리 둘은 맨카토 박스공장의 코믹 듀오였다. 그렇게 일하다 3년 뒤 나는 승진했고, 기계에 기다란 플라스틱 컵을 집어넣는 일을 맡았다. 그런데 이 작업은 혼자 하는 일이었기 때문에 고립감이 심했고 예전만큼 노래도 자주 부를 수 없었다. 전보다 나은 점은 화분용 흙 때문에 손이 더러워질 일은 없다는 것, 그것뿐이었다.

공장에서 일하는 사람들이 흔히 그렇듯 샤론과 나도 나름의 일과가 정해져 있었다. 정확히 5시면 퇴근을 했고, 버스를 타고 아파트로 돌아와 대충 저녁을 먹고는 댄스 클럽에 갔다. 우리는 단골로 가는 클럽들이 문을 닫는 밤늦은 시간까지 발바닥에 불이 나도록 춤을 췄다. 그리고 춤추러 가지 않는 날은 오빠 데이비드와 그의 친구들과 함께 시간을 보냈다. 데이비드는 내게 오빠 이상이었고, 나의 가장 친한 친구였다. 우리는 삶에 대한 이야기로 밤을 지새우며 보낸 날들이 수도 없이 많았다. 어쩌다 집에 있는 날에는 레코드판을 올려놓고 혼자 침실에서 춤을 추었다. 나는 춤을 추어야만 했다. 나는 춤을 정말 사랑했다.

그때 만난 남자가 윌리 마이런이었다. 그는 댄스 클럽에서 만났지만, 내가 그때까지 데이트를 해본 여느 사람들과는 달랐다. 그는 매우 똑똑했고, 책도 많이 읽는 편이어서 나는 그로부터 좋은 인상을 받았다. 그리고 성격도 좋았다. 윌리는 항상 웃고 있었는데, 그와 함께하는 사람들도 늘 웃고 있었다. 윌리는 구멍가게에 우유를 사러 가서도 가게 점원과 두 시간씩 이야기할 수 있는 사람이었다. 그는 누구와 어떤 주제에 관해서든 이야기할 수 있었다. 즉 모난 점이라고는 하나 없는 사람이었다. 나는 그 부분에 대해 오늘날까지도 확신하고 있다. 윌리는 의도적으로 남의 마음을 아프게 할 사람은 절대 아니었다.

우리는 1년 반 동안 데이트를 하고 나서 1970년 7월에 결혼했다. 나는 당시 스물두 살이었고, 결혼하자마자 임신을 했다. 나에게 임신은 힘에 부치는 일이었다. 아침 점심 저녁 내내 입덧을 했다. 윌리는 그전까지 퇴근 후에는 친구들과 모터사이클을 타며 시간을 보냈지만, 내가 임신하자 언제나 7시 반까지는 집에 들어왔다. 그는 사교적이고 활동적인 아내를 원했지만 임신 중이어서 몸이 안 좋은 아내를 위해 늘 곁을 지켜주었다.

그러나 때로는 단 한 번의 결정이 우리의 삶을 바꿔놓기도 한다. 그리고 그 결정은 나 자신이 내리는 게 아닐 수도 있고, 심지어 내가 모르는 사이에 내려질 수도 있다. 산통이 시작되었을 때 담당 의사는 출산을 촉진시키기 위해 피토신이라는 약을 두 번에 걸쳐 대량으로 투여했다. 나중에 알게 된 사실이지만, 그 의사는 파티 약속이 있어 내가 빨리 아이를 낳길 원했던 것이다. 결과적으로 자궁이 3센티 열렸을 때부터 아기 머리가 보이는 배럼까지 불과 두 시간밖에 걸리지 않았다. 그 충격으로 나는 태반이 파열되고 계속 고통을 겪어야만 했다. 또 출산 후에도 사후 처리가 제대로 되지 않았다. 6주 후 나는 하혈을 했고, 다시 병원에 실려가 응급 수술을 받았다.

나는 항상 조디 마리라는 이름의 딸을 갖길 원했다. 그것은 내가 어린 시절부터 갖고 있던 꿈이기도 했다. 그런데 엄청난 산고 끝에, 이제 내게 조디 마리 마이런이라는 딸이 생겼던 것이다. 나는 너무나 간절히 딸과 함께 시간을 보내고 싶었고, 아기를 안고 이야기를 나누며 눈을 맞추고 싶었다. 하지만 출산과 연이은 수술로 나는 몸져누웠다. 내 호르몬은 엉망이 되었고, 두통과 불면증으로 제대로 된 생활을 할 수 없었다. 2년 동안 여섯 번 수술을 했음에도 내 건강은 좀처럼 나아지지 않았다. 그러자 의사는 정확한 문제를 찾아내기 위해 탐색적 개복 수술을 권했다. 결국 내가 회복실에서 눈을 떴을 땐 두 개의 난소와 자궁이 적출된 후였다. 육체적 고통도 상당했지만, 더 힘든 것은 이젠 아이를 가질 수 없게 되었다는 사실이었다. 나는 내 몸 안을 그냥 한번 들여다보기 위해 수술을 한 것이라고 생각했는데, 이처럼 속이 텅 비도록 내 희망을 들어낼 줄은 몰랐다. 더구나 나는 갑작스럽고 극심한 폐경에 들어갈 마음의 준비가 되어 있지 않았다. 난 24세에서 갑자기 60세로 건너뛴 셈이었다. 그리고 배에는 온갖 흉터가, 마음에는 후회만 가득 남게 되었다. 나는 딸아이를 제대로 안을 수도 없었다. 커튼이 쳐졌고, 모든 것은 암흑이 되었다.

몇 개월 후 다시 정신을 차렸을 때, 월리는 없었다. 그는 예전처럼 내 옆에 있어주지 않았다. 그때부터 월리에게는 세상 모든 것들이 술로 귀결되었다. 낚시하러 간다는 건 술을 마시러 간다는 얘기였다. 사냥을 간다고 해도 그것은 술을 마시러 가는 것이었다. 모터사이클을 타러 간다고 할 때에도 역시 술이었다. 얼마 뒤부턴 약속도 지키지 않았고 밤늦게 들어오지도 않았다. 전화도 한 통 없었다. 집에 돌아올 땐 술에 취해 돌아오기 일쑤였다. "당신 뭐 하는 거야? 집에는 아픈 아내와 두 살짜리 아이가 있는데!"

"그냥 잠깐 낚시 갔다 왔어." 그 대답뿐이었다. "몇 잔 한 것뿐이야. 별로 문제될 것 없잖아."

다음 날 아침 눈을 떠보면 남편은 출근하고 없었다. 부엌 식탁엔 메모가 하나 놓여 있을 뿐이었다. '사랑해. 당신과 싸우고 싶지 않아. 미안해.' 월리는 잠을 푹 자지 못했다. 때로는 밤새 나에게 긴 편지를 쓰곤 했다. 그는 똑똑한 사람이었고, 따라서 멋진 편지를 쓸 줄 알았다. 그런 긴 편지를 받는 아침이면 그를 사랑하지 않을 수 없었다.

어느 날인가 문득 남편이 알코올 중독이라는 사실을 깨닫게 되었지만, 그걸 받아들이는 데에는 꽤 오랜 시간이 걸렸다. 기분상으로는 오장육부가 엉겨 붙는 것만 같았고, 마음으로는 이해하기를 거부하고 있었다. 그래서 자꾸 스스로에게 설명하려 들고 변명을 만들어내려 했다. 전화벨이 울리는 것도, 또한 벨이 울리지 않는 침묵도 두려웠다. 남편과 대화를 하기보다는 빈 맥주병을 치웠다. 돈 문제 같은 건 안중에 없는 척하게 되었다. 남편이 갖다주긴 했지만, 집에 한 푼도 남지 않게 되어서야 갖다주었다. 그러나 불평하기도 두려웠다. 괜히 말을 꺼냈다가 상황이 더 악화될지도 모르니까.

그래도 더 이상 참기 어려워 이야기를 끄집어내면, 남편은 이렇게 말했다. "알았어. 하지만 그다지 심각한 문제는 아니잖아. 내가 그만 마시지 뭐. 당신을 위해 약속할게." 하지만 우리 둘 다 그 말을 믿지 않았다.

내 세상은 매일 그렇게 점점 좁아져갔다. 혹시나 무언가 들어 있을까 두려워 부엌 수납장도 열지 않았다. 남편 바지 주머니에 손을 넣어보고 싶지도 않았다. 외출도 하고 싶지 않았다. 같이 외식을 해도 꼭 술이 있는 곳으로 갔기 때문이다.

어떤 날은 부엌 오븐을 열어보면 맥주병들이 들어 있었고, 조디의 장난감 상자 안에도 맥주 캔이 있었다. 윌리는 매일 아침 일찍 일어났는데, 내가 창밖을 내다보면 그는 자신의 화물차에 앉아 미지근한 맥주를 마시고 있었다. 길모퉁이를 돌아 나가기도 전에 벌써 시작하는 것이다.

조디가 세 살이었을 때 남동생 마이크의 결혼식이 있어서 우리는 하틀리에 간 적이 있었다. 조디와 나는 결혼식에 참석했기 때문에 윌리는 혼자 시간을 보낼 수 있었다. 그날 남편은 하루 종일 보이지 않다가 모든 사람이 잠든 깊은 밤이 돼서야 나타났다.

나는 남편에게 물었다. "당신 지금 우리 가족을 피하는 거야?"

"아니야. 난 당신네 식구들 좋아해. 그건 당신도 알잖아."

어느 날은 온 가족이 친정어머니 댁 부엌의 식탁에 모여 앉아 있었는데, 남편은 그때에도 자리에 없었다. 맥주가 떨어져 친구나 친척들이 올 때를 대비해 어머니가 예비용 맥주를 넣어둔 장을 열어보았다. 그러나 그 안의 맥주는 거의 사라지고 없었다.

"당신, 어떻게 엄마 맥주까지 다 마셨어?"

"나도 잘 모르겠어. 미안해."

"그 순간 내 기분이 어땠겠어. 조디는 또 어떻고?"

"애가 뭘 알아."

"조디도 벌써 알 나이가 됐어. 당신이 그 애를 몰라서 그래."

나는 더 이상 물어보기도 겁났고, 그렇다고 물어보지 않는 것도 두려웠다. "그런데 당신, 일은 하고 있는 거야?"

"당연하지. 월급 갖다줬잖아. 안 그래?"

건설업을 하던 그의 아버지는 월리에게 가족 사업의 일부를 지분으로 나눠주었다. 다시 말해, 남편은 정기적인 월급을 받지 않았다. 따라서 돈을 가져오지 않을 때에는 이 회사가 현재 진행 중인 프로젝트가 없어서인지, 아니면 우리가 완전히 파산할 위기에 처한 건지 알 수가 없었다.

"돈 문제만이 아니야, 월리."

"알아. 이제부턴 집에서 더 많이 시간을 보내보도록 할게."

"일주일만 술을 끊어봐."

"왜?"

"월리!"

"좋아, 알았어. 일주일. 그래, 끊을게."

그러나 그때에도 우리는 이 말을 믿지 않았다.

마이크의 결혼식 이후 나는 드디어 남편에게 문제가 있다는 것을 스스로 인정했다. 남편은 집으로 들어오는 날이 점점 줄어들었고, 맨정신으로 있는 것을 본 적이 거의 없었다. 술을 마신다고 주사를 심하게 부리는 것은 아니었지만, 그렇다고 늘 술을 마시면서도 자기 할 일을 다 할 수 있는 그런 사람도 아니었다. 그리고 여전히 월리는 우리의 삶에 어떤 식으로든 영향을 주고 있었다. 하나밖에 없는 차는 남편이 몰고 나갔기에 나는 식료품을 사러 갈 때도 버스를 타거나 친구 차를 얻어 타야 했다. 월급도 월리의 통장으로 들어왔고 청구서도 그가 알아서 처리했다. 물론 나는 너무 자주 아파서 돈 관리를 할 수도 없었고 혼자 아이를 키울 수도 없었다. 나는 우리 집을 '블루 코핀', 즉 파란 관이라 부르곤 했는데 왜냐하면 보기 싫은 파란색으로 칠해진 데다 관처럼 생겼기 때문이었다. 처음에는 농담으로 시작한 말이었다. 동네도 좋았고 집도 맘에 들었다. 그러나 2년 만에 우리 집은 그 단어 그대로 우리에게 다가왔다. 마치 조디와 내가 그 집에 붙잡혀 산 채로 매장당하는 기분이었다.

다행히 친정 가족들이 도와주기 시작했다. 부모님은 한 번도 내 탓을 한 적이 없었다. 내게 훈계를 하려 하지도 않으셨다. 부모님은 돈은 없었지만 대신 조디를 때때로 2주씩 친정으로 데려가 친딸처럼 키워주셨다. 삶의 무게가 나를 짓누를 때마다 부모님은 내 숨통을 틔워주었다.

그리고 친구들이 있었다. 낯선 산부인과 의사가 내 몸을 망쳤다면, 또 다른 낯선 이들이 나를 구해주었다. 조디가 6개월일 때 한 여성이 나를 찾아왔다. 그녀는 조디 또래의 딸을 유모차에 데리고 왔다. "저는 페이스 랜드워라고 해요. 우리 남편이 댁의 남편과 고등학교 시절부터 친구였대요. 같이 차 한잔하며 서로 알고 지냈으면 해요."

그녀의 제안에 내가 동의했던 것은 천운이었다.

우리는 한 달에 한 번씩 만나 카드놀이를 하곤 했다. 나는 정기적으로 '500'이라는 카드 게임을 하면서 트루디를 만났고 그 뒤에는 바바라, 폴리, 리타, 아이델을 알게 되었다. 우리는 일주일에 몇 번씩 트루디의 집에서 함께 커피를 마셨다. 우리 모두 젊은 엄마들이었고, 트루디의 집만이 우리가 모두 들어갈 수 있을 정도로 공간이 넉넉했다. 우리는 아이들을 트루디의 집에 있는 커다란 놀이방에서 놀게 하고는 부엌 테이블에 둘러앉아 사람사는 이야기를 나누며 스트레스도 풀고 서로에게 의지했다. 나는 친구들에게 남편 윌리에 대해 다소 어렵게 털어놓았는데, 친구들은 그 모든 내용을 눈 하나 꿈쩍 않고 그대로 받아들였다. 트루디는 식탁 반대편에서 달려와 나를 꼭 안아주었다.

그 세월 동안 친구들이 나를 위해 무엇을 해주었느냐고? 차라리 안 해 준 게 무엇이었는지를 찾는 게 더 쉬울 것이다. 친구들은 내가 볼일이 있으면 차를 태워줬고, 내가 아프면 나를 간호해줬다. 누군가에게 조디를 맡겨야 할 일이 생기면 조디를 맡아주었다. 마땅한 음식거리가 없을 때엔 따뜻한 음식을 만들어 내 집 앞에 나타난 적도 셀 수 없이 많다.

"내가 냄비 요리를 너무 많이 만들었지 뭐야. 좀 먹어볼래?"

그러나 궁극적으로는 부모님이나 친구들이 내 생명을 구한 것은 아니었다. 그건 정말 그랬다. 매일 아침 힘겹게 눈을 떴을 때 살아야 할 이유와, 또 내 삶을 위해 싸워야 할 이유를 준 장본인은 바로 내 딸 조디였다. 나는 조디의 엄마가 되어야만 했고 모범을 보여야만 했다. 비록 돈은 없었지만 우리에겐 서로가 있었다. 내가 아파서 누워 있을 때 조디와 나는 몇 시간이고 대화를 했다. 내가 몸을 움직일 수 있을 땐 우리 집의 진짜 세 번째 식구인 브랜디와 공원엘 갔고, 조디는 나를 엄마로서 존경해주었다. 조디와 브랜디는 의심의 여지없이 나를 사랑했고 내게 무조건적인 사랑을 주었다. 그것이야말로 아이들과 개들의 비밀스러운 힘이 아닐까. 매일 밤 조디를 재우며 나는 아이에게 키스했고, 아이의 피부가 내 살에 닿는 그 느낌으로 나는 하루하루를 버텨나갔다.

"사랑해요, 엄마."

"나도 사랑한단다, 잘 자렴."

내가 존경하는 샬린 벨 박사는 이렇게 말했다. 사람은 누구나 고통의 체감계를 가지고 있는데, 그것은 0 다음에 10을 가리킨다고. 한데 누구도 10이 되기 전까지는 움직이려 하지 않는다는 얘기였다. 9도 부족하다. 고통의 체감도가 9일 때는 아직도 겁을 내고 있는 단계다. 10이 되어야만 움직이며 새롭게 변화를 꾀하려 한다는 것이고, 결국 10이 되어야 스스로 깨닫게 된다는 것이다. 그리고 어느 누구도 그 결정을 대신해줄 수는 없는 것이다.

나는 내 친구를 보며 그 점을 분명하게 느꼈다. 그녀는 임신 중이었는데도 남편이 매일 폭력을 휘둘렀다. 친구들은 너무 늦기 전에 그녀를 그 집에서 빼내야겠다고 생각해, 남편을 떠나라고 그녀를 설득했다. 결국 우리는 트레일러를 마련해 그녀와 아이들을 도피시켰다. 그녀의 친정 부모님도 매일같이 찾아왔다. 이제 그녀에게 필요한 것은 모두 다 준비되어 있었다. 하지만 2주 후, 그녀는 다시 남편 곁으로 돌아갔다.

그때 나는 깨달았다. 아무리 옳은 길이라 하더라도 누군가를 억지로 그 길로 걷게 만들 수는 없다는 것을 말이다. 그 길은 자기 자신이 찾아야만 하는 것이었다. 1년 뒤, 그 친구는 스스로 남편 곁을 영원히 떠났다. 그때는 어느 누구의 도움도 필요 없었다.

  나 역시 같은 교훈을 얻었다. 왜냐하면 결혼의 태엽은 서서히 풀리기 때문이다. 결혼의 와해가 느리게 진행되는 것이 문제라기보다, 고통스러운 일상이 꾸준히 반복되는 것이 더 힘든지도 모른다. 매일매일이 전날보다 더 나빠지고 더 예측할 수 없게 되다가, 결국에는 절대로 내가 할 수 없다고 생각했던 일까지 하기에 이르는 것이다. 어느 날 밤 나는 부엌에서 먹을 것을 찾다가 수표책 하나를 발견했다. 그것은 월리가 비밀리에 만들어놓은 은행 계좌의 수표책이었다. 그날 새벽 2시에 나는 오븐을 켜고 그 수표들을 한 장 한 장 떼어내어 불태우기 시작했다. 반쯤 태웠을 때 나는 생각했다. '정상적인 사람들은 이렇게 살지 않아.'

  하지만 나는 여전히 그대로였다. 물론 그때 나는 너무나 지친 상태였고, 감정적으로도 진이 빠져 있었다. 자신감도 꺾여 있었고, 수술 때문에 건강도 좋지 않았다. 무엇보다도 두려웠다. 그러나 변화를 꾀할 만큼 충분히 두렵지는 않았던 것이다.

  마지막 해는 최악이었다. 너무 좋지 않았기 때문에 세세한 내용은 생각도 잘 나지 않는다. 1년이 온통 시커멓게 느껴졌다. 월리는 새벽 3시 이전엔 집에 들어오지 않았고, 우린 각방을 썼기 때문에 서로 얼굴을 볼 수 없었다. 남편은 매일 이른 아침 집을 떠났고, 어디로 가는지 나는 몰랐다. 남편은 이미 가족 사업에서도 밀려났고 우리 집 재정은 견딜 수 없는 상황으로까지 악화되어갔다. 친정 부모님은 없는 돈에 그나마 약간이라도 보태주려고 친척들에게 부탁해 또 몇백 달러를 구해주셨다. 그 돈도 다 떨어졌을 때 조디와 나에겐 먹을 것조차 없었다. 우리 둘은 아무것도 없이 오트밀만 2주 동안 먹기도 했다. 견디다 못한 나는 윌리의 어머니를 찾아갔다. 시어머니는 아들이 잘못된 이유가 나 때문이라고 생각하고 있었다.

"저를 위한 게 아니에요. 손녀를 위해서 부탁드려요." 시어머니는 장을 한 바구니 봐오더니 그걸 부엌 테이블 위에 올려놓고는 가버렸다.

그로부터 며칠 후에 남편은 집으로 돌아왔다. 조디는 자고 있었다. 나는 응접실에서 알코올 중독 치유를 위한 지원 그룹인 '익명의 알코올 중독자' 모임의 성서라고 일컫는 『회복의 12단계 One Day At A Time』라는 책을 읽고 있었디. 그 모임은 알코올 중독의 피해를 보고 있는 사람들을 위한 금주 친목 단체였다. 나는 돌아온 남편에게 소리를 지르거나 때리지 않았다. 우리 둘은 마치 그가 늘 집에 있던 것처럼 행동했다. 그때 나는 1년 만에 남편을 보았는데 그의 몰골이 너무나 형편없어 내심 놀랐다. 윌리는 마르고 아파 보였다. 제대로 먹지도 못한 것 같았다. 술 냄새를 풍기고 있었고 손도 조금씩 떨고 있었다. 한마디 말도 없이 남편은 방 건너편에 가 앉았다. 사람들과 몇 시간씩 이야기하는 걸 즐겼던 이 남자는, 가만히 앉아 내가 책 읽는 모습을 지켜보았다. 그는 결국 조는 것 같아 보였는데, 어느 순간 갑자기 이렇게 말해 당황스러웠다. "당신, 왜 웃고 있는 거야?"

"아무것도 아니야"라고 나는 말했다. 그러나 남편이 그렇게 물었을 때 나는 비로소 알게 되었다. 이제는 10까지 온 것이었다. 화려한 불꽃놀이도 없었고, 큰 사건이 있었던 것도 아니었다. 한 낯선 사람이 집으로 돌아온 것처럼 그 순간도 조용히 찾아왔다.

나는 다음 날 변호사에게 가서 이혼 절차를 밟기 시작했다. 그때 나는 우리 집의 주택 융자와 자동차 대출 상환이 6개월씩이나 밀려 있고 6천 달러의 부채가 있다는 사실을 발견했다. 윌리는 집수리용 대출까지 받았으나 당연히 집수리 같은 것은 하지 않았다. 파란색 관은 이미 무너지고 있었던 것이다.

스티븐슨 외할머니도 알코올 중독 남편과 이혼한 분이었는데, 외할머니가 도와주셔서 집은 지킬 수 있었다. 자동차는 은행이 압류하도록 내버려두었다. 구할 만한 가치가 없었기 때문이다. 대신 아버지가 하틀리에서 십시일반으로 돈을 모아 8백 달러짜리 중고차를 사주셨다. 그 차는 1962년형 시보레로, 이전 주인이었던 노부인이 비만 와도 몰고 나가지 않았던 차라고 했다. 나는 그전까지 차를 몰아본 적이 없었지만, 한 달간 운전 교습을 받고 면허를 땄다. 그때 내 나이 스물여덟이었다.

차를 사자마자 처음 간 곳은 복지사무소였다. 나는 여섯 살짜리 딸을 둔 고졸자로, 재앙이라고밖에 볼 수 없는 병력의 소유자에다가 빚더미에 올라앉아 있던 여자였다. 더 이상 선택의 여지가 없었다. 나는 복지사무소에 가서 말했다. "도와주세요. 하지만 대학에 갈 수 있게 해주셔야만 복지수당을 받겠습니다."

그 당시의 복지 제도가 오늘날과 매우 다른 것이 천만다행이었다. 그들은 놀랍게도 내 제안을 들어주었다. 나는 곧바로 맨카토에 있는 주립대학으로 가 다음 학기 등록을 했다. 그리고 4년이 지난 1981년, 가장 큰 명예인 '수마 쿰 라우데', 즉 수석으로 학교를 졸업했고, 심리학과 여성학을 전공으로, 인류학과 도서관학을 부전공으로 학사 학위를 땄다. 수업료를 비롯해 주택비와 생활비 등 모든 비용을 복지 제도가 대신해주었기에 가능한 일이었다. 오빠 데이비드와 남동생 마이크는 대학을 중퇴했기 때문에 나는 서른두 살에 집슨 집안 최초로 4년제 대학 졸업장을 거머쥔 사람이 되었다. 그리고 12년 뒤, 조디가 두 번째 대학 졸업자가 되었다.

숨바꼭질

Chapter 11

졸업 후 나는 심리학자가 되기 위해선 대학 졸업장만 가지고는 안 된다는 것을 알게 됐다. 일단 나는 생계를 위해 친구 트루디의 남편 브라이언의 비서로 취직했다. 일주일 후에 나는 브라이언에게 말했다. "나를 훈련시키느라 더 이상 돈을 투자하지 마세요. 더 이상 이 일을 할 순 없을 것 같아요." 나는 서류 정리하는 일도 싫었고 타이핑도 싫어졌다. 서른두 살이 되어보니 남에게 명령을 받는 일도 싫었다. 나는 성인이 된 이후엔 줄곧 고등학생 때 진학 지도 담당 교사가 예측했던 그런 평범한 여성이 되려 했었다. 나에게는 정해진 길이 있다고 생각했고, 우리 세대 대다수의 여성들이 걸었던 길과 똑같은 길을 가려고 했다. 그러나 이제 더 이상은 그러고 싶지 않았다.

그러던 중 스펜서에 살고 있던 여동생이 도서관에 일자리가 생겼다고 알려줬다. 그 당시에 나는 고향으로 돌아가고 싶지 않았다. 도서관학이 부전공이었지만 실제로 도서관에서 일할 생각도 전혀 없었다. 하지만 일단 면접을 봤고, 같이 일할 사람들이 마음에 들었다. 일주일 후 나는 아이오와 북서부로 돌아와 스펜서 공공 도서관의 부관장으로 취임했다.

나는 새 직업이 그렇게 좋을 거라고는 생각하지 못했다. 다른 사람들처럼 나 또한 도서관의 사서라면 책 뒷면에 반납일 도장을 찍는 정도의 일을 할 거라고 생각했다. 그러나 도서관 일은 그보다 훨씬 더 큰 일이었다. 몇 달 동안 나는 다양한 마케팅 캠페인과 그래픽 디자인에 빠져 살았다. 고객을 찾아가는 서비스 프로그램을 시작해 도서관을 방문할 수 없는 사람들에게 책을 가져나주었고, 10대늘이 독서에 관심을 가지게 하기 위한 대규모 캠페인도 벌였다. 양로원과 학교를 위한 도서관 프로그램도 개발했다. 라디오에 출연해서 도서관에 대한 질문에 대답을 하기도 하고, 사회단체나 마을 모임에 나가서 연설을 하기도 했다. 나는 점점 포부를 크게 가지기 시작했고, 지역 사회에 좋은 도서관이 있다는 것이 얼마나 중요한지 깨닫기 시작했다. 그러고는 도서관을 경영하는 비즈니스 쪽에도 관여하게 되었다. 예산을 짜고 장기 계획을 짜기 시작하면서 나는 이 직업에 푹 빠져버렸다. 이 일은 내가 평생 좋아서 할 수 있는 일이라는 걸 깨닫게 된 것이다.

1987년, 내 친구이자 상관이었던 보니 플루머가 지역 도서관 임원으로 승진했다. 그때 나는 도서관 이사회에 출두해 자신 있게 관장이 되고 싶다고 말했다. 도서관에서 면접을 본 다른 후보들과 달리 나는 비밀리에 이사회 회원의 집에서 인터뷰를 했다. 작은 마을이라 팔이 안으로 굽을 것이라 생각할지 모르지만, 분수에 맞지 않게 너무 빨리 큰다고 생각하면 까다롭게 굴 수도 있는 곳이 이런 작은 마을이기도 하다.

대부분의 이사회 회원들은 나를 좋아했지만, 여전히 회의적인 측면도 있었다. 그들은 계속해서 물었다. "정말 이 일을 할 수 있겠어요?"

"저는 5년 동안 부관장직을 맡아 했습니다. 따라서 누구보다 이 일에 대해 잘 알고 있다고 생각합니다. 직원들도 잘 알고, 이 지역 사회도 잘 알고요. 또 우리 도서관의 문제점들도 파악하고 있습니다. 이전에 계셨던 세 명의 관장들은 모두 다 여기를 거쳐서 지역 관리직으로 떠났습니다. 이 자리를 단순히 지나가는 자리라고 여기는 사람들에게 또 일을 맡기고 싶으세요?"

"그건 당연히 아니오. 하지만 정말 이 일자리를 원하는 거예요?"

"제가 얼마나 이 일을 절실히 원하는지 모르실 겁니다."

인생은 긴 여정이다. 내가 헤쳐온 모든 것을 생각했을 때 이것은 당연히 나의 다음 단계라 생각했고, 이 자리에 나보다 더 적합한 사람은 없다고 생각했다. 나는 전직 관장들보다 나이도 더 많았고 딸도 있었다. 따라서 나는 이 기회를 결코 가볍게 생각하지 않았다.

"제가 있을 곳은 여깁니다." 나는 이사회에 말했다. "절대 이곳 이외의 다른 곳에는 관심이 없습니다."

다음 날 이사회는 내게 관장직을 제의해왔다.

사실 나는 공식적인 자격이 없었다. 이것은 누군가의 의견이 아니라 규정에 따른 사실이었다. 나는 비교적 똑똑한 편이고 경험도 많고 근면한 사람이었지만, 도서관장이 되려면 도서관학 석사 학위가 필요했다. 이사회는 내가 2년 이내에 석사 학위를 위한 공부를 시작한다는 조건으로 받아주었다. 매우 관대한 결정이라고 생각해 나는 그 제안을 받아들였다.

그런데 알고 보니 미국도서관협회가 인정하는 석사 과정이 있는 학교는 가장 가까운 곳조차 다섯 시간이나 떨어진 아이오와시티에 있었다. 나는 딸아이를 키우는 엄마였고, 풀타임으로 일해야만 했다. 따라서 그 학교에 등록할 수가 없었다.

요즘이라면 도서관학 공인 석사 학위를 인터넷으로도 딸 수 있다. 그러나 1987년에는 원거리 교육 프로그램조차 찾을 수가 없었다. 내가 얼마나 열심히 찾아보았겠는가. 결국 나는 우리 지역의 행정관 존 홀러핸의 권유로 캔자스 주 엠포리아에 있는 엠포리아 주립대학에서 공부를 시작했다. 그러다 1988년 가을에 아이오와 주 수시티에서 전국 최초로 미국도서관협회가 인증하는 원거리 교육 석사 과정이 개설되었을 때 내가 가장 먼저 등록했다.

나는 도서관학 수업이 너무나 즐거웠다. 그건 카탈로그 분류나 책 대출에 관한 공부가 아니었다. 인구학, 심리학, 예산 짜기, 비즈니스 분석, 정보 처리 방법론에 대한 공부였다. 또한 지역 사회 연구도 했다. 12주 동안 철저하게 지역 사회를 분석했는데, 이것은 결국 도서관 이용객들이 무엇을 원하는지 알아내는 기법이었다. 표면상으로 지역 사회 분석은 쉬워 보인다. 예를 들어 스펜서 도서관에는 스키에 대한 책이 없지만 낚시와 보트에 대한 최신 정보는 항상 보유하고 있었다. 왜냐하면 교외로 20분만 나가면 호수가 있었기 때문이다.

그러나 좋은 사서라면 더 깊이 분석해야 한다. 우리 지역 사회가 진정으로 가치 있게 생각하는 것은 무엇인가. 그 역사는 어떠한가. 이 지역 사회는 어떻게, 왜 변화해왔는가. 그리고 가장 중요한 점인, 이 마을이 어디로 가고 있는가에 대해서까지. 좋은 사서라면 이러한 정보를 포착하고 처리하는 여과 장치를 머릿속에 만들어두어야 한다.

농장의 위기가 절정에 달했다고? 그렇다면 단순히 이력서 작성법과 직업 매뉴얼만 입고할 것이 아니라 엔진 수리에 관한 책과 비용 절감 방법에 관한 도서를 구입해야 한다. 인근 병원에서 간호사를 구하고 있다고? 의료 매뉴얼을 업데이트하고 현지 2년제 대학과 파트너십을 맺어 도서관 자료를 활용할 수 있게 해야 한다. 아이를 둔 많은 지역 여성들이 직장에서 일을 하고 있다고? 도서관에서 저녁에 아이들을 위한 이야기책 시간을 하나 더 개설하고, 낮에는 탁아방 프로그램에 주력해야 한다.

교재는 복잡했고 숙제는 끔찍이 많았다. 모든 학생들이 현역 사서들이었고, 몇 명만 나처럼 혼자 아이를 키우는 엄마였다. 이 석사 과정은 가볍게 내릴 결정이 아니었다. 우리는 이것이 마지막 기회라 생각하고, 그 대가를 치를 각오가 되어 있었다. 수시로 두 시간 운전을 하고 가서 금요일 5시 반부터 일요일 낮 12시까지 수업을 받아야 할 뿐 아니라 일주일에 두 개 혹은 그 이상의 보고서를 써내야 했다. 우리 집에는 컴퓨터는 고사하고 타자기도 없었기 때문에 직장에서 5시에 퇴근하고 나면 조디를 위해 저녁 식사를 차려준 뒤 곧바로 도서관으로 돌아가 자정이나 그 이후까지 숙제를 해야만 했다.

그 와중에 나는 도서관 리모델링을 시작했다. 1989년 여름까지 완성하는 것이 목표였는데, 시작하기도 전에 수개월 간의 사전 작업을 해야만 했다. 나는 공간 기획, 섹션 분리, 장애인을 위한 규정 등을 배워야 했다. 색깔도 내가 직접 고르고, 가구 배치도 짜고, 새 책상과 의자를 살 돈이 충분히 있는지도 확인해야 했다(예산이 충분치 못할 때는 옛날 가구를 재활용했다). 진 홀리스 클라크와 나는 옛날 도서관과 새 도서관의 모형을 제작해서 안내 데스크 앞에 전시했다. 리모델링은 계획을 잘 짜는 것만으로는 부족했다. 마을 사람들도 여기에 호응하고 또 알고 있어야 한다. 그리고 듀이는 매일 이 모형 안에서 잠을 자는 것으로 일조했다.

일단 디자인이 결정된 후 나는 다음 단계로 들어갔다. 이 건물에서 3만 개가 넘는 물건들을 빼내고, 그다음에는 공사가 끝난 후 다시 모두 정확한 자리에 돌려놓기 위한 계획을 짰다. 나는 여유 공간이 있는 창고를 찾았고, 이사에 필요한 장비를 물색했다. 자원봉사자를 조직하고 일정을 짰다. 모든 계획과 경비는 단 한 푼이라도 세밀히 계산하고 책정해서 도서관 이사회의 승인을 받아야 했다.

한편 그렇게 직장과 학교에서 보내는 수많은 날들은 나를 신체적으로나 정신적으로 지치게 만들었고, 학교의 수업료 때문에 경제 사정도 항상 빠듯했다. 그래서 시의회가 직원을 위한 교육기금을 설립했다는 소식에 내 귀를 의심하지 않을 수 없었다. 만일 시 직원이 업무 능력을 향상시키기 위해 학교를 다니겠다고 하면, 시에서 돈을 대주겠다는 것이다. 시의 서기였던 도나 피셔는 그 덕분에 열심히 공부해서 학위를 땄다. 그러나 시의회 회의에서 내가 석사 과정 이야기를 꺼냈을 때, 내 요청은 별로 환영받지 못했다.

우리 마을의 새 시장 클레버 마이어는 테이블 반대편에 앉아 있었다. 클레버는 자매네 카페의 권력 브로커들 가운데 중심인물로, 노동자 출신의 선량한 타입이었다. 그는 중학교를 2학년까지밖에 다니지 않았지만, 큰 목소리에 당당한 어깨를 가지고 있었고 스펜서 마을의 맥을 정확히 짚고 있었다. 클레버는 마이어 주유소를 소유, 운영하고 있었지만 그의 크고 거친 손을 보면 농장에서 자라났다는 것을 알 수 있었다. 실제 그는 모네타 외곽에서 자랐고, 우리 아버지와도 평생 알고 지낸 사람이었다.

클레버 마이어는 매너가 다소 거친 편이었지만 그래도 좋은 사람이었다. 필요하다면 입고 있던 셔츠도 당장 벗어줄 사람이다(물론 기름때가 좀 묻어 있겠지만). 그리고 어느 누구도 함부로 해칠 수 없는 사람이었다. 늘 선의를 갖고 행동했고, 항상 스펜서의 이익을 염두에 두고 일했다. 하지만 그도 주류 원로 세력 중 하나였고, 고집이 셌다. 그리고 성격이 좀 퉁명스러웠다. 내가 석사 과정에 대해 언급하자 클레버는 테이블 위를 주먹으로 내리치며 소리를 질렀다. "당신은 자신이 뭔 줄 알고 그러는 거요? 당신이 무슨 시 직원이라고!"

마을 변호사이자 시의회 의원이던 데이비드 스콧이 며칠 후 나를 붙잡더니 나 대신 상부에 이야기를 해주겠다고 했다. 왜냐하면 나도 지원

할 자격이 있는 시 직원이었기 때문이었다.

"그만두세요." 나는 말했다. "그러다 애꿎은 도서관만 손해 볼 수도 있어요." 나는 듀이로 인해 생긴 도서관에 대한 관심과 선의에 혹여나 부정적인 영향이 갈까 봐 두려웠다.

그 대신 나는 더 열심히 일했다. 학교 공부에도 더 많은 시간을 쏟았다. 보고서를 쓰고, 조사하고, 또 공부했다. 리모델링 프로젝트에도 더 많은 시간을 쏟았다. 계획을 짜고, 조사하고, 예산을 짜고. 도서관의 일일 운영에도 많은 시간을 할애했다. 하지만 불행하게도 이 모든 것이 의미하는 것은, 곧 내 딸과 보낼 수 있는 시간이 더 줄어든다는 것이었다. 어느 일요일, 내가 막 수시티에서 떠나려던 참이었는데 여동생에게서 전화가 왔다.

"언니, 잘 있었어? 이런 말 전하긴 싫지만, 실은 어젯밤에……."

"무슨 일이야? 조디는 어딨니?"

"조디는 괜찮아. 하지만 언니네 집이……."

"집?"

"언니, 사실 조디가 어젯밤 친구들과 파티를 했는데, 조금 과하게 놀았나 봐." 동생은 잠시 멈추고는 다시 말했다. "앞으로 두 시간 동안은 최악의 상황을 상상하고 가. 그러면 실제 현실은 그보다 나을 테니까."

정말로 집은 엉망이었다. 조디와 친구들이 오전 내내 집을 치웠다지만, 아직도 카펫과 심지어 천장에까지 온갖 얼룩들이 남아 있었다. 화장실의 수납장 문은 경첩까지 뜯겨 있었다. 조디의 친구들은 모든 레코드판을 벽에다 던져 깨놓았다. 누군가는 난방용 파이프에 맥주 캔을 쑤서 넣어놨다. 내 약들도 사라졌다. 딸 친구 중 하나가 우울하다며 화장실 문을 잠가놓고선 약물 과다 복용을 했으리라. 내 여성 호르몬 약으로! 알고 보니 소란하다는 신고로 두 번이나 경찰이 출동했지만, 이 파티에 미식축구 선수들이 있었고 그 시즌의 시합 성적이 좋았기 때문에 그냥 눈감아줬다고 했다. 사실 집이 난장판이 된 것은 크게 언짢지 않았다. 하지만 나는 다시 한번 조디가 나 없이 커가고 있다는 사실을 깨닫게 되었다. 결국 유일하게 더 노력해도 되지 않는 일은 딸과의 관계였다.

이런 내게 좋은 조언을 해준 건 의외로 클레버 마이어였다. 언젠가 그의 주유소에서 클레버가 내 차에 휘발유를 넣어주고 있을 때였다. 그렇다. 그는 시장이었지만 그 직책은 파트타임일 뿐이었다. 말을 하다 보니 어쩌다가 조디 이야기가 나왔다. "걱정하지 마쇼." 그가 말했다. "애들은 열다섯 살이 되면 자기 부모가 세상에서 가장 바본 줄 알지요. 하지만 그애들도 스물두 살이 되면 부모가 다시 똑똑하게 보인다오."

직장, 학교, 집안일, 옹졸한 시골 마을의 정치 등으로 스트레스를 받을 때 나는 이렇게 대처한다. 심호흡을 한 번 하고 내면으로 파고들어 조금 전보다는 더 크고 당당하게 나를 세워보는 것이다. 나는 평생 스스로의 힘으로 살아왔다. 그러므로 이 상황 중 어떤 부분도 내가 통제하지 못하는 부분은 없다고 생각했다. 그러나 늦은 밤 혼자 생각에 잠겨 텅 빈 컴퓨터 스크린과 마주 앉을 때면 어쩔 수 없이 삶의 무게를 그대로 느낄 수밖에 없다. 그날 하루 중 처음으로 맞이하는 조용한 순간이 올 때면, 내 중심이 밑바닥까지 흔들리는 것을 느끼곤 했다.

마감 시간 후의 도서관은 참 외로운 곳이다. 심장 박동 소리가 들릴 만큼 조용하고, 수많은 책장들이 줄지어 있어 헤아릴 수 없이 많은 어둡고 음산한 모퉁이들이 생겨난다. 내가 아는 대다수의 사서들은 마감 시간 이후에 혼자 남아 있지 않는다. 특히 늦은 밤에는. 그러나 나는 두렵거나 무섭지 않았다. 나는 강인하고 고집이 센 편이었다. 무엇보다 나는 혼자가 아니었다. 듀이가 있었으니까. 듀이는 매일 밤 내가 작업할 때마다 컴퓨터 스크린 옆에 올라앉아 꼬리를 늘어뜨리곤 앞뒤로 흔들곤 했다. 내가 글이 떠오르지 않거나, 피곤하거나, 혹은 스트레스를 받아 벽에 부딪치게 되면 그 순간 듀이는 내 무릎이나 키보드 위로 뛰어들었다. '더 이상은 안 돼요.' 듀이는 내게 말했다. '우리 놀아요.' 듀이는 타이밍 하나는 기가 막히게 맞췄다.

"좋아, 듀이. 그럼 네가 먼저 숨어."

듀이가 좋아하는 게임은 숨바꼭질이었다. 내 말이 떨어지자마자 듀이는 도서관 본관으로 통하는 모서리 뒤로 사라졌다. 하지만 대부분의 경우 오렌지색 긴 털 고양이의 엉덩이를 금방 발견할 수 있었다. 듀이에게 어디엔가 숨는다는 일은 책장 속에 머리만 집어넣으면 되는 것이었다. 녀석은 자기에게 꼬리가 있다는 사실을 잊은 듯했다.

"듀이가 어디 있을까?" 나는 몰래 다가가며 큰 소리로 말했다. 그러다 가까이 다가가서는 "와아!" 하고 소리를 지르면 듀이는 냅다 도망을 쳤다.

가끔은 꼭꼭 잘 숨을 때도 있었다. 나는 몇 개의 선반을 살펴보아도 찾지 못했고, 결국 어느 모퉁이를 도는 순간 듀이는 크게 웃으며 내게 뛰어들었다.

'못 찾았지롱! 못 찾았지롱!'

"듀이, 이건 불공평하잖아. 나한테 20초밖에 안 줬다구!"

가끔은 좁은 공간에 몸을 말고 들어가 아예 나오지 않는 경우도 있었다. 나는 5분간 찾다가 녀석의 이름을 불렀다. "듀이! 듀이!" 서고를 뒤지며 길게 늘어선 책장 사이를 찾아다닐 땐 어두운 도서관이 조금은 무섭게도 느껴졌다. 그러나 나는 항상 듀이가 바로 근처에서 나를 보며 웃고 있다고 상상했다.

"좋아, 듀이. 그만하자. 네가 이겼다." 하지만 아무런 대답이 없다. 이 고양이가 어딜 갔지? 그때 내가 모퉁이를 돌면 듀이는 복도 한가운데서 나를 쳐다보고 있었다. "오, 듀이. 너 참 똑똑하구나. 그럼 이젠 내 차례야."

나는 얼른 뛰어가 책 선반 뒤에 숨었다. 그러면 항상 두 가지 상황이 벌어진다. 첫 번째는, 내가 숨을 자리에 도착해서 돌아보면 듀이가 바로 뒤에 서 있는 경우다. 처음부터 내 뒤를 쫓아온 것이다.

'찾았다! 너무 쉬운데요?'

두 번째는 책장을 가운데 두고 반대 통로로 뛰어가 내가 숨으려 하는 곳에 먼저 도착해 있는 경우다.

'아, 여기에 숨으려고 했어요? 하지만 내가 먼저 찾아냈는걸요.'

나는 웃으며 듀이의 귀 뒤를 쓰다듬어주었다. "좋아, 듀이야. 이제는 달리기를 좀 할까?"

우리는 책장을 가운데 두고 있는 힘껏 뛰어가 복도 끝에서 만나곤 했다. 물론, 이 모든 것들이 진짜로 숨거나 찾아다니려 한 것은 아니었다. 그렇게 15분쯤 지나면 나는 연구 논문도 잊고, 도서관 리모델링 프로젝트를 위한 예산 회의 내용도 잊고, 또 조디와 나누었던 불편한 대화도 잊을 수 있었다. 내 근심거리가 무엇이든 간에 듀이로 인해 잠시 잊을 수 있었던 것이다. 그러고 나면 심적 부담도 한결 가벼워졌음을 느꼈다.

"오케이, 듀이. 이젠 다시 일하러 가자."

듀이는 결코 불평하지 않았다. 나는 의자로 돌아가고, 듀이는 컴퓨터 위 자기 자리로 돌아가 스크린 앞으로 꼬리를 흔들기 시작한다. 다음에 또 녀석이 필요할 때에도 듀이는 거기에 있을 것이다.

듀이와의 숨바꼭질 게임과 녀석과 함께 보냈던 시간들이 그 시절 나를 버티게 해주었다고 해도 과언은 아닐 것이다. 사실 듀이가 내 무릎 위에 자기 머리를 얹고 내가 울면 자기도 우는 소리를 냈다는가, 아니면 내 뺨에 흐르는 눈물을 핥아줬다는 식으로 이야기를 한다면 말하는 이나 듣는 이나 더 편할지도 모르겠다. 누구든 그런 식의 얘기는 쉽게 이해하는 법이니까. 물론 실제로도 그랬다. 하늘이 무너져 내리는 것만 같은 순간, 눈물을 떨구며 망연자실하게 내 무릎을 내려다보면 그곳엔 항상 듀이가 있었다. 녀석은 내가 필요할 때 늘 있어주었다.

그러나 인생은 그렇게 깔끔하게 정리되는 것이 아니다. 우리의 관계도 눈물 몇 방울로 정의할 수 없는 관계였다. 일단 나는 그렇게 잘 우는 타입도 아니다. 비교적 애정을 잘 표현하고 특히 늦은 밤에는 사람에게 안기는 걸 무척 좋아했지만, 듀이 역시 과다한 애정 표현을 자주 하는 편은 아니었다. 그러나 어떻게 된 영문인지 듀이는 내가 약간의 위안과 누군가의 따뜻한 체온이 필요한 때가 언제인지 귀신같이 알았고, 정말 내가 필요로 했던 것은 아무 생각없이 할 수 있는 바보같은 숨바꼭질 게임이라는 것을 알고 있었다. 듀이는 내가 필요로 하는 것이라면 요구하지 않아도 내게 주곤 했다. 그것은 단순한 사랑이 아니었다. 그보다 더한 것이었다. 그것은 존중이었고, 공감이었다. 그리고 그것은 나도 마찬가지였다. 듀이와 내가 처음 만났을 때 피어난 작은 불씨는, 이후 도서관에서 단둘이 보낸 수많은 밤마다 활활 타오르는 커다란 불꽃이 되었다.

내가 생각할 때 그 시절의 내 인생은 너무나 복잡했고, 모든 것이 사방에서 한꺼번에 무너지는 것처럼 느껴졌다. 더 이상 중심을 잡을 수 없을 것만 같았다. 하지만 그 소용돌이 속에서 유일하게 듀이와 나의 관계만은 너무도 단순했고 또 자연스러웠기에 좋은 사이가 되었는지도 모르겠다.

듀이 러브 크리스마스!

Chapter 12

스펜서에서는 크리스마스가 되면 온 마을이 함께 움직인다. 농장이나 공장도 한가할 때여서 우리는 여유 있게 휴식을 취하며 그동안 모았던 쌈짓돈을 풀어 마을 경제에 이바지한다. 크리스마스 시즌에 가장 대표적인 마을 행사는 12월 첫 주말에 시작하는데, 그랜드 애버뉴를 산책하며 한 바퀴 도는 '대산책' 이라는 행사다. 거리는 모두 하얀 전구로 장식되어 건축물의 멋진 라인을 돋보이게 한다. 크리스마스 음악도 흘러나오고, 산타클로스가 미리 와서는 어린이들로부터 원하는 성탄 선물 목록을 받기도 한다. 산타의 요정들도 산타 복장을 하고 길모퉁이에서 벨을 울리며 자선단체를 위해 모금을 한다. 모든 마을 사람들이 몰려나와 웃고 이야기하고, 보온을 위해 서로를 껴안고서 돌아다닌다. 상점들은 늦게까지 문을 열고, 크리스마스 특선 제품을 선보이며 추위를 쫓기 위해 손님들에게 커피나 뜨거운 코코아를 제공하기도 한다.

모든 쇼윈도들도 특별 장식으로 꾸미는데, 우리는 이것을 '살아 있는 창문'이라 부른다. 왜냐하면 각 쇼윈도에 주민 중 하나가 들어가 크리스마스의 한 장면을 연출하기 때문이다. 파커 박물관은 1931년도에 있었던 대화재와 싸운 소방차를 포함해 클레이 카운티에 관련된 역사 유물 등을 전시하는 곳인데, 이 박물관은 매년 우리 지역의 초창기 개척자들에 관한 크리스마스 테마를 전시한다. 다른 쇼윈도들은 크리스마스를 현대적으로 재해석해서 연출한다. 장난감과 도자기 인형을 이용한 전시도 있고, 성탄 구유를 전시하기도 한다. 어떤 쇼윈도는 장난감 트랙터와 자전거 따위로 꾸미며, 어린 소년의 눈을 통해 본 크리스마스의 아침을 묘사하기도 한다. 장난스럽지만 감동적이고, 재미있지만 동시에 진지한 쇼윈도들을 보고 있으면 이 거리를 산책할 150여 명의 마을 사람들과 그다음 날 또다시 구경 나올 150여 명의 주민들이 눈에 선하게 그려진다. 이 쇼윈도들은 모두 '바로 이것이 스펜서다'라고 외치고 있는 것이다.

성탄 시즌 중에는 '나무 페스티벌'도 열리는데, 크리스마스트리를 장식하는 콘테스트로서 퍼스트 애버뉴와 5번가 모서리에 있는, 과거 스펜서 컨벤션 센터가 있던 자리에서 열린다. 이곳은 현재 이글스 클럽이라는 곳으로 변했는데, 군 출신들의 사교 클럽으로 매년 자선 사업을 위한 댄스 대회나 만찬이 열리는 곳이다. 그리고 1988년 듀이의 첫 크리스마스 때부터는 스펜서 공공 도서관도 '듀이 러브 크리스마스', 즉 듀이는 크리스마스를 사랑한다는 제목으로 경연대회에 참가했다. 우리의 크리스마스트리는 당연히 듀이의 사진으로 장식되었다. 또한 통통한 새끼 고양이 장식품과 빨간색 털실로 만든 화환으로도 장식했다. 트리 밑에 놓을 선물들은 고양이가 주제인 『캣-탈로그』나 『모자 쓴 고양이』 같은 책으로 빨간 리본을 매달아 꾸몄다. 방문객들은 소액의 입장료를 내면 여러 크리스마스트리 사이를 돌아다니며 구경할 수 있다. 입장료는 물론 자선 사업에 쓰였다. 공식적으로 점수를 매기는 것은 아니었지만, '듀이 러브 크리스마스'가 당연히 일등이었다.

크리스마스 시즌에는 그랜드 애버뉴에서처럼 도서관도 근심 걱정을 잠시 접고 크리스마스 분위기를 만끽했다. 스트레스가 많았던 가을을 뒤로하고 나는 더 이상 학교나 리모델링에 대해 걱정하지 않고서 크리스마스트리 장식에만 집중할 수 있어 행복했다. '대산책' 행사가 끝난 월요일에 우리는 창고 꼭대기 선반에서 장식물이 든 상자들을 꺼내 크리스마스 시즌 준비를 했다. 가장 큰 준비는 아내 데스크 옆에 비치할 크리스마스트리였다. 12월 첫째 주 월요일이 되면 신시아 베렌즈와 나는 평소보다 일찍 도착해 크리스마스트리를 세우고 장식했다. 신시아는 도서관에서 가장 열심히 일하는 직원으로, 매사에 앞장서서 자원하곤 했다. 하지만 그녀도 금년에는 어떤 사태가 벌어질지 짐작하지 못했다. 왜냐하면 그해에는 높은 선반에서 길고 가느다란 크리스마스트리가 들어 있는 상자를 꺼낼 때부터 항상 누군가가 함께 있었기 때문이다.

"듀이가 오늘 흥분했나 봐요. 이 박스가 마음에 드나본데요."

"아니면 플라스틱 냄새 때문일지도 몰라요." 듀이의 코가 1분에 아흔 가지 냄새를 맡는 소리와 숨 가쁘게 돌아가는 듀이의 생각이 들리는 듯했다. '혹시? 그럼 지금까지 엄마가 세상에서 가장 크고 가장 멋지고 가장 맛있는 냄새가 나는 고무줄을 숨기고 있었단 말이야?'

크리스마스트리를 박스에서 꺼냈을 때 듀이가 입을 쩍 벌리는 게 눈앞에 보이는 듯했다.

'이건 고무줄이 아니잖아. 이건…… 이건…… 정말 더 좋은 거야!'

상자에서 나뭇가지를 하나하나 꺼낼 때마다 듀이는 매번 덤벼들었다. 듀이는 철사로 만든 나뭇가지에 달린 녹색 플라스틱 나뭇잎 냄새를 맡고는 그것을 씹으려 했다. 그리고 녀석은 트리에서 플라스틱 나뭇잎 몇 개를 떼어내 입에 물고서 씹기를 계속했다.

"듀이, 그거 이리 내놔!"

듀이는 씹던 플라스틱 몇 조각을 바닥에 뱉어냈다. 그러고는 앞으로 훌쩍 뛰어넘어 신시아가 다음 나뭇가지를 꺼내려는 순간, 상자 안으로 머리를 살짝 집어넣었다.

"저리 비켜, 듀이." 신시아가 듀이를 끌어냈지만 몇 초 후 듀이는 다시 머리를 디밀어 넣고는 촉촉한 코끝에 초록색 나뭇잎을 붙이고 나왔다. 그러다 이번에는 머리 전체가 상자 안으로 사라졌다. "듀이, 이래선 일을 할 수가 없잖아. 네가 자꾸 이러면 크리스마스트리를 다 꺼낼 수 없단 말이야."

이러한 애원도 별 소용이 없었다. 듀이는 꼼짝하지 않았다.

"좋아, 듀이. 이리 나와. 너 그러다 눈이라도 찔리면 어쩌려고 그래."
사실 신시아는 듀이를 야단치는 게 아니라 녀석을 보며 웃고 있었다. 듀이도 갑자기 말귀를 알아들은 척 몸을 잠시 뒤로 뺐다가, 이번에는 다시 바닥에 쌓아놓은 나뭇가지 더미를 헤집기 시작했다.

"이러다가는 하루 종일 걸리겠어요."

"바라는 바예요. 종일 트리 장식만 하면 난 더 좋겠어요."

신시아가 상자에서 마지막 가지를 꺼냈을 때 나는 트리를 조립하기 시작했다. 듀이는 이제 껑충거리거나 웃으며 내 움직임을 지켜보고 있었다. 그러다가 갑자기 달려들어 트리 재료들의 냄새를 맡고 입안에 넣어보고는, 몇 발짝 물러나 트리를 감상했다. 이 고양이는 흥분감으로 금방이라도 터질 것만 같았다. '어서 빨리, 빨리 해요. 어서 내 차례가 와야 할 텐데······.' 녀석은 그해 내가 본 모습 중에서 가장 행복해 보였다.

"어, 안 돼, 듀이야. 또 그러면 안 돼."

뒤돌아보니 듀이는 크리스마스트리 박스 안에 들어가 그 안에 밴 냄새를 맡으며 앞발로 긁어보고 있는 중이었다. 듀이는 박스 안으로 완전히 몸을 감추었고, 몇 초 후에 박스는 바닥 위에서 이리저리 굴러다녔다. 한참 후 듀이는 움직임을 멈추고 박스 밖으로 머리를 내밀고선 주변을 둘러보았다. 그리고 반쯤 조립된 트리를 보자 얼른 뛰어나와 낮은 위치에 걸려 있는 가지들을 씹기 시작했다.

"듀이에게 새 장난감이 생겼네."

"아마도 사랑에 빠진 것 같아요." 나는 이렇게 말하며 크리스마스트리의 녹색 기둥 맨 윗부분에 나뭇가지들을 끼워 넣었다.

그 말은 사실이었다. 듀이는 크리스마스트리를 사랑했다. 트리의 냄새도 사랑했고, 그것이 주는 느낌도 사랑했으며, 그 맛도 사랑했다. 트리를 조립한 후 안내 데스크 옆에 세워놓았을 때, 듀이는 그 밑에 앉는 것을 매우 즐겼다. '이제 이건 내 거야.' 듀이는 트리 밑부분을 몇 바퀴씩 돌며 말했다. '이제 우리 둘만 있게 해주세요.'

"미안하다, 듀이야. 아직도 작업이 남아 있어. 장식을 달지 않았거든."

나는 장식물들을 꺼내기 시작했다. 올해의 색깔로 지정된 반짝이 장식, 올해의 테마에 맞춰 준비한 각종 그림과 특별한 장신구들, 끈 달린 천사, 산타클로스 인형, 반짝이로 뒤덮인 구슬. 그리고 리본, 카드, 인형 등등. 듀이는 각 상자마다 뛰어가보았지만, 헝겊이나 금속, 갈고리와 조명 같은 것들에는 별 관심이 없었다. 듀이는 내가 작년 크리스마스트리에서 쓰고 남은 낡은 플라스틱 장식들로 만든 화환에 관심을 보였다. 그러나 낡은 플라스틱은 반짝이는 새 플라스틱과는 경쟁이 되지 않았다. 듀이는 금세 다시 새 크리스마스트리 밑으로 달려갔다.

우리는 장식품을 매달기 시작했다. 듀이는 우선 박스 안에 들어가 다음에 나올 장식품이 무엇인지 조사를 했고, 다음 순간 내려다보면 녀석은 우리 발밑에서 구두끈을 가지고 장난을 치고 있었다. 그러고는 나무 밑으로 기어들어가 다시 한번 플라스틱 냄새를 즐겼다. 그리고 몇 초 후 듀이는 사라졌다.

"저 부스럭대는 소리는 뭐죠?"

갑자기 듀이가 물건을 넣어둔 플라스틱 쇼핑백 손잡이를 목에 매단 채 미친 듯이 달려왔다. 듀이는 그 상태로 도서관 끝까지 달려갔다가 다시 우리 쪽으로 마구 달려오고 있었다.

"붙잡아요!"

듀이는 우리의 손을 피하며 계속 뛰었다. 잠시 후 듀이는 다시 우리 쪽으로 달려왔다. 신시아가 입구 근처에서 듀이를 막고 나섰다. 나는 안내 데스크 쪽을 맡았다. 그러나 듀이는 우리 둘 사이를 곧장 뚫고 지나갔다. 그런데 듀이의 눈을 보니 무척 겁에 질려 있는 것 같았다. 녀석은 쇼핑백의 손잡이에서 어떻게 머리를 빼야 하는지 몰라 무작정 뛰고 있었던 것이다. '무조건 계속 뛰어야 해. 그러다 보면 이 괴물이 떨어져 나갈지도 몰라.'

곧 네 명, 다섯 명이 달려들어 듀이를 붙잡으려 했지만 듀이는 계속 우리를 피해 정신없이 달렸다. 하긴, 우리가 너무 웃어대고 있었기 때문에 듀이를 잡지 못했는지도 모른다.

"미안하다, 듀이야. 하지만 솔직히 너무 웃겨."

드디어 우리는 듀이를 코너에 몰아넣고 겁에 질려 버둥거리는 녀석을 붙잡아 가까스로 쇼핑백을 벗겨냈다. 그러자 듀이는 자신의 새 베스트 프렌드인 크리스마스트리 쪽으로 달려가더니 그 밑에 앉아 여유 있는 고양이 세수와 목욕으로 자신을 위로했다. 듀이의 트레이드마크인 주먹에 침 묻혀 귀를 닦는 일도 잊지 않았다. 오늘 저녁이나 내일 아침이면 분명히 배 속에서 털이 뭉치는 현상인 헤어볼(hairball)이 생길 것이다. 하지만 최소한 한 가지 교훈은 얻었다. 그때부터 듀이는 플라스틱 쇼핑백은 극구 피했다.

크리스마스트리를 세운 첫날은 우리 도서관 최고의 날이었다. 직원들은 하루 종일 웃으며 지냈고, 쇼핑백 사건을 제외하고는 듀이도 느긋하게 낭만적 행복감에 빠져 지냈다. 트리에 대한 듀이의 사랑은 영원히 식지 않았다. 매년 상자를 선반에서 꺼낼 때마다 듀이는 춤을 추었다. 크리스마스가 되면 사서들은 도서관 이용객으로부터 작은 선물을 받곤 했는데, 우리가 받은 초콜릿과 쿠키 선물은 듀이가 받은 엄청난 양의 장난감 공, 간식, 장난감 쥐에 비하면 초라할 정도였다. 마을 사람들은 그동안 듀이가 얼마나 자신들에게 소중했는지 알아주었으면 하는 눈치였다. 듀이가 받은 선물 중에는 아주 고급스러운 장난감도 있었고 집에서 직접 만든 정성스러운 선물도 있었지만, 크리스마스 시즌에 듀이가 가장 좋아한 장난감은 이들 선물 중에 있지 않았다. 그것은 데커레이션 상자에서 듀이가 찾아낸 빨간 실타래였다. 이 실타래와 듀이는 항상 붙어 다니며 크리스마스뿐만 아니라 수년간 듀이가 가장 많이 가지고 논 장난감이었다. 듀이는 실타래를 톡톡 치며 장난을 치다가 표면이 약간 풀리게 만들어놓고는 그 위로 덤벼들어 레슬링을 하며 놀았다. 나중에는 실이 풀려 온몸에 감기기도 했고, 빨간 실을 입에 물고 실타래를 뒤에 끌며 미친 듯이 직원 휴게실을 가로지르는 바람에 내가 넘어질 뻔한 적도 있었다. 그렇게 한 시간쯤 지나면 듀이는 크리스마스트리 아래서 네 발로 빨간색 실타래를 붙잡고 씨름하고 있었다.

크리스마스 시즌에 도서관은 며칠 동안 문을 닫는다. 그래서 나는 듀이를 집으로 데리고 갔다. 하지만 듀이는 혼자 지내야만 했다. 왜냐하면 우리 집안은 크리스마스를 하틀리에서 함께 보내는 것이 전통이기 때문이다. 크리스마스 때는 온 가족이 부모님 집에 함께 모였다. 만약 불참하는 경우엔 호적에서 제명당할지도 모를 일이다. 우리 집안에서는 가족 행사에 빠지는 것만큼은 용납되지 않았다. 그리고 가족 행사는 많았다. 특히 크리스마스에는 크게 상을 차리고선 데커레이션 파티를 열었고, 어린이들을 위한 게임도 했으며, 크리스마스 캐럴도 불렀다. 디저트와 쿠키는 여기저기에 넘쳐났다. 물론 어른들을 위한 게임도 있었고, 친척들은 쿠키를 들고 방문하기도 했다. 어떤 친척은 수시티에 갔다가 우연히 본 건데 당신 생각이 나서 사왔다며 작은 선물을 들고 오기도 했다. 1년치 이야기를 늘어놓고, 했던 얘기를 또 하고. 크리스마스트리 앞에선 항상 이야기꽃이 만발했다. 선물들은 비싸고 대단한 것들이 아니었다. 하지만 집슨네 가족들은 모두 일주일 동안 풍성한 대가족의 품 안에서 지낼 수 있었고, 내 생각에는 그것이야말로 최고의 선물이었다.

그렇게 놀다가 항상 누군가가 이렇게 말하곤 했다. "우리,「자니 엠 고 Johnny M' Go」를 연주해야죠!"

부모님은 골동품을 수집하셨는데 몇 년 전 우리는 그 골동품을 가지고 집슨 가족 밴드를 결성했었다. 나는 베이스 기타를 연주했는데, 그것은 세숫대야에 빗자루 막대기를 부착하고 양 끝 사이에 몇 가닥의 줄을 연결한 것이었다. 여동생은 빨래판을 연주했다. 아버지와 조디는 숟가락을 가지고 리듬 파트를 맡았다. 마이크는 왁스 종이가 덮인 빗을 불었다. 더그는 밀주를 담던 병에 바람을 불었다. 물론 골동품 병이었지만 우리의 목적을 위해 변조해 썼다. 어머니는 개척자 시절에 사용했던, 버터를 만들던 나무통을 드럼처럼 연주했다. 우리의 노래는 원래 「자니 비 굿 Johnny Be Good」이었다. 그런데 조디가 어렸을 때, 혀 짧은 소리로 우리에게 「자니 엠 고」를 불러요, 라고 했기 때문에 그때부터 우리는 그렇게 부르게 된 것이었다. 매년 우리는 「자니 엠 고」와 다른 로큰롤 곡들을 연주하며, 집에서 만든 악기로 밤늦게까지 놀았다. 이는 아이오와 지역에서는 전례가 없던, 새로운 시골 전통을 수립한 것으로서 연주 내내 식구끼리 키득거리며 웃고 즐거워했다.

크리스마스이브가 지나고 자정 미사를 마친 뒤, 조디와 나는 듀이가 기다리는 집으로 돌아갔다. 듀이는 우리를 반갑게 맞았다. 우리는 크리스마스 아침을 그렇게 셋이서 함께 맞이했다. 그러고 보면 나는 듀이에게 한 번도 크리스마스 선물을 준 적이 없다. 사실 줄 필요가 없었다. 그게 뭐 그리 중요하겠는가? 더구나 듀이는 이미 엄청나게 많은 물건들을 가지고 있었다. 1년을 함께 보낸 후, 이제 우리의 관계는 생색내는 선물이나 강요된 관심 같은 건 초월하게 되었다. 우리는 서로에게 증명해야 할 것이 없었다. 듀이가 나에게 원하고 기대하는 것은 하루에 몇 시간씩 자기에게 시간을 내주는 것이었다. 나 또한 마찬가지였다. 그날 오후 나는 조디를 부모님 댁에 데려다 주고 집으로 돌아왔다. 그리고는 듀이와 단둘이 소파에 앉아 아무것도 하지 않고 아무 말도 하지 않으며 그냥 구두를 기다리는 낡은 양말 한 짝처럼 함께 뒹굴며 저녁을 보냈다.

위대한 유산

Chapter 13

훌륭한 도서관이라고 해서 꼭 크거나 아름다워야 하는 건 아니다. 최상의 시설, 최고로 능률적인 직원, 최다 이용객 등이 필요한 것도 아니다. 좋은 도서관은 사람들에게 많은 것을 줄 수 있어야 한다. 도서관은 그 지역 사회의 삶에 완전히 동화되어, 사람들에게 없어서는 안 될 존재가 되어야 한다. 좋은 도서관은 언제나 그곳에 있고, 또 주민들이 원하는 것을 늘 제공함으로써 사람들이 당연시 여기는 존재여야 한다.

스펜서 공공 도서관은 1883년 H. C. 크레리 여사의 서재에서 출발했다. 1890년, 도서관은 그랜드 애버뉴에 있는 작은 건물로 이사를 했다. 그러다 1902년에는 앤드루 카네기가 새로운 도서관 설립을 위해 만 달러를 마을에 기탁했다. 카네기는 우리나라 농민을 전부 공장 노동자, 석유회사 근로자, 강철 노동자로 만든 산업혁명이 낳은 인물이다. 그는 냉혹한 기업 자본가로서, 유나이티드 스테이츠 철강회사를 전국에서 가장 성공적인 기업으로 키워냈다. 그는 또한 침례교도로서, 1902년이 되자 자신이 번 돈으로 각종 자선 사업에 몰두했다. 그중 하나가 전국 곳곳의 작은 마을에 도서관을 기증하는 일이었다. 스펜서에 카네기 도서관이 들어선다는 것은, 스펜서가 최고는 아닐지언정 적어도 하틀리나 에벌리보다는 더 낫다는 뜻이었다.

스펜서 공공 도서관은 1905년 3월 6일, 그랜드 애버뉴에서 반 블록 떨어진 이스트 3번가에 문을 열었다. 아주 전형적인 카네기 도서관이었다. 왜냐하면 카네기는 고전적인 건축 양식과 설계의 대칭 구조를 선호했기 때문이다. 입구 홀에는 세 개의 스테인드글라스 창문이 있었는데, 그중 둘에는 꽃이 새겨져 있었고 나머지 하나엔 '도서관' 이라 적혀 있었다. 사서들은 도서관 카드 서랍장에 둘러싸인 커다란 중앙 데스크 뒤에 앉아 있었다. 측면에 위치한 아담한 서고들은 바닥부터 천장까지 책장으로 가득 차 있었다. 당시의 공공건물들은 입장 규정이 성별에 따라 구분돼 있었는데, 도서관에서만큼은 남녀가 함께 어느 방이든 들어갈 수 있었다. 카네기 도서관은 최초로 사서에게 책을 요청하는 것이 아니라 이용객들이 직접 책장에서 책을 고를 수 있는 개괄식 도서관이었다.

어떤 역사학자들은 카네기 도서관이 평범하다고 평가했지만, 그것은 뉴욕이나 시카고처럼 조각된 벽면이나 화려한 천장화, 크리스털 샹들리에가 있는 대규모 중앙 도서관들과 비교했을 때나 그렇다는 것이었다. 가정집 서재 시절이나 그랜드 애버뉴 가게 시절과 비교하면, 스펜서의 카네기 도서관은 비교가 안 될 정도로 화려해진 셈이었다. 천장은 높았고 창문은 어마어마하게 컸다. 반지하인 아래층은 어린이 도서실이었는데, 이는 어린이들이 집에만 있을 수밖에 없던 시절에는 실로 혁신적인 아이디어였다. 어린이들은 둥그런 벤치에 앉아 책을 읽을 수 있었고, 아이들 머리 위로 보이는 창문으로는 바깥 지상층의 잘 다듬어진 잔디밭이 내다보였다.

도서관 바닥은 전체가 어두운 나무 마루였고, 반들반들 윤이 나는 쪽마루는 폭이 매우 넓었다. 이 마룻바닥은 걸을 때마다 소리가 났는데, 도서관에서 들리는 유일한 소리가 바로 이 삐거덕거리는 소리였다. 카네기 도서관은 책이 보이는 곳이지 들리는 곳은 아니었다. 그곳은 거의 박물관과 같았다. 교회만큼이나, 혹은 수도원처럼 조용했다. 이 도서관은 신성한 배움의 전당이었고, 1902년에는 배움이라고 하면 곧 책을 의미했다.

많은 사람들이 도서관 하면 카네기 도서관을 떠올린다. 정말 우리 유년기의 대표적인 도서관은 역시 카네기 도서관이었다. 그 고요함, 높은 천장, 그리고 나이 지긋한 사서가(최소한 우리 기억 속에서는 그랬다) 앉아 있는 중앙 안내 데스크. 도서관에 들어설 때마다 아이들은 그 안에 몸을 숨기면 아무도 자기를 찾을 수 없을 것만 같아 기분이 좋아지곤 했다.

내가 고용된 1982년은 옛날 카네기 도서관이 없어진 뒤였다. 그 도서관은 아름다웠지만 규모가 작았다. 점점 커지는 마을과 비교할 때 너무 작았던 것이다. 부지 계약서를 보면 마을은 이 부지를 도서관으로 이용하든가 그렇지 않을 경우에는 원 소유주에게 반환하도록 되어 있었다. 그래서 1971년에 우리 마을은 옛날 카네기 빌딩을 헐고서 더 크고 현대적이며 더욱 효율적인 도서관을 건축했다. 더 이상 삐걱거리는 나무 바닥도, 어두운 조명도, 손이 닿지 않는 높은 책장도, 길을 잃을 방들도 없는 도서관으로 새로 지어졌다.

그런데, 그렇게 재탄생한 새 도서관은 끔찍했다.

스펜서의 건물들은 전통적인 건축 양식으로 지어진 것들이었다. 상가들은 벽돌 건물이고, 3번가 주택들은 2, 3층짜리 목조 보딩하우스 양식이었다. 그런데 새로운 도서관만 콘크리트였다. 그것도 단층짜리로, 마치 벙커처럼 바닥에 찰싹 엎드려 있는 모양이었다. 원래 있던 드넓은 풀밭은 사라지고 두 개의 작은 정원으로 대체되었는데, 그곳은 그늘 때문에 식물이 자랄 수 없어 곧 돌멩이투성이가 되었다. 유리로 된 앞문은 큰길로부터 조금 거리를 두고 위치해 있는데, 실내로 진입하는 통로는 너무 답답하고 또 사람을 환영하는 분위기가 나지 않았다. 마을 중학교를 향하고 있는 동쪽 벽 역시 단단한 콘크리트였다. 그레이스 렌지 그는 1970년대 말에 도서관 이사회의 회원이 되기 위해 한바탕 로비를 벌였는데, 그 이유는 이 동쪽 벽을 담쟁이덩굴로 덮어버리기 위해서였다. 몇 년 후 그녀는 소원대로 그곳에 담쟁이덩굴을 심게 됐고, 그 후로도 이사회에 20년간 머무르게 되었다.

새로운 스펜서 공공 도서관은 현대적이었고, 잔혹할 만치 효율적이었다. 그리고 정말 추웠다. 북쪽은 유리로 된 벽면이어서 골목의 아름다운 경치를 볼 수 있었지만, 겨울이 되면 도서관 뒤쪽의 난방은 포기해야 했다. 너무나 개방적으로 설계되어 물건을 보관할 장소조차 거의 없었다. 직원들을 위한 공간도 따로 마련돼 있지 않았다. 전기를 꽂을 수 있는 장소도 다섯 군데밖에 없었다. 가구는 이 지역 공예품 가게에서 만들었는데, 아름답지만 비실용적이었다. 열람실 책상들은 다리가 거추장스러워 추가로 의자를 배치할 수가 없었고, 더욱이 그것들은 떡갈나무 위에 검은색 라미네이트로 코팅했기 때문에 무거워서 옮기기가 어려웠다. 그런가 하면 카펫은 오렌지색이어서 할로윈의 악몽을 보는 것만 같았다.

쉽게 말해, 이 빌딩은 스펜서 같은 마을에는 적합하지 않았다. 물론 도서관 운영은 잘되는 편이었다. 스펜서 규모의 마을치고는 소장하고 있는 책들도 훌륭했고, 열의와 프로 정신과 전문성에 있어서도 이 도서관은 일류였다. 그러나 1971년 이후 이 모든 것들을 이상하게 생긴 빌딩에 집어넣은 것이 문제라면 문제였다. 외관은 주변 경관과 전혀 어울리지 않았다. 내부도 실제로는 그다지 실용적이거나 친근하게 느껴지지 않았다. 앉아서 편하게 있고 싶은 분위기를 만들어주지 못했던 것이다. 이 도서관은 여러모로 '차가운' 곳이었다.

1989년 5월, 우리는 리모델링을 시작했다. 도서관을 따뜻하게 녹이는 과정이라고나 할까. 때마침 아이오와 북서부도 사방이 갈색에서 초록으로 깨어나면서 바뀌고 있었다. 잔디도 길게 자라 깎아줘야 했고, 그랜드 애버뉴의 나무에도 새순이 돋고 있었다. 농장에서는 작물들이 흙을 뚫고 나와 자라고 있었고, 오랫동안 기계를 고치고 밭을 갈고 씨를 뿌린 결실을 드디어 볼 수 있었다. 날씨도 갈수록 따뜻해졌다. 어린이들은 자전거를 끌고 거리로 나왔다. 도서관은 1년간의 재단장 계획을 짠 후였기 때문에 이제는 본격적으로 작업에 들어갈 때였다.

리모델링의 제1단계는 벗겨진 콘크리트 벽을 칠하는 일이었다. 약 3미터 높이의 벽에 붙어 있는 선반들은 그대로 두기로 한 터라 페인트공이자 우리 직원 샤론 조이의 남편인 토니 조이는 바닥에 헝겊을 깔고 사다리를 책 선반에 걸치고는 작업에 착수했다. 그러나 작업이 시작되자마자 듀이가 사다리를 타고 기어 올라왔다.

"됐다. 듀이야. 이젠 내려가."

그러나 녀석은 꼼짝도 하지 않았다. 듀이는 도서관에서 지낸 지 1년이 넘었지만 한 번도 3미터 이상의 높은 곳에서 도서관을 내려다본 적이 없었다. 그것은 완전히 새로운 경험이었을 것이다. 듀이는 올라간 사다리에서 벽 쪽의 선반 꼭대기로 훌쩍 내려섰다. 그렇게 몇 발짝 가버리자 이제 듀이를 붙잡을 수가 없었다.

토니가 사다리를 움직였다. 그러면 듀이도 같이 움직였다. 토니는 꼭대기까지 올라가 선반 위에 팔꿈치를 걸쳐놓곤 이 고집스러운 고양이를 쳐다봤다.

"그건 좋은 생각이 아닌 것 같다. 듀이. 내가 이 벽을 칠하면 네가 그걸 문지르고 다닐 거잖아. 비키한테 파란색 고양이를 보여줄 순 없잖니. 그럼 나는 어떻게 되는지 알아? 당장 잘릴 거라고." 듀이는 아무 말 없이 도서관을 내려다보았다. "너는 괜찮다 이거지? 난 분명히 경고했어. 좋아. 난 비키를 부를 거야. 비키!"

"저 여기 있어요."

"엇, 보고 계셨어요?"

"녀석이 경고받을 만한걸요. 설사 그런 일이 일어나도 토니 탓으로 돌리진 않을게요."

나는 듀이가 걱정되지는 않았다. 녀석은 내가 아는 고양이 중에서 가장 날렵하고 섬세한 고양이였다. 책 선반에서 경주하듯 뛰어다닐 때에도 절대 발을 헛디디지 않았다. 듀이는 다른 고양이들처럼 옆구리를 비벼댔지만 책을 넘어뜨리는 적은 없었다. 듀이가 젖은 페인트를 묻히지 않고 선반을 걸을 뿐 아니라 꼭대기에 올려놓은 페인트 통을 엎지르지 않고 사다리도 사뿐히 내려올 수 있다는 것을 알고 있었다. 오히려 난 토니가 걱정이었다. 도서관의 제왕과 사다리를 나눠 쓰는 일이 쉬운 일은 아니기 때문이었다.

"토니만 괜찮다면 저도 괜찮아요." 나는 위를 쳐다보고 말했다.

"그럼 둘이 한번 잘해보죠 뭐." 토니가 웃으며 말했다.

며칠 지나지 않아 토니와 듀이는 급속히 친해졌다. 아니, 토니와 '듀이스터'가 친해졌다고 해야 할지 모르겠다. 왜냐하면 토니는 듀이를 그렇게 불렀기 때문이다. 토니 생각에 '듀이'는 이토록 남성적인 고양이에게는 어울리지 않는 너무 부드러운 이름이라는 것이다. 토니는 한밤에 어린이 도서실 창문 밖에서 동네 골목 고양이들이 모여 듀이의 이름을 가지고 놀리지 않을까 걱정이었다. 그래서 토니는 듀이가 진짜 이름이 아니라, 존 웨인처럼 듀크라 불러야 한다고 우겼다. "친한 친구들만 듀이스터라고 부르는 거죠." 토니가 설명했다. 토니는 항상 나를 '관장각하'라고 불렀다.

"이런 톤의 빨간색은 어떻겠습니까, 관장 각하?" 내가 오는 것을 보고 토니가 물었다.

"아, 잘 모르겠는데요. 제겐 핑크처럼 보이는데."

그러나 우리의 진짜 문제는 핑크색 페인트가 아니었다. 갑자기 우리의 예절 바른 고양이가 벽장 꼭대기에서 내려오려 하지 않았기 때문이다. 어느 날 토니가 도서관을 가로지르면서 보니 듀이는 반대편 끝에 있는 벽 선반 꼭대기 위에 올라앉아 있었다. 자신이 가장 높은 곳에 언제든 올라갈 수 있다는 것을 깨닫는 순간, 아마도 듀이에게는 모든 세상이 달라져 보이기 시작했을 것이다. 그곳에서는 도서관을 한눈에 내려다볼 수 있기 때문에, 어떤 날은 절대 내려오려고 하지 않았다.

"듀이는 어딨어요?" 계보학회 회원들은 매월 첫째 주 토요일 정기 미팅에 모일 때마다 우리에게 묻곤 했다. 도서관에서 모임을 갖는 다른 클럽들과 마찬가지로, 이 클럽 회원들도 듀이의 접대를 받는 데 익숙해 있었다. 도서관의 라운드 룸은 마을에서 회의를 할 수 있는 가장 큰 방이었기 때문에 거의 언제나 예약으로 꽉 차 있었다. 듀이식 환대는 일단 모든 모임을 시작할 때 테이블 중앙에 듀이가 뛰어올라가는 것으로 시작된다. 듀이는 참석자들을 먼저 한 번 훑어본 뒤에 테이블을 돌며 한 사람씩 손 냄새를 맡거나 얼굴을 쳐다본다. 그리고는 한 바퀴 다 돌고 나서 한 사람을 선택해 그 사람의 무릎 위에 자리를 잡는다. 듀이는 서두르지도 않고 항상 같은 방식의 절차를 따랐다. 누군가가 듀이를 쫓아내고 문을 닫지 않는 한 듀이는 늘 같은 순서를 빼놓지 않고 밟았다.

처음에는 듀이식 환대가 저항에 부딪치곤 했다. 특히 라운드 룸에서 잦았던 사업 모임이나 정치 모임의 경우에는 더욱이 그랬다. 그러나 몇 달이 지난 후에는 이제 세일즈맨들도 듀이를 모임의 하이라이트로 여기게 되었다. 계보학회는 그것을 일종의 게임이라고도 생각했다. 왜냐하면 듀이는 매달 다른 사람의 무릎에 앉았기 때문이다. 회원들은 이야기책 시간의 아이들처럼 웃으며 듀이를 자기 무릎에 앉히려고 애썼다.

"듀이는 요즘 딴 데 정신이 팔려 있어요." 내가 말했다. "토니가 도서관을 칠하기 시작한 뒤부터 듀이가 달라졌거든요. 하지만 여러분이 오신 걸 듀이가 알면……."

그때 마치 그 말을 들은 것처럼 듀이가 걸어 들어와 테이블 위로 펄쩍 뛰어오르더니 한 바퀴 돌기 시작했다.

"필요한 게 있으면 말씀하세요." 나는 회원들에게 그렇게 말하고는 도서관 본관 쪽으로 돌아왔다. 아무도 뭘 요구하는 사람이 없었다. 모두들 듀이에게 정신이 팔려 있었기 때문이었다.

"그건 불공평하잖아." 멀리서 회원들의 말소리가 들렸다. "당신 주머니에 참치가 들어 있는 거 아니야?"

3주 후 토니의 칠 작업이 끝났을 때 듀이는 완전히 다른 고양이가 되어 있었다. 아마 녀석은 진짜로 자기가 듀크라고 생각했는지도 모른다. 갑자기 듀이는 낮잠과 무릎만으로는 만족해하지 않았다. 듀이는 탐험하기를 원했고 가능하면 높은 곳으로 올라 다녔다. 특히 새로운 곳을 탐험하러 기어오르는 데 취미를 붙인 것 같았다. 우리는 이때를 유명한 산악인의 이름을 따서 에드먼드 힐러리 시기라고 불렀다. 듀이는 자기만의 에베레스트 정상에 오를 때까지 높이 오르는 것을 멈추지 않았고,

채 한 달이 되지 않아 최정상에 등극하고야 말았다.

"오늘 오전에 듀이 보셨어요?" 나는 안내 데스크에서 일하고 있던 오드리 휠러에게 물었다. "아침도 먹으러 오지 않았어요."

"저도 못 봤는데요."

"보면 말해줘요. 혹시 아프지는 않나 해서요."

5분이 지나 나는 오드리가 이 동네에서는 불경죄에 속하는 비명 소리를 지르는 것을 들었다. "오, 하느님 맙소사!"

그녀는 도서관 한복판에 서서 위쪽을 쳐다보고 있었다. 그리고 그곳에는 조명 위에 올라서서 우릴 내려다보고 있는 듀이가 있었다.

우리가 자길 올려다보는 것을 알아차리자 듀이는 얼른 머리를 집어넣었다. 녀석은 금세 보이질 않았다. 그러다 듀이는 조명등을 몇 미터 더 내려가서 머리를 내밀었다. 그러고는 다시 사라졌다가 또 조금 더 걸어 내려가 머리를 보였다. 듀이는 벌써 몇 시간째 그 위에 올라가 우리를 보고 있었던 것이다.

"어떻게 내려오게 하죠?"

"시청에 연락해야 하는 거 아닐까요?" 누군가가 제안했다.

"사다리를 갖다 달라고 해야 할 것 같아요."

나는 말했다. "기다려봅시다. 저 위에서 말썽을 피우는 것도 아니고, 기다리면 언젠가는 배가 고파서 내려오겠죠."

한 시간쯤 지났을까, 듀이는 늦은 아침을 먹고 입맛을 다시며 내 사무실로 통통 걸어 들어와 쓰다듬어달라고 무릎 위로 뛰어올랐다. 듀이는 분명 이 새로운 게임에 흥분한 상태였지만 오버하지 않으려 노력하

고 있었다. 듀이는 이 말이 너무나 하고 싶었던 것이다. '나 아까 어땠어요?'

"나는 아무말도 하지 않으련다, 듀이." 그러자 듀이는 고개를 갸우뚱하며 나를 바라보았다.

"정말이야."

'그래요? 난 이제 자러 갈래요. 완전히 흥미진진한 아침이었거든요.'

주변에 수소문해봤지만 어느 누구도 듀이가 내려오는 걸 봤다는 사람은 없었다. 우리는 몇 주 동안 계속 감시를 하고 나서야 그 방법을 알아낼 수 있었다. 듀이는 먼저 직원 휴게실의 빈 책상 위에 뛰어오른다. 그러곤 거기서 서류를 정리해 넣어두는 캐비닛 위로 뛰어오르고, 그곳을 발판으로 직원 휴게실을 둘러싸고 있는 임시 벽의 윗부분으로 길게 점프해서 스펜서의 역사가 수놓인 거대한 퀼트 뒤에 숨을 수가 있었다. 거기서 천장의 조명등까지는 약 1미터밖에 되지 않았다.

물론 우리는 가구의 배치를 바꿀 수도 있었지만, 일단 듀이가 천장에 마음을 뺏긴 이상 녀석이 너무 늙거나 관절이 부실해져 못 올라가는 상황을 제외하고는 말릴 수 없다는 걸 알고 있었다. 무엇인가가 존재한다는 것을 모를 때는 고양이를 말릴 수 있다. 하지만 그 뭔가를 손에 넣을 수 없음에도 그걸 꼭 가져야 되겠다고 마음먹는 순간부터는 말릴 수가 없는 게 고양이였다. 사실 고양이들은 게으르지 않다. 마음먹은 일을 하기 위해선 혼신의 힘을 다해 수고를 아끼지 않는다.

그뿐 아니라 듀이는 조명 위를 걸어다니는 것을 매우 좋아했다. 듀이는 이쪽 끝에서 저쪽 끝까지 왔다 갔다 하다가 맘에 드는 곳에서 멈추곤 했다. 그러고는 그곳에 드러누워 머리를 옆으로 늘어뜨리고 아래를 구경했다. 그런 듀이의 행동을 이용객들도 좋아했다. 듀이가 천장에서 돌아다닐 때면 사람들은 모두 시계추가 왔다 갔다 하듯 고개를 흔들며 듀이의 움직임을 시선으로 따라가곤 했다. 사람들은 듀이에게 말을 걸기도 했다. 듀이의 머리가 조명 끄트머리에서 살짝 보일 때 아이들에게 저곳에 듀이가 있다고 가르쳐주면 아이들은 흥분한 나머지 소리를 질렀고 곧이어 질문이 쏟아졌다.

"듀이는 저기서 뭐 하는 거예요?"

"저기엔 어떻게 올라갔어요?"

"왜 저기 올라갔나요?"

"저기에 올라가면 데이지 않나요?"

"떨어지면 어떡하죠? 죽는 거예요?"

"사람 위에 떨어지면 어떡하죠? 사람이 죽나요?"

듀이와 함께 천장에 올라갈 수 없다는 것을 깨달은 아이들은 듀이에게 내려오라고 애원했다.

"얘들아, 듀이는 저 위에 있는 걸 좋아한단다." 우리는 늘 설명을 해야만 했다. "듀이는 놀고 있는 거란다." 결국 어린이들도 듀이가 조명등 위에 있을 때는 듀이가 원할 때만 내려온다는 것을 이해하게 되었다. 듀이는 그 위에서 자기만의 천국을 발견한 것이다.

공식적인 리모델링은 1989년 7월에 이루어졌다. 왜냐하면 도서관은 7월이 가장 한가했기 때문이다. 아이들은 방학을 했기 때문에 단체 견학도 없었고, 비공식적으로 방과 후 어린이들을 맡아주는 탁아방 프로그램도 문을 닫았다. 동네의 한 세무사가 마을 안에 있는 창고 공간을 기증해주었다. 당시 스펜서 공공 도서관은 55개의 선반 유닛과 5만 권의 책, 6천 권의 잡지, 2천 개의 신문, 5천 개의 앨범과 카세트테이프, 천 권의 계보학 책과 바인더 등을 소장하고 있었다. 그 밖에도 프로젝터, 영화용 스크린, 텔레비전, 카메라(16밀리와 8밀리), 타자기, 책상, 테이블, 의자, 카드 카탈로그, 서류용 서랍장과 사무용품을 보유하고 있었다. 우리는 그 모든 것들에 숫자를 붙였다. 그리고 숫자는 색깔별로 분류를 해두어 창고의 어디로 가야 하는지와 도서관에 다시 진열할 때는 어디에 놓아야 하는지가 표시되어 있었다. 진 홀리스 클라크와 나는 새로운 파란색 카펫 위에 모든 테이블, 책상, 책장이 가야 할 곳을 분필로 그렸다. 책장이 1센티라도 잘못 놓이면 일꾼들은 배치를 다시 해야만 했다. 미국 장애인 법에 따라 정해진 복도의 너비를 엄격하게 지켜야 했기 때문이다. 만일 책장이 1센티라도 틀어지면 그다음 선반은 2센티가 틀어지고, 그러다 보면 휠체어가 통로 안쪽까지 들어갈 수 없게 된다.

많은 사람들이 함께 이사를 도왔다. 로터리 클럽은 책 빼내는 일을 도왔고, 골든 키와니스 클럽은 책을 다시 배치하는 일을 도왔다. 우리 마을 시내 개발 담당 관리자인 밥 로즈는 선반들을 옮겼고, 도리스 암스트롱의 남편 제리는 일주일 내내 110개의 새 강철 플레이트를 선반 양 끝에 볼트로 고정시켰다. 한 플레이트당 적어도 여섯 개 볼트가 들어갔음에도 그는 한 번도 불평하지 않았다. 온 마을이 우릴 도와주었다. 계보학 클럽과 도서관 이사회, 학교 선생님들, 부모들, 스펜서의 아홉 명의 도서관 후원회 회원들까지. 시내 상인들도 무료 음료와 간식을 제공하며 한몫씩 거들었다.

리모델링은 착착 진행되었다. 정확히 3주가 지난 뒤 할로윈 공포물 같았던 카펫은 보다 편안한 파란색으로 바뀌었고, 다채로운 색깔로 천갈이를 한 가구들이 새로 들어오게 되었다. 어린이 도서실에는 2인용 흔들의자를 배치해 어머니들이 함께 앉아 아이에게 편안히 책을 읽어 줄 수 있게 배려했다. 한편, 리모델링 와중에는 창고 안에서 18점의 그로스배너 판화와 일곱 점의 낡은 잉크 스케치도 발견했다. 액자를 끼워 넣을 돈이 없었기 때문에 마을 주민들이 각각의 판화를 하나씩 입양해서 자기 주머니를 털어 액자를 끼워주었다. 새롭게 배치, 진열된 선반들은 사람들의 시선을 좀 더 책으로 모아주었고, 알록달록하게 단장한 수천 권의 책들은 이용객들이 마음껏 구경하며 읽을 수 있도록 유혹했다.

새로 단장한 도서관을 축하하기 위해 쿠키와 차를 함께 제공하는 오픈 하우스 행사를 열기도 했다. 그날은 누구보다도 듀이가 가장 좋아했다. 3주 동안 우리 집에 갇혀 있었기 때문이었다. 듀이는 그 기간 동안 자신의 세상이 완전히 바뀐 것을 보게 되었다. 벽도 달라지고 카펫도 달라졌다. 모든 테이블과 의자, 책장의 위치가 달라졌다. 책도 길 건너 창고에 잠깐 다녀오는 바람에 예전과는 한결 다른 냄새를 풍겼다.

그러나 사람들이 도착하기 시작하자 듀이는 얼른 간식과 음료가 차려진 테이블 앞으로 뛰어나가 다시 중앙 무대를 차지했다. 도서관은 물론 변해 있었다. 그렇지만 듀이가 3주 동안 가장 다시 보고 싶었던 것은 사람들이었다. 녀석은 도서관 친구들과 떨어지는 것을 무척이나 싫어했다. 사람들도 듀이를 보고 싶어했다. 모든 사람들이 쿠키를 가지러 가는 길에 잠깐씩 멈추어 듀이를 쓰다듬었다. 몇몇은 듀이를 어깨에 걸치고 새롭게 진열된 책장 사이를 돌며 한 바퀴 구경을 시켜주었다. 혹은 그냥 듀이를 바라보고 웃으며 듀이를 화제로 이야기꽃을 피우는 사람들도 있었다. 도서관은 변했을지 모르지만 여전히 듀이는 왕으로 군림하고 있었다.

1987년 듀이가 우리 품으로 떨어진 그해부터 1989년 리모델링이 된 해 사이에 스펜서 도서관의 방문객 수는 연간 6만 3천 명에서 10만 명 이상으로 증가했다. 분명 무언가가 달라지기 시작했다. 사람들은 도서관에 대해 생각을 달리하기 시작했고, 더욱더 소중히 여기기 시작했다. 스펜서 주민들뿐만이 아니었다. 그해에 도서관 이용객의 19.4퍼센트는 클레이 카운티 일대에서 온 사람들이었다. 그리고 다른 18퍼센트는 주변 카운티에서 온 방문객들이있다. 이러한 수치를 놓고 볼 때, 누가 보아도 우리 도서관은 이 지역의 구심점이었다.

리모델링을 한 것도 당연히 도움이 되었을 것이다. 그리고 그랜드 애버뉴의 재활성화도 기여했을 것이고, 경기가 점차 살아났던 것과 직원들의 사기가 진작된 것, 이용객들에게 직접 찾아가는 여러 가지 프로그램과 오락 프로그램들도 기여했을 것이다. 그러나 새롭게 사람들을 꾸준히 끌어들이며 스펜서 도서관이 더 이상 창고가 아닌 모임의 장소가 되도록 만든 가장 큰 변화의 주역은 역시 듀이였다.

가출 사건

Chapter 14

스펜서 최고의 계절은 7월 말이다. 옥수수가 3미터 길이로 자라 황금빛과 초록색이 어우러져 매우 아름답다. 옥수수가 너무 높이 자라서 농부들은 법에 따라 도로가 90도 각도로 교차하는 지점으로부터 약 1.6 킬로미터 구간은 옥수수의 길이를 반으로 잘라야만 했다. 아이오와의 시골은 교차로가 상당히 많았지만 교통 신호는 충분치 않았다. 옥수숫대를 자르면 최소한 맞은편에서 오는 차는 볼 수 있었고, 그것이 농부들에게 큰 손해를 끼치지는 않았다. 왜냐하면 옥수수 열매는 옥수숫대의 꼭대기에 맺히는 게 아니라 중간쯤에서 열리기 때문이다.

아이오와의 여름에는 직장에서 태만하기 십상이다. 눈부신 녹색 풍경과 따뜻한 태양, 끝없이 펼쳐지는 평야. 그러한 자연의 향기를 맡기 위해 어느새 창문을 열어놓게 된다. 점심시간도 강가에서 보내고, 주말은 선더 다리 근처에서 보내기도 한다. 아이오와의 여름은 실내에만 처박혀 있기에는 참으로 힘든 계절이 아닐 수 없다.

"혹시 이곳이 천국인가?" 나는 매년 이렇게 말하고 싶다.

그리고 다시 나는 대답한다. "아니, 이곳은 아이오와야."

1989년 8월이 되자 리모델링 프로젝트도 끝이 났다. 방문객 수도 늘었고 직원들도 행복해했다. 듀이는 이제 우리 마을의 일원으로 받아들여졌을 뿐 아니라, 사람들을 도서관으로 끌어들이고 영감을 주는 존재가 되었다. 클레이 카운티 축제는 매년 열리는 가장 큰 행사로 9월에 열릴 예정이었고, 나도 석사 과정 도중에 한 달간은 쉴 수 있었다. 모든 것이 완벽해 보였다. 듀이만 제외한다면 말이다. 도서관의 영웅으로 언제나 행복했던 듀이가 어느 순간부터 변하기 시작한 것이다. 듀이는 갑자기 산만해지고 자주 깜짝깜짝 놀랐으며 종종 사고를 쳤다.

리모델링 기간 중에 우리 집에서 보낸 3주 동안 창문 밖으로 세상을 구경하며 보낸 것이 화근이었다. 우리 집에서는 밖으로 옥수수가 보이지는 않지만 새소리를 들을 수 있다. 또한 창문을 열어놓으면 살랑거리는 바깥바람도 느낄 수 있다. 대자연에서 고양이가 맡을 수 있는 냄새란 냄새는 무엇이든 간에 경험할 수 있었던 것이다. 이제 듀이는 활짝 열린 창문을 그리워했다. 도서관에도 창문은 있었지만 열리지는 않았다. 새 카펫 냄새는 맡을 수 있었지만 바깥 세계의 냄새는 쉽게 맡을 수 없었다. 트럭 소리는 들렸지만 새는 보이지 않았던 것이다. '어떻게 나한테 그렇게 멋진 광경을 보여주고선 이제 와서 그것을 빼앗아갈 수 있어요?' 푸념하는 듀이의 목소리가 들리는 듯했다.

스펜서 도서관의 현관문은 이중으로 되어 있었고, 그 중간에 작은 로비 공간이 있어 추운 겨울에는 최소한 두 개의 문 중 하나는 닫을 수 있도록 설계되었다. 지난 2년간 듀이는 그 로비를 아주 싫어했다. 그런데 우리 집에서 3주를 지내고 다시 돌아왔을 때부터는 그 공간을 좋아하기 시작했다. 일단 그 로비에서는 새소리를 들을 수 있었던 것이다. 그리고 바깥쪽 문이 열렸을 때는 신선한 공기를 맡을 수도 있었다. 오후 몇 시간 동안은 잠시 햇살도 들어오는 곳이었다. 듀이는 이따금 햇살이 비치는 곳을 찾아 자기가 원하는 것은 단지 새소리를 듣는 것인 양 앉아 있었다. 하지만 우리는 알고 있었다. 그 로비에서 시간을 보내면 보낼수록 듀이에겐 바깥문 너머의 세상이 점점 더 궁금해지리라는 것을 말이다.

"듀이, 이리 들어와!" 안내 데스크의 직원은 듀이가 손님을 따라 첫 번째 현관문을 나갈 때마다 소리를 쳤다. 듀이는 꼼짝할 수가 없었다. 안내 데스크는 로비를 바라보고 있었기 때문에 데스크 담당 직원은 항상 듀이를 볼 수 있었다. 그래서 듀이는 조금씩 말을 듣지 않기 시작했다. 특히 담당자가 조이 드윌일 때는 더 말을 듣지 않았다. 조이는 신참 직원으로서 우리들 중 가장 젊었고 유일한 미혼이었다. 조이가 부모님과 함께 사는 아파트에서는 애완동물을 키울 수 없었기 때문에 그녀는 듀이만 보면 마음이 약해졌다. 영악한 듀이는 그것을 잘 알고 있었기 때문에 어지간해서는 조이의 말을 듣지 않았다. 그래서 조이는 그런 일이 생길 때마다 나에게 뛰어왔다. 나는 듀이에게 엄마의 목소리였기 때문에 녀석은 내 말을 잘 들었다. 하지만 한번은 듀이가 심하게 반항을 했기 때문에 나는 협박까지 해야만 했다.

"듀이, 가서 물분무기 가져올까?"

듀이는 나를 물끄러미 바라보았다. 그러면 나는 등 뒤로 숨기고 있던 분무기를 보여주었다. 그리고 다른 한 손으로는 도서관으로 들어가는 문을 잡았다. 듀이는 얼른 안으로 들어왔다. 하지만 10분 후에는 다시 이런 소리가 들려왔다. "비키, 듀이가 또 로비에 나갔어요."

더는 참을 수 없었다. 오늘만 해도 세 번째였다. 이제는 엄하게 다루어야 할 때였다. 나는 사무실을 박차고 나가 최대한 무서운 엄마 목소리로 한껏 목청을 높이며 문을 확 열어젖혔다. "당장 들어오지 못하겠니, 이 녀석아!"

내 앞에는 20대 초반의 젊은이가 화들짝 놀라 표정으로 서 있었다. 그는 내 말이 끝나기도 전에 얼른 도서관 안으로 쌩하니 들어와선 얼른 잡지 깊숙이 코를 박았다. 그때 내가 얼마나 민망했는지 모른다. 어떻게 바로 코앞에 있는 젊은이를 보지 못했는지 생각하며 멍하니 서 있는데, 듀이는 마치 아무런 일도 없었던 것처럼 내 앞을 태연히 지나갔다. 녀석은 거의 웃고 있는 듯했다.

일주일이 지난 어느 날, 듀이는 아침 식사를 하러 오지 않았고 아무 데서도 찾을 수가 없었다. 물론 별로 이상한 일은 아니었다. 듀이가 숨을 곳은 많았기 때문이다. 현관문 앞 장식장 뒷벽에는 작은 구멍이 있었다. 연필깎이가 들어 있는 64개들이 크레용 박스 사이즈밖에 되지 않는 구멍이었다. 그리고 어린이 도서실에 있는 갈색 라운지용 소파에 숨을 때는 항상 꼬리가 삐죽 빠져나와 금방 들킬 수밖에 없었다. 어느 날 오후 조이는 서부 개척기 관련 서적 코너의 제일 아래 선반에서 책 정리를 하고 있었는데 놀랍게도 거기서 듀이가 툭 튀어나왔다. 도서관에서는 선반 양쪽을 이용해 책을 진열하는데, 책 두 줄 사이에는 항상 약 10센티 정도의 빈 공간을 남겨둔다. 이 책들 사이가 최상의 숨을 공간이었다. 그곳에선 빠르고 쉽게 감쪽같이 숨을 수 있었다. 그렇게 되면 듀이를 찾을 수 있는 방법이라곤 책을 이리저리 임의로 빼서 그 뒤의 공간을 들여다보는 수밖에 없었다. 별로 어려운 일이 아닌 것처럼 들릴지 모르지만, 스펜서 도서관에는 이런 책 선반이 4백 개 이상이나 있다. 이 책들 사이는 거대한 미로였고, 길고 좁다란 듀이만의 세상이었다.

듀이는 대개 서부 개척기 코너의 제일 아래 선반을 좋아했다. 그러나 이번에는 아니었다. 갈색 소파에도 없었고 벽에 난 구멍에도 없었다. 천장의 조명 기구에서 내려다보는 모습도 보이지 않았고, 혹시 화장실에 갇혀 있나 싶어 화장실 문도 모두 열어보았으나 그곳도 아니었다. 그날 아침에는 그 어디에서도 듀이를 볼 수 없었다.

"혹시 듀이 본 사람 있어요?"

아니요. 아뇨. 못 봤는데요. 없어요. 목격자는 한 명도 없었다.

"어제 누가 문을 잠그고 갔죠?"

"저요." 조이가 말했다. "그때는 분명히 있었어요." 조이는 듀이를 챙기지 않고 문을 닫아버릴 사람이 절대 아니었다. 직원들 중에 나를 제외하고는 유일하게 밤늦게까지 듀이와 숨바꼭질을 해주는 사람이었기 때문이다.

"좋아요. 그럼 건물 안에 있겠지요. 새로 숨을 곳을 찾았나 봅니다."

그러나 내가 점심을 먹고 돌아왔을 때에도 듀이는 나타나지 않았다. 음식에 손을 댄 흔적도 없었다. 그때부터 나는 걱정되기 시작했다.

"듀이는 어딨어요?" 한 손님이 물었다.

아직 이른 오후였으나, 벌써 그 질문을 스무 번 이상이나 받았다. 나는 직원들에게 말해두었다. "손님들한테는 듀이가 기분이 좋지 않다고 말해줘요. 걱정하게 할 필요는 없으니까." 곧 나타날 거야. 나는 확신했다.

그날 밤 나는 집으로 곧장 가지 않고 도서관 부근을 30분간 차를 타고 돌아보았다. 털이 복슬복슬한 오렌지색 고양이가 거리를 돌아다니는 장면을 볼 수 있을 거라 기대한 것은 아니었지만, 그래도 혹시나 해서였다. 이런 생각도 들었다. 혹시 다친 게 아닐까? 날 필요로 하는데 내가 못 찾으면 어떡하지? 듀이가 얼마나 실망하겠어. 그러나 듀이가 죽지는 않았을 거라 나는 확신했다. 녀석은 너무나 건강했기 때문이다. 또한 도망간 것도 아닐 것이다. 그럼에도 불구하고 자꾸 불길한 생각이 들었다.

다음 날 아침에도 듀이는 현관에서 나를 기다리고 있지 않았다. 내가 도서관에 들어갔을 때는 마치 도서관 전체가 죽은 것 같았다. 밖의 기온이 영상 30도를 웃도는 날씨였는데도 등골이 오싹했다. 뭔가 잘못된 게 분명했다. 나는 직원들에게 이야기했다. "모두 다 함께 찾아봅시다."

우리는 모든 곳을 뒤졌다. 수납장과 서랍장을 열어보았고, 선반에서 책을 빼내며 듀이가 그 뒤에 있기를 바랐다. 벽장 뒤에도 플래시 라이트를 비춰보았다. 몇몇은 벽 선반을 한 뼘 정도 벽으로부터 떼어내어 들여다보기도 했다. 듀이가 혼자 돌아다니다가 떨어져서 그 뒤에 끼여 있을 수도 있었기 때문이다. 듀이는 둔한 고양이가 아니었지만 비상시에는 모든 가능성을 고려해야만 했다.

그래, 야간 경비원! 갑자기 그 생각이 벼락 치듯 머리에 떠올랐다. 나는 전화기를 들었다. "버질, 안녕하세요. 도서관의 비키예요. 혹시 어젯밤에 듀이 보셨어요?"

"누구요?"

"듀이요. 우리 고양이요."

"아니요, 못 봤습니다."

"혹시 고양이가 잘못 먹고 탈 날 물건은 근처에 없었나요? 예를 들어 청소액 같은 것 말이에요."

그가 잠시 뜸을 들이더니 말했다. "그런 건 없었던 것 같은데요."

나는 그러고 싶지 않았지만 조금 더 물어봐야 했다. "그럼 혹시 문을 열어놓은 적은 있었나요?"

그는 그 대목에서 꽤 머뭇거렸다. "쓰레기를 들고 나가기 위해 뒷문을 잠시 열어놓기는 했어요."

"얼마나요?"

"한 5분 정도요."

"혹시 이틀 전에도 열어두셨나요?"

"매일 밤 잠깐씩은 열어두는걸요."

가슴이 철렁했다. 그거였구나. 듀이가 처음부터 열린 문으로 마구 뛰어나가진 않았겠지만, 몇 주 동안 생각을 해보고는 살짝 밖을 내다보고 바깥공기 냄새를 맡을 수 있었다면······.

"왜 그러세요? 고양이가 도망간 것 같아요?"

"예, 버질. 그런 것 같아요." 나는 직원들에게 이 소식을 알렸다. 어떤 소식이든 사기 진작에 도움이 될 판이었다. 우리는 조를 짜서 두 사람은 도서관을 지키고 나머지는 듀이를 찾으러 나갔다. 단골 고객들도 그제야 뭔가 이상하다는 것을 눈치 챘다.

"듀이는 어디 있어요?" 사람들은 처음에는 궁금해서 물어왔지만 나중에는 걱정이 돼서 묻기 시작했다. 대다수의 손님들에게는 아무 문제가 없다고 이야기했지만, 단골 이용객들에게는 살짝 알렸다. 듀이가 없어졌어요. 이윽고 10여 명의 이용객들도 도서관 주변 길거리를 뒤지기 시작했다. "저 사람들 좀 봐. 다들 듀이에 대한 사랑이 각별하잖아? 곧 찾을 수 있을 거야." 나는 스스로에게 반복해서 주문을 걸었다.

하지만 내가 틀렸다. 나는 점심시간 내내 거리를 헤매며 우리 고양이를 찾았다. 듀이는 도서관에서 곱게 자라왔다. 녀석은 생존을 위한 투쟁을 할 줄 모르는 고양이였다. 입맛도 까다로웠다. 그러니 어떻게 밖에서 살 수 있겠는가?

물론 낯선 사람들이 돌봐줄 수도 있을 것이다. 듀이는 사람을 신뢰했다. 따라서 위급한 상황이라면 사람들에게 도움을 청했을 것이다.

나는 도서관 뒷골목에 뒷문을 두고 있는 폰리 꽃집의 폰리 씨를 찾아갔다. 그도 듀이를 보지 못했다고 했다. 사진관의 릭 크렙스바크도 모른다고 말했다. 나는 마을의 모든 수의사에게 전화를 걸었다. 우리 동네에는 동물 보호소가 없기 때문에 누군가가 길 잃은 고양이를 찾았다면 수의사에게 데리고 갔을 수도 있었다. 만약 그 고양이가 누군지 몰랐다면 말이다. 나는 수의사들에게 말했다. "누가 듀이처럼 생긴 고양이를 데려온다면 그건 듀이예요. 듀이가 도망간 것 같아요."

나는 나 자신에게 말했다. "모든 사람들이 듀이를 알잖아. 모든 사람들이 듀이를 사랑해. 만약 누군가가 듀이를 찾는다면 반드시 도서관에 데려다 줄 거야." 나는 이런 말로 스스로를 달랬다.

나는 듀이가 사라졌다는 소식을 널리 알리고 싶지 않았다. 듀이를 사랑하는 너무나 많은 어린이들이 있었고, 특히 특수 교육 아동들도 많았다. 세상에, 크리스털은 어찌하란 말인가? 나는 아이들이 걱정하게 하고 싶지 않았다. 그리고 듀이가 돌아올 것을 굳게 믿었다.

셋째 날 아침에도 듀이가 현관문 앞에서 나를 기다리지 않게 되자 속이 뒤집히는 것 같았다. 내 마음속 깊은 곳에는 그날만큼은 제발 듀이가 거기에 앉아 있었으면 하는 기대감이 가득했다. 듀이가 그곳에 없었을 때 나는 절망했다. 듀이가 없다! 듀이가 죽었을 수도 있다! 듀이가 다시는 돌아올 수 없을지도 모른다는 것을 그제야 실감했다. 나는 듀이가 중요하다는 것은 알고 있었지만 그 순간이 되어서야 듀이가 떠나면 우리 마음에 얼마나 큰 구멍이 뚫릴 것인지 실감하게 되었다. 스펜서 사람들에게 듀이는 곧 도서관이었다. 어떻게 듀이 없이 살 수 있을까.

조디가 세 살 때 나는 맨카토 쇼핑몰에서 조디를 잃어버린 적이 있었다. 문득 발밑을 내려다 보니 딸이 없어진 것이었다. 순간 심장이 내 목까지 치솟아 올라 숨이 턱 막혀버리는 것 같았다. 딸을 찾을 수 없게 되자 나는 크게 당황했다. 우리 아기, 우리 아기. 나는 생각도 제대로 할 수 없었다. 옷걸이에 걸린 옷들을 마구 헤집고 들춰보며 모든 상점을 미친 듯이 뒤졌다. 결국 조디가 어떤 둥그런 옷걸이의 가운데에 숨어 있는 걸 발견했다. 조디는 아까부터 그곳에 있었던 것이다. 그러나 조디가 사라졌다고 생각했을 때 나는 그 자리에서 죽을 것만 같았다.

그때 내 기분이 그랬다. 나는 듀이가 단순히 도서관 고양이가 아니라는 것을 깨달았다. 나의 슬픔은 스펜서를 위한 것도, 도서관을 위한 것도, 아이들을 위한 것도 아니었다. 나 자신을 위한 것이었다. 듀이는 도서관에서 살지는 모르지만 내 고양이였다. 내가 사랑하는 고양이였다. 나는 듀이를 사랑했다. 말로만이 아니었다. 듀이의 어떠한 면을 사랑하는 것이 아니라, 그냥 듀이 자체를 사랑했다. 그러나 내 아기, 우리 아들 듀이는 사라지고 없었다.

도서관 분위기는 침울했다. 어제까지만 해도 희망이 있었다. 시간이 지나면 나타날 거라 생각했다. 그러나 이제는 정말 듀이가 돌아오지 않을 수도 있다는 생각이 들기 시작했다. 계속 찾고는 있었지만 찾아볼 수 있는 곳은 이미 다 찾아보았기 때문에 이젠 다른 대안이 없었다. 나는 가만히 앉아서 어떻게 이 소식을 마을에 알려야 하나 고민했다. 라디오 방송국에 전화할 수도 있을 것이다. 스펜서 라디오 방송국은 지역 정보의 중심지였다. 방송국에서는 즉시 발표할 것이다. 일단 오렌지색 고양이라고만 하고 이름은 밝히지 않으면 된다. 그러면 어른들은 알아들을 것이고, 아이들이 알아챌 때까지 시간을 벌 수 있을지도 모른다.

"비키!"

그다음은 신문사다. 분명 내일 아침이면 기사가 실릴 것이다. 누군가가 듀이를 보호하고 있을지도 모른다.

"비키!"

전단을 뿌려볼까? 아니면 보상금을 걸어볼까?

"비키!"

그래봤자 무슨 소용일까? 듀이는 가버렸다. 듀이가 여기 있다면 벌써 찾았을 것이다…….

"비키! 누가 왔나 보세요."

그 소리에 내가 멍하니 문밖으로 고개를 내밀어보니, 커다란 오렌지색의 내 친구가 진 홀리스 클라크의 품에 안겨 있었다. 나는 얼른 달려가 듀이를 꼭 껴안았다. 녀석은 자신의 머리를 내 가슴에 기댔다. 둥그런 옷걸이 안에서, 바로 내 코밑에서, 내 자식이 다시 나타난 것이다!

"오, 우리 아기, 우리 아기. 너, 다시는 절대 그러면 안 돼."

나는 듀이에게 굳이 이렇게 확답을 받아낼 필요가 없었다. 상황이 장난이 아니란 것을 금세 알 수 있었기 때문에 듀이는 우리가 처음 만난 그날 아침처럼 안도의 소리를 내고 있었다. 나를 만나 너무 행복하고 내 품 안에 있어 너무 감사하다는 뜻이었다. 듀이는 행복해 보였다. 그러나 나는 녀석을 잘 알고 있었다. 듀이는 그러는 와중에도 뼛속 깊이 떨고 있었다.

"그랜드 애버뉴에 있는 한 자동차 밑에서 찾았어요." 진이 말했다.

"화이트 약국에 가는 길이었는데, 오렌지색 물체가 잠시 보이지 뭐예요."

나는 듣고 있지도 않았다. 이후 며칠 동안에도 여러 번 듀이를 찾게 된 경위를 반복해서 듣게 되었지만, 그 순간만큼은 듣고 있지 않았다. 내 눈과 귀는 온통 듀이에게 쏠려 있었다.

"듀이는 자동차 바깥쪽 바퀴 뒤에 숨어 있었어요. 내가 불렀지만 나오지 않더라고요. 도망치고 싶어하는 것처럼 보였는데, 너무 겁이 났나 봐요. 계속 거기에 있었던 것 같아요. 정말 믿기 힘들죠? 모든 사람들이 찾아다녔잖아요. 듀이는 그 밑에 계속 있었나 봐요."

이제는 다른 직원들도 우리를 둘러쌌다. 모두들 듀이를 안아보고 껴안고 싶어했지만 나는 듀이를 놓지 않았다.

"애를 뭔가 좀 먹여야 되겠어요"라고 말하자 누군가가 새로 고양이 캔 하나를 땄다. 그리고 듀이가 그것을 허겁지겁 먹는 모습을 다 같이 지켜보았다. 녀석은 며칠 동안 아무것도 먹지 못한 게 분명했다.

그렇게 듀이가 밥을 먹고 물을 마시고 화장실을 다녀온 다음에야 나는 다른 직원들이 듀이를 만질 수 있게 해주었다. 돌아온 영웅이 승리의 행진을 벌이듯 듀이는 이 손에서 저 손으로 옮겨 다녔다. 모든 직원이 듀이의 귀환을 축하해준 다음에는 다른 이용객들에게도 듀이를 보여주었다. 대다수의 사람들은 무슨 일이 일어났는지 모르고 있었지만, 몇몇은 눈시울을 적셨다. 듀이, 우리의 탕아가 떠났다가 다시 돌아온 것이다. 사랑하는 사람을 잃어버렸을 때, 사랑하는 마음이 더 절실해지는 법이던가.

그날 오후 나는 듀이를 목욕시켰다. 녀석은 그 옛날 추운 1월의 아침처럼 잘 참아주었다. 듀이는 자동차 기름을 뒤집어쓰고 있어서 몇 개월이 지나서야 털이 완전히 깨끗해졌다. 녀석은 한쪽 귀가 찢겨 있었고 콧등이 긁혀 있었다. 나는 최대한 부드럽게 사랑을 담아 씻겼다. 다른 고양이가 이렇게 만들었을까? 철사 같은 것에 긁혔을까? 자동차 밑에서 다친 건가? 나는 찢어진 듀이의 귀를 내 손가락 사이에 넣고 비볐다. 아플 텐데도 듀이는 꿈쩍도 하지 않았다. 밖에서 무슨 일이 있었니? 나는 녀석에게 묻고 싶었다. 그러나 우리 둘은 벌써 서로를 이해하고 있었다. 이 사건에 대해서는 앞으로 두 번 다시 이야기하지 않기로 약속했다.

수년이 흐르고 난 뒤 나는 도서관 이사회 회의 도중에 옆문 하나를 열어두는 습관이 생겼다. 이사회 회원인 캐시 그레이너는 매번 나에게 물었다. "그러다 듀이가 뛰어나갈까 봐 걱정되진 않으세요?"

나는 언제나처럼 회의에 참석하기 위해 곁에 와 있는 듀이를 내려다보았고, 듀이는 나를 올려다보았다. 그 눈길은 마치 녀석이 나에게 손가락을 걸고 맹세한 것처럼 명백하게 말하고 있었다. 듀이는 절대 뛰어나가지 않을 것이다. 왜 다른 사람들은 그것을 알지 못할까?

"애는 도망가지 않아요." 나는 말했다. "워낙 도서관에 헌신적이거든요."

정말 그랬다. 그 사건 이후 16년 동안 듀이는 두 번 다시 로비 쪽으로 나가지 않았다. 아침에는 현관 앞에서 시간을 보냈지만 절대로 이용객을 따라 밖으로 나가지는 않았다. 문이 열리고 트럭 지나가는 소리라도 들릴 때면, 듀이는 얼른 직원 휴게실로 뛰어들어왔다. 듀이는 지나가는 트럭 근처에도 가고 싶어하지 않았다. 듀이와 바깥세상의 인연은 그렇게 완전히 끝이 났다.

올해의 포토제닉

◆ Chapter 15 ◆

듀이의 탈출 사건이 있은 지 한 달 뒤에 조디는 스펜서를 떠났다. 나는 조디를 대학에 보낼 여유가 없었고, 그애는 더 이상 집에 머물고 싶어하지 않았다. 조디는 여행을 원했기 때문에 캘리포니아에 가서 보모로 일하며 대학 갈 돈을 모으기로 했다. 물론 캘리포니아가 엄마의 집에서 멀리 떨어져 있다는 점도 그 결정에 어느 정도 영향을 미쳤을 것이다.

나는 조디가 떠나기 전 마지막 주말에 듀이를 집으로 데리고 왔다. 언제나처럼 듀이는 자석처럼 조디 곁에 붙어 있었다. 내가 보기에 듀이는 조디와 보내는 저녁 시간을 제일 좋아했던 것 같다. 조디가 이불을

젖히자마자 듀이는 이미 침대 안에 들어가 있었다. 녀석은 실제로 조디
보다 늘 먼저 침대에 들어갔다. 조디가 이를 닦고 돌아오면 듀이는 벌
써 누울 만반의 채비를 하고는 그녀의 베개 근처에 앉아 있었다. 그날
도 조디가 눕자마자 듀이는 딸애의 얼굴에 들러붙었다. 조디는 숨도 쉴
수 없었다. 그래서 듀이를 이불 속으로 밀어 넣었다. 하지만 녀석은 다
시 올라왔다. 밀어 넣으면 다시 올라오고, 다시 밀어 넣으면 이번에는
목에 걸쳐서 드러눕고.

"듀이, 밑에 좀 있어라."

듀이는 결국 포기하고서 조디 옆에 누워 그애의 엉덩이에 달라붙어
잠을 잤다. 조디는 숨은 쉴 수 있었지만, 듀이 때문에 몸을 뒤척일 수는
없었다. 딸애가 영원히 집을 떠난다는 것을 듀이도 알고 있었을까? 듀
이는 나와 잘 때는 밤새 들락날락거리며 집 안을 탐험하기도 하고, 그
러다가 내 곁에 붙어 자기도 했다. 그러나 조디와 잘 때는 설내 조디의
곁을 떠나지 않았다. 때로는 이불 밑으로 들어가 조디의 발에 장난을
치기도 했지만, 그보다 더 멀리 떨어지려 하지는 않았다. 조디는 결국
그날 밤 한숨도 잘 수가 없었다.

다음번에 듀이가 우리 집에 왔을 땐 조디가 떠나고 난 뒤였다. 그럼
에도 듀이는 조디와 좀 더 가까이 있을 수 있는 방법을 찾아냈다. 조디
방에 있는 난방기 옆 바닥에 앉아 그애 옆에 몸을 말고 보냈던 따뜻한
여름밤을 꿈꾸며 밤새 그 방에서 지냈던 것이다.

"나도 안다, 듀이야." 나는 말했다. "나도 그 맘 알아."

한 달 후 나는 첫 공식 사진을 찍으러 듀이를 사진관에 데리고 갔다.

내 인생이 변하고 있었기에 그 순간을 멈춰놓고 싶은 감상적 이유에서라거나, 혹은 우리가 상상하지 못한 듀이의 더 큰 여정이 이제 막 시작되려 했음을 예감했기 때문이라 말하고 싶다. 하지만 실은 단지 쿠폰 때문이었다. 우리 마을의 사진사 릭 크렙스바크가 10달러에 애완동물 사진을 찍어주는 쿠폰 이벤트를 하고 있었기 때문이다.

듀이는 너무 순한 고양이여서 전문 사진 스튜디오에서 제대로 된 사진을 찍는 것이 쉬운 일일 거라고 나는 생각했다. 그러나 듀이는 스튜디오를 싫어했다. 들어간 순간부터 고개가 마구 돌아가고 눈으로 모든 것을 탐색했다. 듀이를 의자에 내려놓자 녀석은 금세 의자에서 내려왔다. 나는 듀이를 잡아 다시 의자에 앉혔다. 내가 뒤로 한 걸음 물러나자 듀이는 다시 사라졌다.

"긴장했나 봐요. 도서관 밖으로 많이 나가본 적이 없어서요."

나는 듀이가 사진 배경의 냄새를 맡는 것을 보며 말했다. 그러자 릭이 말했다. "이건 아무것도 아닙니다."

"애완동물 사진 찍기가 쉽지 않은가 봐요?"

"쉽지 않은 정도가 아니죠." 그는 듀이가 쿠션 밑으로 머리를 집어넣는 것을 보며 말했다. "어떤 강아지는 카메라를 먹으려고 한 적도 있어요. 또 한 마리는 실제로 조화를 뜯어 먹기도 했지요. 지금 생각해보니 그걸 저 쿠션 위에다 토했던 것 같아요."

나는 얼른 듀이를 안아 올렸다. 그러나 내가 안아도 듀이는 좀처럼 진정되지 않았다. 듀이는 여전히 사방을 둘러보고 있었는데, 호기심보다는 긴장 때문인 것 같았다.

"불행하게도 실례를 하는 경우도 많답니다. 시트 하나를 갖다 버리기도 했어요. 물론 모든 걸 다 소독합니다. 하지만 듀이 같은 동물의 입장에서 보면 이곳은 동물원만큼이나 불쾌한 냄새가 진동하는 곳일 겁니다."

"애는 다른 동물들을 잘 못 봐서요." 하지만 꼭 그런 것은 아니라는 걸 알고 있었다. 듀이는 다른 동물에게는 관심이 없었다. 도서관에 시각 장애인들과 함께 오는 안내견도 듀이는 항상 무시했다. 달마시안도 무시하곤 했다. 그러니 그 순간엔 무섭다기보다는 혼란스러워하는 것 같았다. "도서관에서는 무엇을 해야 하는지 정확히 알고 있지만, 이곳에서는 뭘 해야 하는지 잘 몰라서 그래요."

"그럼 천천히 합시다."

문득 생각이 떠올랐다. "듀이에게 카메라를 보여줘도 될까요?"

"그게 도움이 된다면 보여줘야죠."

듀이는 도서관에서 사진을 찍을 때 항상 포즈를 취했다. 하지만 그건 개인용 카메라였다. 릭의 카메라는 커다랗고 상자처럼 생긴 전문가용이었다. 듀이는 이런 카메라를 처음 보았지만 모든 것을 항상 빨리 배우는 편이었다. "듀이야, 이건 카메라야. 카메라. 여기서 네 사진을 찍는 거란다."

듀이는 렌즈 냄새를 맡아보았다. 그러고선 뒤로 한 발 물러나 렌즈를 들여다보고는 다시 냄새를 맡았다. 나는 듀이가 긴장 푸는 것을 느낄 수 있었고, 녀석이 현재의 상황을 이해했다는 것을 알았다.

나는 의자를 가리켰다. "의자. 의자에 앉아."

그리고 듀이를 내려놓았다. 듀이는 의자 다리의 냄새를 위아래로 맡아보더니, 앉을 곳은 두 번 냄새를 맡았다. 그러고는 의자 위에 뛰어올라 카메라를 똑바로 쳐다보는 것이었다. 릭이 서둘러 여섯 장의 사진을 찍었다.

"믿을 수가 없어요." 듀이가 의자에서 내려오자 그가 말했다.

릭에게 말하고 싶지는 않았지만, 우리는 항상 이런 식이었다. 듀이와 나는 나 자신도 잘 이해할 수 없는 소통 방식이 있었다. 듀이는 내가 뭘 원하는지 언제나 알고 있는 것 같았다. 그러나 불행히도 내가 하는 말에 늘 복종하는 것은 아니었다. 머리 빗자, 목욕하자, 라는 말은 입 밖으로 꺼내지 않고 생각만 하고 있어도 어느샌가 듀이는 사라지고 없었으니까. 문득 어느 날 오후 도서관에서 듀이랑 마주쳤던 기억이 난다. 듀이는 여느 때처럼 게으르고 무심한 표정으로 나를 올려다보았다. '안녕, 오늘은 어때요?'

나는 그때 잠시나마 '어, 듀이 목덜미에 털이 두 군데 뭉쳤네. 가위를 가져와서 잘라내야겠다'라고 머릿속으로 생각했을 뿐이었는데, 듀이는 휙 하고 사라져버렸다.

하지만 듀이의 도서관 탈출 사건 이후 녀석은 자신의 그러한 독심술을 나쁜 짓이 아니라 좋은 일에 사용하고 있었다. 내가 뭘 원하는지 예견할 뿐만 아니라 행동으로도 옮기곤 했던 것이다. 물론 털을 빗기거나 목욕을 해야 되는 일은 예외였지만, 도서관 일이라면 듀이는 말을 잘 들었다. 때문에 자기 사진을 찍는 데에도 열심히 응해준 것이었다. 듀이는 도서관을 위한 일이라면 뭐든 하려 했다.

"도서관을 위한 것인 줄 알고 있거든요." 하지만 릭은 믿는 눈치가 아니었다. 고양이가 여기서 도서관 일을 어떻게 안단 말인가? 도서관과 사진관은 한 블록이나 떨어져 있는데 어떻게 고양이가 여기서 도서관을 떠올릴 수 있겠느냐는 것이다. 하지만 그것은 사실이었고, 나는 확신했다.

나는 듀이를 안고 양쪽 귀 사이, 듀이가 좋아하는 머리 부분을 쓰다듬어주었다. "얘는 카메라가 뭔지 알고 있거든요. 그래서 무서워하지 않아요."

"전에도 이렇게 포즈를 취한 적이 있나요?"

"일주일에 두세 번은 하죠. 방문객들을 위해서요. 듀이도 너무 좋아해요."

"그건 전혀 고양이답지 않은데요."

듀이가 여느 고양이 같지 않다는 말을 해주고 싶었지만, 릭은 지난주부터 내내 애완동물의 사진을 찍고 있었다. 그러니 아마 그런 이야기는 주인들로부터 벌써 수백 번 들었을 것이다.

그러나 그날 릭이 찍은 듀이의 공식 사진을 보면, 듀이가 보통 고양이가 아니라는 것쯤은 누구나 쉽게 알 수 있었다. 물론 듀이는 그 자체로 아름다웠다. 하지만 그보다 더 중요한 것은 듀이가 너무나 편안해 보인다는 것이었다. 듀이는 카메라를 두려워하지 않았고, 모든 상황을 정확히 알고 있었다. 눈은 크고 분명하게 뜨고 있었고, 털도 완벽하게 손질되어 있었다. 듀이는 새끼 고양이처럼 보이지는 않았지만 완전히 다 자란 고양이처럼 보이지도 않았다. 듀이는 사람으로 치면 대학 졸업

사진을 찍는 청년이나 또는 첫 출항을 앞두고 여자친구를 위해 기념사진을 찍는 젊은 뱃사람 같았다. 듀이의 몸은 놀라울 정도로 꼿꼿했고, 머리는 살짝 옆으로 기울어 있었으며, 눈은 침착하게 카메라를 들여다보고 있었다. 나는 이 사진을 볼 때마다 웃곤 했는데, 듀이가 너무 진지한 모습으로 찍힌 감도 없잖아 있기 때문이다. 마치 본인은 힘세고 핸섬하게 보이려고 애서 노력하고 있는데, 듀이의 외모가 너무 귀여워 의도한 대로 찍히지 않은 것 같아서였다.

완성된 사진을 받고 나서 며칠 뒤, 월마트나 K마트 같은 대형 체인 마트인 샵코에서 자선 모금을 위해 애완동물 사진 콘테스트가 열린다는 소식을 들었다. 1달러를 내고 투표를 하면 그 돈은 근육위축증 환자를 위해 쓰인다는 것이었다. 스펜서다운 행사였다. 마을에서는 항상 여러 가지 좋은 일을 위한 모금 행사가 있었고, 주민들은 열심히 참여했다. 우리 지역 라디오 방송국인 KCID는 이러한 행사를 언제나 홍보해주었다. 신문도 각종 행사에 대한 기사를 실었다. 참여율은 매우 높은 편이었다. 스펜서는 돈을 쌓아놓고 사는 곳이 아니었지만, 누군가가 도움이 필요할 때는 모두가 기꺼이 나섰다. 그것이 스펜서의 시민정신이다.

나는 충동적으로 듀이 사진을 콘테스트에 응모했다. 그 사진은 도서관 홍보 목적으로 찍은 사진이었으니 도서관의 특별한 면모를 홍보할 좋은 기회가 아닐까 하는 생각도 들었다.

몇 주 후 샵코가 엄선한 열 몇 개의 고양이와 강아지 사진이 마트 앞에 전시되었다. 마을 사람들은 투표를 했고, 결국 듀이가 압도적인 차이로 우승을 했다. 듀이는 투표자 중 80퍼센트의 표를 얻었는데 2위보다 일곱 배나 많은 표였다. 놀라지 않을 수 없었다. 샵코로부터 투표 결과를 전화로 전달받았을 때에는 조금 민망하기까지 했다.

듀이가 압도적인 표차로 이긴 이유 중 하나는 사진의 강한 느낌 때문이었다. 듀이는 똑바로 렌즈를 쳐다보며 자기를 봐달라고 요구하는 것 같았다. 약간 위엄 있는 포즈를 취하긴 했지만, 사람의 마음에 와 닿는 표정을 짓고 있었다. 또 한 가지 이유는 듀이의 외양이었다. 듀이는 1950년대의 영화배우처럼 세련되고 쿨해 보였다. 일단 너무 잘생겨 보였기에 눈이 가지 않을 수가 없었다.

다른 한 가지 이유는 듀이의 성격이었다. 사진 속의 대다수 고양이는 지나치게 무서워하거나, 매우 뻣뻣해 보이거나, 또는 그 모든 과정 전체가 못마땅한 듯한 표정을 짓고 있었고, 대개의 경우에는 세 가지 느낌이 다 표출되기도 했다. 개들은 미친 듯이 이리저리 뛰어다니며 주위에 있는 모든 물건들을 넘어뜨리고 몸에 전깃줄이 칭칭 감길 때까지 난리를 치다 급기야 카메라를 잡아먹을 것만 같은 모습이었다. 오직 듀이만이 침착해 보였다.

하지만 듀이가 콘테스트에서 우승한 가장 큰 이유는 온 마을이 듀이를 입양했기 때문이었다. 내가 처음으로 깨달은 것은, 비단 도서관을 정기적으로 이용하는 사람들뿐 아니라 온 마을이 듀이를 받아들였다는 점이었다. 내가 보지 못하는 동안, 학교와 리모델링과 조디 때문에 정신이 다른 곳에 팔려 있는 동안, 듀이는 조용히 자신의 마술과 같은 매력으로 사람들을 사로잡고 있었다. 듀이가 어떻게 구출되었는가 하는 사연뿐 아니라 듀이의 삶과 인연에 대한 이야기들이 사람들 마음의 틈새를 비집고 들어가 자리를 잡았던 것이다. 듀이는 이제 단순히 도서관의 고양이가 아니라 스펜서의 고양이였다. 이 고양이는 영감의 원천이요, 친구요, 생존자였다. 듀이는 우리 중 하나였고, 또 동시에 그는 우리 모두의 것이었다.

듀이가 마스코트였냐고? 아니다. 그럼 듀이가 마을의 이미지를 바꿔놓았느냐고? 그건 절대적으로 그랬다. 물론 모든 사람에게는 아닐지 모르지만 다수에게 영향을 미친 것은 확실하다. 듀이는 다시 한번 우리 마을이 여느 마을과 다르다는 사실을 상기시켜주었다. 이곳은 서로를 보살피는 마을이다. 스펜서는 작은 것의 소중함을 알고 있었고 인생은 양보다 질이 중요하다는 것을 이해하는 마을이다. 듀이는 아이오와 평원의 이 작고 야무진 마을을 사랑해야 하는 또 하나의 이유였다. 스펜서에 대한 사랑, 듀이에 대한 사랑. 이 모든 것이 마을 사람들의 마음에는 하나로 뒤섞여 있었다.

스타 탄생

Chapter 16

이제 와 돌이켜보면 듀이의 탈출은 일종의 전환점이었다. 젊음의 마지막 소동이었다고나 할까. 그 이후 듀이는 자신의 삶에 매우 만족해했다. 스펜서 도서관에 사는 고양이로, 사람들의 친구로, 속내를 털어놓을 수 있는 대상으로, 도서관의 홍보대사로 지내는 것에 만족해했다. 듀이는 새로운 열의를 가지고 사람들을 맞이했다.

듀이는 도서관의 모든 사람들이 자기를 볼 수 있도록 성인용 논픽션 코너 쪽에서 자유자재로 노니는 방법을 완벽하게 터득했다. 그곳은 사람들이 가장 많이 지나다니면서도 밟힐 걱정이 없을 만큼 충분한 공간이 있는 곳이었다. 사색적인 분위기를 연출할 때면, 듀이는 배를 깔고 앉아 고개를 들고서 두 앞발을 편하게 엑스(X)자로 놓았다. 우리는 이 자세를 '부처님 포즈'라고 불렀다. 듀이는 이런 자세로 세상의 평화를 얻은 작고 통통한 부처님처럼 한 시간도 넘게 가만히 앉아 있을 수 있었다. 듀이가 좋아하는 또 다른 자세는 바닥에 누워 배를 하늘로 향한 채 팔다리를 사방으로 늘어뜨리고 있는 것이다. 이때 몸은 완전히 긴장을 풀고 흐물흐물해진다.

앞만 보고 달리는 것을 잠시 멈추고서 느긋하게 걷기 시작하면, 놀랍게도 온 세상은 당신에게 다가오게 되어 있다. 온 세상까지는 아니라 하더라도 최소한 아이오와만큼은 당신 앞으로 오도록 할 수 있다. 샵코의 사진 콘테스트 직후, 듀이는 아이오와 주 최대 규모의 신문인 『디모인 레지스터』에 연재되는 '아이오와 보이'라는 칼럼의 소재가 되었다. 척 오펜버거가 쓰는 '아이오와 보이'는 가령 다음과 같은 식의 칼럼이었다. '그 소식은 몇 년 전 요 아래에 있는 클레이 카운티의 공공 도서관에서 이용객들에게 케이크 팬을 대여해주고 있다는 사실을 발견한 이래로 가장 충격적인 뉴스였다.' 그 칼럼은 정말 이런 식으로 이야기를 했다. 그리고 바로 인근의 클레이 공공 도서관에서는 실제로 이용객들에게 케이크 팬을 대여해주고 있었다. 아이오와 전역에 있는 10여 개의 도서관은 이렇듯 다양한 케이크 팬 컬렉션을 소장하고 있었다. 사서들은 케이크 팬들을 벽에 진열해놓고, 만약 아이들의 생일 파티에 곰돌이 푸 모양의 특별한 케이크를 굽고 싶다는 주민이 있으면 대여해주곤 했다. 지역 사회를 위해 사서가 못할 일이 뭐가 있겠는가?

칼럼을 읽었을 때 나는 이렇게 생각했다. '와, 듀이가 이젠 정말 유명해졌구나!' 한 마을이 고양이를 입양하는 것도 대단한 일이지만, 북아이오와 전역의 사람들이 듀이를 보듬어주었듯 아이오와 전체 주민들이 녀석을 받아들여준다면 그건 더 멋진 일이 아니겠는가. 이미 매일 도서관 인근에 있는 작은 마을들과 근처 카운티의 농장 곳곳에서 듀이를 보러 사람들이 찾아오고 있었다. 그리고 아이오와 호수 근처에서 여름을 보내던 사람들도 차를 몰고 듀이를 보러 왔다. 그리고 이들은 자신의 이웃과 손님들에게도 소문을 퍼뜨려 그다음 주엔 입소문을 들은 사람들이 차를 타고 내려오곤 했다. 뿐만 아니라 듀이는 근처 마을의 신문에도 곧잘 등장했다. 그렇지만 『디모인 레지스터』라니! 이 신문은 인구 50만 명의 주 정부 수도에서 발행되는 일간지이고, 우리 주 전체가 읽는 신문이다. 약 50만 명의 독자들이 듀이에 대한 기사를 읽고 있다니! 그건 클레이 카운티 축제의 참석 인원보다도 훨씬 많은 숫자였다.

아이오와 보이에 기사가 나간 후 듀이는 아이오와 주의 수시티와 사우스다코타 주 수폴스에서 방송되는 지역 텔레비전 뉴스에도 정기적으로 등장하기 시작했다. 그리고 곧 근처에 있는 다른 도시와 주립 방송국에서도 듀이를 뉴스로 다루기 시작했다. 매번 방송 프로그램은 똑같은 내레이션으로 시작되었다. '스펜서 도서관은 모든 것이 얼어붙을 만큼 추운 1월 아침, 도서 반납함에서 책 이상의 다른 어떠한 것도 기대하고 있지 않았습니다…….' 사실 어떻게 내용을 구성하건 전체적인 그림은 거의 같았다. 불쌍하고 연약한 새끼 고양이가 얼어 죽을 뻔한 순간에 구조되었다는 이야기였다. 듀이가 도서관에 어떻게 오게 되었는가에 대한 이야기는 아무리 들어도 싫증이 나지 않았다.

하지만 그러한 인기에는 듀이의 성격도 한몫했다. 대다수의 텔레비전 뉴스 프로그램들은 고양이를 찍는 데 익숙지 않았다. 북서부 아이오와에는 수천 마리의 고양이가 있겠지만 카메라에 잡히는 경우는 거의 없다. 그래서 방송사에서는 자신들이 이해하는 방식대로 지시를 했다. "그냥 자연스럽게 행동하게 하세요."

"글쎄요. 듀이는 지금 저기 박스 안에서 꼬리를 내놓고 자고 있는데요, 양쪽으로 삐져나온 건 배이고요, 저게 가장 자연스러운 모습이에요."

5초 후면 다들 이렇게 말했다. "점프를 하거나 뭔가 다른 동작을 하게 만들 순 없을까요?"

듀이는 언제나 그들이 원하는 걸 보여주었다. 카메라 앞에서 날고 있는 듯한 액션 장면을 위해 점프도 했다. 유연함을 과시하기 위해 두 개의 장식품 사이를 매끈하게 걸어가기도 했다. 저만치에서 달려와 책장 끝에서 멋지게 뛰어내리는 장면도 찍었다. 아이들과도 놀아주었고 빨간색 실타래를 가지고 놀기도 했다. 컴퓨터 위에 조용히 앉아 카메라를 들여다보며 예의 바른 모범생의 포즈도 취했다. 듀이는 결코 잘난 척하고 있는 것이 아니었다. 카메라를 위해 포즈를 취하는 것은 도서관의 홍보 담당자로서 듀이가 할 직무였기 때문에 그렇게 한 것이었다. 녀석은 정말로 열심히 했다.

듀이는 아이오와 공영 방송 시리즈 '리빙 인 아이오와'에도 출연했는데, 그 프로그램의 촬영 과정도 마찬가지였다. 나는 방송취재팀과 오전 7시 반에 도서관에서 만났다. 듀이는 준비되어 있었다. 듀이는 손을 흔들고, 구르기도 보여주고, 책장 사이사이를 뛰어다녔다. 카메라 렌즈 앞으로 걸어와 카메라에 코를 갖다 대기도 했다. 또 녀석은 젊고 아름다운 여성 진행자 옆에 딱 붙어서 그녀를 홀딱 반하게 했다.

"안아봐도 될까요?" 그녀가 물었다.

그래서 나는 '듀이 어깨걸이'를 보여주었다. 왼쪽 어깨에 듀이를 걸치고 엉덩이를 팔로 받치면서 고양이 머리는 등 뒤로 넘기는 자세였다. 짧은 시간 안고 있는 게 아니라면 듀이 어깨걸이를 이용해야 했다. "듀이가 하고 있어요!" 진행자는 듀이가 자신의 어깨 위에 놓이자 흥분하여 속삭였다.

그때 듀이가 고개를 번쩍 들었다. '지금 뭐라고 했어요?'

"듀이를 진정시키고 싶으면 어떻게 해야 되죠?"

"그냥 쓰다듬어주세요."

진행자는 듀이의 등을 쓰다듬었다. 그러자 듀이는 살포시 고개를 얹더니 그녀의 목에 머리를 기대었다.

"듀이가 해냈어요! 정말 자기 스스로 제 어깨 위에 올라왔다고요. 제가 좋은지 기분 좋게 그르렁대는 것도 느껴지네요!"

그녀는 카메라맨들에게 웃으며 속삭였다. "이거 찍고 있는 거죠?"

나는 다음과 같이 말하고 싶은 걸 꾹 참았다. "당연히 잘하죠. 듀이는 누구한테나 그렇게 한답니다." 하지만 쓸데없이 그녀의 기를 죽일 일은 없지 않은가.

듀이가 출연하는 에피소드는 몇 달 후에 방송되었는데, 제목은 '두 도시의 고양이들'이었다(그렇다, 찰스 디킨스의 소설에서 따온 제목이다). 또 다른 고양이는 톰이라는, 아이오와 한가운데에 있는 작은 마을인 콘래드의 키비네 철물점에 사는 고양이였다. 듀이와 마찬가지로 톰도 추운 겨울날 발견되었다. 가게 주인인 랠프 키비 씨는 추위에 벌벌 떨고 있는 길 잃은 고양이를 수의사에게 데려갔다고 한다. "이놈에게 60달러어치 주사를 맞혔지요." 그는 방송에서 말했다. "만약 아침까지 살아 있다면, 어쩌면 생존할 확률이 있을지도 모른다고 했어요." 나는 그 장면을 보며 어째서 듀이를 안았던 그 여성 진행자가 그렇게도 행복해했는지 알 수 있었다. 듀이 같은 경우엔 그녀의 어깨에 앉아 있는 장면이 적어도 30초 이상 나왔지만, 톰의 경우엔 겨우 그녀의 손가락 냄새를 한 번 맡는 정도의 장면밖에 카메라에 잡히지 않았다.

듀이만이 자신의 지평을 넓히고 있는 것은 아니었다. 석사 과정을 밟으면서 나는 주립도서관학회에서 열심히 활동했고, 졸업 후에는 아이오와 소도서관협회의 회장으로 선출되었다. 이 협회는 인구 만 명 미만 마을의 도서관을 지원하는 단체였다. 내가 처음 그 자리를 맡았을 때에는 '지원'이라는 말이 무색할 정도였다. 이 단체는 심각한 열등의식에 사로잡혀 있었기 때문이다. "우리는 작아." "누가 우리에게 관심을 갖겠어? 그냥 우유와 커피를 마시며 수다나 떨자. 우리가 그렇지 뭐."

그러나 나는 단순히 규모가 작다고 해서 의미 없는 것이 아님을 체험으로 알고 있었고, 게다가 듀이에게 영감을 받지 않았던가. "작은 마을은 중요하지 않다고 생각해요?" 나는 회원들에게 재차 물었다. "우리 도서관이 마을을 위해 공헌할 만한 게 없다고 생각하세요? 그렇다면 듀이를 보세요." 우리 주에 있는 모든 사서들은 듀이 리드모어 북스에 대해 알고 있다. 듀이는 아이오와 도서관 뉴스레터의 표지 모델로 두 번이나 등장했었다. 또한 전국도서관고양이협회 뉴스레터에도 두 번 기사화되었고, 영국과 벨기에에서까지 팬레터를 받았다. 듀이는 심지어 일리노이 주립 도서관 뉴스레터에도 실린 적이 있었다. 매주 전국의 도서관 사서들이 나에게 전화를 걸어 어떻게 해야 자기들 도서관에도 고양이를 둘 수 있게 이사회를 설득할 수 있겠냐며 문의해왔다.

"이래도 도서관이 별 의미가 없다고 생각해요?"

"그럼 우리도 전부 다 고양이를 기를까요?"

"아니요. 그전에 우리 스스로를 믿는 게 중요하겠죠."

그래서 우리 회원들은 스스로를 믿기 시작했다. 2년 후 아이오와 소도서관협회는 우리 주에서 가장 활동적이고 존경받는 지원 그룹이 되었다.

어느 날 오후 우리 도서관은 5백만 명 이상의 독자를 갖고 있는 전국적인 잡지 『컨트리』의 1990년 6, 7월호 스무 권씩이 들어 있는 소포를 받았다. 간혹 도서관이 구독해주기를 바라는 출판사들이 자기 잡지를 보내올 때가 있었다. 그러나 스무 권은 너무 많지 않은가? 더구나 나는 『컨트리』라는 잡지를 읽어본 적도 없고, 컨트리 기자와 이야기를 해본 적도 없었다. 하지만 그 잡지의 슬로건이 마음에 들었다. '시골에 살거나 시골을 동경하는 사람들을 위한 잡지.' 나는 한번 읽어보기로 했다. 그런데 57쪽부터 두 장에 걸쳐 스펜서 도서관의 듀이에 대한 총천연색 기사가 실려 있는 것이 아닌가. 거기에는 도서관을 자주 이용하는 딸을 둔 스펜서 주민이 잡지사에 보낸 듀이의 사진까지 실려 있었다. 그 소녀는 어머니에게 듀이에 대한 이야기를 자주 했던 모양이다.

작은 기사였지만 그 영향은 놀라웠다. 수년 동안 우리를 방문했던 이들 중 상당수가 그 기사로부터 영감을 받았다고 했다. 듀이의 글을 쓰기 위해 다른 기사에 대한 정보를 찾으러 전화하는 기자들도 자주 그 기사를 인용했다. 그로부터 거의 10년 후의 어느 날 우리는 우편물 하나를 받았는데, 그 안에는 바로 그 잡지에서 깨끗하게 뜯어내어 완벽하게 보존해온 듀이의 기사가 들어 있었다. 그 여성은 듀이의 이야기가 자기에게 얼마만큼 큰 의미를 주었는지 알려주고자 했던 것이다.

스펜서에서는 듀이에 대해 잊고 있었거나 단 한 번도 관심을 가지지 않던 사람들도 듀이에게 관심을 갖기 시작했다. 심지어 자매네 카페 사람들까지도 귀를 기울이기 시작했다. 최악의 농가 위기는 지났고, 마을 지도자들은 새로운 사업을 유치할 수 있는 묘책을 찾고 있었다. 듀이는 그들이 꿈에서나 그리던 전국적 관심을 한 몸에 받고 있었기에 그 활기찬 기운과 신명이 온 마을에까지 번지고 있었다. 물론 고양이 한 마리 때문에 마을에 공장을 짓는 사람은 없을 것이다. 그러나 한 번도 들어보지 못한 마을에 공장을 짓는 사람도 없지 않은가. 듀이는 다시 한번, 단지 스펜서를 위해서뿐만 아니라 아이오와 옥수수 밭을 넘어 더 큰 세상에 기여하고 있었다.

가장 큰 변화는 무엇보다 자긍심이었다. 듀이의 친구들은 듀이를 자랑스러워했고, 마을의 모든 사람들도 듀이를 자랑스럽게 여겼다. 어떤 남성은 제20회 고등학교 동창회에 참석했다가 그해 신문 기사를 찾으러 도서관에 들렀는데, 듀이는 당연하게도 이 사람을 매료시켰다. 하지만 그는 듀이의 친구들에 대해 듣고, 또 듀이에 대한 기사를 읽고 난 다음에는 정말 감동했다. 얼마 후 그는, 뉴욕에 있는 모든 사람들에게 자신의 멋진 고향과 사랑받는 도서관 고양이에 대해 설파하겠다는 감사의 편지를 우리에게 보내왔다.

그 사람뿐만이 아니었다. 매주 서너 명의 외지인들이 듀이를 보기 위해 도서관에 들렀다. "그 유명한 고양이를 보러 왔어요." 나이 지긋한 남성이 안내 데스크에 와서 말했다.

"저쪽에서 자고 있는데, 데리고 올게요."

"감사합니다."

그 노인은 젊은 엄마의 다리 뒤에 숨어 있는 작은 금발 소녀에게 앞으로 오라고 손짓했다. "실은 우리 손녀 리디아에게 듀이를 보여주고 싶어서요. 우리 손녀는 켄터키에서 왔답니다."

듀이를 보았을 때 그 소녀는 환하게 웃으며 허락을 구하는 듯 할아버지를 올려다보았다. "만져보려무나. 듀이는 사람을 물지 않는단다." 소녀는 조심스럽게 듀이에게 손을 뻗었다. 그리고 2분 뒤에는 아예 바닥에 드러누워 듀이를 쓰다듬고 있었다.

"봤지?" 할아버지가 소녀의 엄마에게 말했다. "올 만한 가치가 있다고 말했잖아." 이 말은 듀이나 도서관에 다 적용될 수 있는 말이었지만, 내가 보기에 할아버지가 말하고 있는 것은 그보다 더 큰 무엇이었다.

엄마까지 딸과 함께 듀이와 놀고 있는 동안 노인은 나에게 와서 말했다. "듀이를 입양해주셔서 정말 감사합니다." 그는 더 많은 이야기를 하고 싶은 듯했지만 우리 둘은 이미 적지 않은 무언의 이야기가 오갔다고 생각했다. 30분 뒤 그들이 도서관을 떠날 때, 나는 아이 엄마가 할아버지에게 하는 말을 들었다. "아버지 말씀이 옳았어요. 정말 너무 좋았어요. 좀 더 일찍 와볼 걸 그랬어요."

"엄마, 걱정하지 마." 어린 소녀가 말했다. "내년에도 또 와서 볼 건데 뭐."

나는 새삼 자긍심과 자신감이 솟구치는 것을 느꼈다. 또한 이 고양이, 우리 도서관, 오늘과 같은 경험, 그리고 어쩌면 우리 마을까지도 그 모든 것이 특별하다고 또 한번 확신하게 되었다. 듀이는 『컨트리』에 기사가 나간 후 더 아름다워지거나 다정해지지 않았다. 사실 유명세는 듀이에게 아무런 영향을 주지 않았다. 듀이가 바라는 것은 오로지 낮잠을 잘 수 있는 따뜻한 곳과 신선한 통조림, 그리고 스펜서 도서관에 들어오는 모든 사람들의 사랑과 관심을 받는 것이었다. 하지만 동시에 듀이는 변하기도 했다. 왜냐하면 사람들이 듀이를 다르게 보기 시작했기 때문이다.

무슨 증거로 이런 소리를 하냐고? 『컨트리』에 기사가 나오기 전까지는 어느 누구도 그 추운 겨울날 듀이를 도서 반납함에 집어넣었다고 고백하는 사람이 없었다. 모든 사람이 그 이야기를 알고 있었지만 선뜻 나서는 사람은 없었던 것이다. 그러나 듀이의 이야기가 매스컴을 탄 후부터는 무려 열한 명이 나에게 비밀리에 와서 자기 어머니의 무덤에 맹세한다고 말하며 (생존 시에는 어머니의 눈에 걸고 맹세하겠다며) 자신이 듀이를 그 구멍에 밀어 넣은 사람이라고 털어놓았다. 물론 그들의 요지는 그렇게 한 행동이 잘못이었다기보다는 잘했다는 이야기였다. "이렇게 잘될 줄 알았거든요."

열한 명이나! 믿기지가 않았다. 도대체 그날 밤, '고양이 구하기 골목 파티'라도 벌였다는 이야기인가?

듀이의 일정표

다음은 스펜서 도서관 탈출 사태가 있은 직후,
듀이 리드모어 북스가 채택하고 평생 따랐던 일정이다.

오전 7시 30분
엄마 도착. 먹이를 요구할 것. 하지만 너무 조급해하진 말 것.
엄마가 하는 모든 것을 관찰하고 발꿈치를 쫓아다니면서
엄마로 하여금 특별하다는 느낌을 받도록 할 것.

오전 8시
직원 도착. 한 시간 동안 한명 한 명 체크할 것.
힘든 아침을 맞고 있는 사람이 누구인지 알아낼 것. 그 사람에겐
원하는 만큼 나를 쓰다듬는 영광을 베풀 것. 단, 다음 스케줄 이전까지만.

오전 8시 58분
준비 시간. 입구에 자리를 잡고 첫 손님 맞을 준비를 할 것.
이것은 다른 곳에 정신이 팔려 있는 직원에게 시간을 고지해주는
보너스 역할도 함. 문을 늦게 여는 것은 너무 싫음.

오전 9시
~10시 30분
도서관 개관. 손님맞이 인사. 좋은 사람은 따라가고 나쁜 사람은 무시할 것.
하지만 모든 사람들에게 나한테 관심을 갖게 함으로써 그들에게
하루를 밝게 시작할 기회를 줄 것. 나를 쓰다듬는 것은 도서관 방문 기념 선물.

오전 10시 30분
낮잠 잘 무릎 찾기. 무릎은 낮잠용이지 놀이용이 아님.
무릎에서 노는 것은 어린 고양이들이나 하는 짓임.

오전 11시 30분
~11시 45분
하릴없이 노닥거림. 성인 논픽션 코너 중간에서 고개를 들고
앞발을 교차시킨 자세 유지. 사람들은 이것을 부처님 포즈라 부르고,
나는 사자 포즈라고 부름. 하쿠나마타타. 아니, 실은 그게
무슨 얘긴지는 모름. 하지만 아이들이 자꾸 그런 이야기를 함.

오전 11시 45분
~오후 12시 15분
큰 대자로 뻗어 있기. 고개를 들고 있기 너무 피곤하면 완전히 대자로 누워
네 발을 사방으로 펼치기. 쓰다듬기 보장됨. 하지만 잠들진 말 것.
잠들었다간 배에 레슬링 공격이 들어올 수 있음. 배를 쓰다듬는 건 사절!

오후 12시 15분
~12시 30분
직원 휴게실에서 점심 식사.
요구르트 가진 사람? 없음? 없으면 말고.

시간	내용
오후 12시 30분 ~1시	카트 타기! 오후 사서들이 책 정리를 할 때 카트를 타고 도서관 한 바퀴 순례. 기분 너무 좋음. 힘 빼고 금속 손잡이 사이로 다리를 대롱대롱 늘어뜨리면 기분 최고.
오후 1시 ~3시 55분	오후 자유 시간. 하루가 어떻게 흘러가는지 보고서 결정. 조명등 위로 올라가 낮잠자는 시간도 짜 넣기. 오후 방문객 영접. 엄마에게 10분간 시간 할애. 털다듬기는 권장사항이지 의무 사항 아님. 괜찮은 박스를 찾아 낮잠 자는 거 잊지 말기. 사실 잊을 수가 없음!
오후 3시 55분	저녁 식사. 다들 저녁 시간이 4시인 줄 알고 있음. 그렇지만 여기에 계속 오래 앉아서 버티면 이 사람들도 곧 깨닫게 되겠지.
오후 4시 55분	엄마 퇴근 시간. 이리저리 뛰어다님으로써 나와 늘 놀아줘야 한다는 것을 상기시킴. 책 선반에서 뛰어내려 한 바퀴 회전하고 착지하기. 언제나 반응 좋음.
오후 5시 30분	놀이 시간. 엄마는 이것을 '부다 트랙'이라고 부름. 나는 그냥 공놀이라고 부름. 트랙에 따라 톡톡 차고 다니는 것만큼 재밌는 건 없기 때문. 빨간색 실타래 놀이 빼고. 빨간색 실 완전 좋아. 나한테 실 흔들어줄 사람 없나?
오후 8시 55분	마지막 직원이 떠남. 4시 55분의 일정 반복. 하지만 조이가 저녁쯤이 아닌 이상 같은 결과는 기대하지 말 것. 조이는 언제나 시간을 내서 종이공을 멀리 던져줌. 최대한 빠르게 종이공을 쫓아 뛰어갈 것. 하지만 공이 있는 곳에 도착한 후에는 언제나 무시해줄 것.
오후 9시 ~오전 7시 30분	내 시간! 그대들은 알 것 없음.

스타 탄생 : 199

변해가는 것들

Chapter 17

나는 바보가 아니다. 스펜서의 모든 사람들이 다 듀이를 좋아했던 것은 아니라는 것을 나는 잘 알고 있다. 예를 들어, 앞서 얘기한 그 여성은 여전히 정기적으로 편지를 써서 공공장소에 고양이가 살고 있는 현재와 같은 불의와 끔찍한 사태가 시정되지 않는다면 진짜로 자신의 암소를 시내에 몰고 나오겠다고 위협했다. 그녀가 가장 목청이 큰 것은 사실이었지만, 듀이 현상을 이해하지 못하는 사람은 그녀만이 아니었다.

"고양이가 뭐 그리 특별하다고 그래?" 자매네 카페에서 그들은 커피 한잔을 놓고 이런 말을 하곤 했다. "도서관에서 꼼짝도 하지 않고 잠만 자잖아. 아무것도 하는 게 없는 고양이일 뿐인데."

그들이 의미했던 건 듀이로 인해 새로운 일자리가 창출되지는 않는다는 것이다. 듀이는 전국의 잡지, 신문, 라디오에 정기적으로 이름이 거론되었지만 듀이 때문에 시립 공원의 환경이 향상되는 것은 아니었다. 도로가 새로 포장되는 것도 아니었고, 고양이가 여기저기 돌아다니면서 신규 사업을 끌어오는 것도 아니었다. 그러나 농장 위기의 가장 끔찍했던 시기는 지난 상태였다. 마을 분위기도 밝아지기 시작했고, 비록 중서부 변두리에 있지만 이 용감한 마을은 새로운 일자리를 유치하기 위해 날개를 펼칠 준비가 되어 있었다.

스펜서의 경제발전위원회는 1992년에 큰 쾌거를 이루었다. 콜로라도에 본부를 두고 있는 대형 포장육 회사인 몬포트가 우리 마을 북쪽 끝에 있는 공장을 도축장으로 임대하기로 결정했던 것이다. 1952년에 현지 사업가들이 처음 그 일대를 개발했을 때 이 공장은 스펜서의 자랑이었다. 현지인들이 소유하고 현지에서 운영했으며 높은 임금으로 현지 근로자들을 고용했다. 1974년에는 시간당 15달러로, 마을에서 가장 높은 임금을 받을 수 있는 곳이었다. 당시는 트럭들이 1킬로미터 이상이나 줄을 서서 하역을 기다렸다. 그리고 회사는 '스펜서 식품'이라는 상표로 여러 가지 식품을 포장하기 시작했다. 이는 마을의 자랑거리여서 수폴스나 디모인 같은 큰 도시에 나가 새로 생긴 대형 식품점에 갔다가 스펜서의 이름을 발견하면 주민들은 자랑스러워했다.

그러나 1968년부터는 매출이 떨어지기 시작했다. 대형 가공업체들이 인근 마을로 이주해 와 보다 효율적인 공장과 값싼 노동력을 활용하기 시작했다. 스펜서의 공장주들은 제품을 다시 브랜드화하고 공장도 수

리했지만, 백약이 무효였다. 1978년에 스펜서 포장회사는 국내 경쟁업체에 팔렸다. 그런데 노동자들이 비노조 임금인 시간당 5.5달러의 임금을 받아들이지 않자 회사는 공장 문을 닫고 네브래스카 주 스카일라로 이사해버렸다. 유명한 버터와 마가린 회사인 랜드오레이크스가 그 뒤에 들어왔지만, 1980년대 중반에 불황을 맞이하자 그들 역시 공장 문을 닫고 떠났다. 이 회사들은 우리 지역 공동체와 유대가 전혀 없었고 경제적으로도 이곳에 머물 이유가 없었다.

10년이 흐른 뒤 몬포트는 부재 소유주와 임대 협상에 들어갔다. 그들은 빌딩을 다시 구획해서 좀 더 확장하고 업그레이드하기를 원했다. 전국의 작은 마을들은 일자리가 절박하게 필요했다. 그러나 1974년에는 시간당 임금이 15달러였는데, 같은 일자리를 놓고 이제 몬포트는 아무런 수당 혜택 없는, 시간당 5달러의 임금을 제시했다. 도축장 작업은 육체적으로도 힘들고 심리적으로도 사람을 무감각하게 만드는 작업이다. 냄새는 지독하고 시끄러운 데다 더러우며 오염 물질까지 많이 방출하는 작업이다. 현지 주민들은 그런 일을 오래 하려 하지 않았다. 결국 그 일을 하는 사람들은 히스패닉계 이민자들이었다. 스펜서 근처에는 스톰 레이크 같은 도축장이 있는 마을들이 있었는데, 공장 근로자의 25퍼센트 이상이 라틴 계열이었다.

그럼에도 몬포트는 10여 개의 마을로 밀고 들어갔고 마을의 우려 사항에 적절히 대응하거나 타협하려 들지 않았다. 마을 지도자들이 공장 입주를 원하는데 일반 시민들 의견에 신경 쓸 필요가 있겠느냐는 것이었다. 시의회는 공장 유치를 위한 구획 변경을 놓고 평상시와 같이 마을 청문회를 열었다. 보통 마을 회의는 시의회에 있는 작은 사무실에서 다섯 명 정도 앉혀놓고 열렸다. 그런데 이번에는 수가 너무 많아 마을에서 가장 큰 회의장인 중학교 체육관을 빌려서 열었다. 그날 밤 3천 명 정도가 참석했는데, 마을 인구의 25퍼센트가 넘는 숫자였다. 사실 그날의 주제는 논쟁거리도 되지 않았다.

"도축장은 지저분해요. 나중에 거기서 나오는 쓰레기는 어떻게 처리할 건가요?"

"도살장은 시끄럽습니다. 시내에서 불과 1.6킬로미터밖에 떨어져 있지 않잖아요."

"냄새는 어떻게 하고요?"

"돼지 실어 나르는 트럭들은 또 어떻고요? 그랜드 애버뉴를 지나가나요? 교통 체증에 대해서는 생각해본 적 있어요?"

"현지 주민들이 일할 수 있는 직장이어야죠. 그 일자리가 우리 시에 무슨 도움이 되는 겁니까?"

그날 밤 체육관에서 도축장 설립을 지지하는 주민은, 경제발전위원회와 시의회를 제외하곤 백 명도 채 되지 않았다. 다음 날 구획 변경안은 부결되었다.

시의회에서 몬포트를 지지했던 사람들과 인근 마을의 경제발전이사회 사람 몇몇은 그 결정에 인종 차별적인 동기가 있다는 식으로 말했다. "스펜서는 멕시코 사람들이 백합같이 새하얀 마을에 들어오는 걸 싫어하는 거야"라며 비아냥거렸다.

하지만 나는 전혀 그렇게 생각하지 않는다. 스펜서는 인종 차별적인 마을이 아니다. 예를 들어 1971년에 라오스에서 백여 명의 난민 가족들이 스펜서로 이주해 왔을 때 우리는 이들을 따뜻이 맞이했다. 스톰 레이크와 워딩턴 같은 마을이 변해가는 모습이 마음에 들지 않은 것은 사실이지만, 문제는 근로자들이 아니라 도축장 그 자체였다. 스펜서는 그날 이민자들을 반대해서가 아니라 온갖 오염과 교통 체증 및 환경 재앙에 반대해 똘똘 뭉쳤다. 전국 최악의 일자리 2백 개를 놓고 우리 삶의 방식을 팔아넘기고 싶지 않았던 것이다. 만약 우리가 그렇게 했다면, 그것은 가장 절실하게 일자리가 필요했을 때 떠나버린 랜드오레이크스의 경험에서 우리가 아무것도 배우지 못했다는 뜻이다. 누군가가 지적한 것처럼 어쩌면 우리는 현대 미국에서 더 이상 생존할 수 없는 농부들과 작은 가게, 그리고 소규모 제조업체들로 구성된 마을을 지키려고 경제적 진보로부터 등을 돌렸는지도 모른다. 그러나 나는 확신한다. 북쪽에서 차를 몰고 들어와 처음 보는(냄새와 소리까지) 광경이 바로 도축장이었다면, 스펜서는 분명 지금과 아주 다른 마을이 되었을 거라고.

그렇다고 스펜서가 사업을 원하지 않은 것은 아니었다. 1년 내에 낡은 도축장은 냉장 저장 시설로 재탄생했다. 저장고가 많은 일자리를 창출해주는 건 아니지만 임금도 더 나았고 오염, 소음, 교통 체증 없이, 있는 듯 없는 듯 조용한 사업이었다.

2년 후 1994년에 스펜서는 업계 최대, 최고의 대기업인 월마트를 두 팔 벌려 환영했다. 처음에 시내 상인들은 월마트, 특히 월마트 슈퍼마켓에 반대했다. 그래서 컨설턴트를 고용해 자문을 구하기에 이르렀다. 이 마을은 현지 사업장들이 꾸려왔는데, 왜 이제 와서 그동안 투자하고 구축해온 마을을 전국 규모의 경쟁자에게 내주어야 하나는 말이었다.

"월마트는 스펜서 상가들에 최고의 호재가 될 것입니다." 컨설턴트는 상인들에게 말했다. "월마트와 경쟁하려 하면 집니다. 하지만 그들이 손대지 않는 틈새시장을 잡으면 되지요. 특화된 상품이나 현지인들만이 할 수 있는, 이 고장에 대한 지식과 손맛이 필요한 서비스로 승부한다면 승산이 있습니다. 왜냐하면 월마트 때문에 더 많은 손님들이 마을로 몰리기 때문이죠. 단순한 논리입니다."

컨설턴트 말이 옳았다. 물론 피해자는 있었다. 샵코는 사업을 접고 마을을 떠났다. 그러나 마을 상가는 월마트가 들어온 후 상당 부분 매출이 올랐다. 월마트는 10년 전에 기차역이 들어섰을 때와 같은 효과를 가져왔다. 덕분에 스펜서는 이 근방의 중심지가 되었다.

같은 해 1994년에는 스펜서 도서관에도 현대화 바람이 불었다. 카드, 도장, 카탈로그 서랍장, 대출통, 대출 연체 통지표, 복잡한 정리 시스템과 헤아릴 수 없이 많은 상자들을 사용하던 옛날 도서관 관리 시스템의 시대는 저물었고 대신에 여덟 대의 컴퓨터를 갖춘 완전 자동화된 시스템이 그 자리를 맡았다. 듀이가 오후에 들어가 놀던 카드 상자는 안내 데스크 컴퓨터로 대체되었다. 듀이가 새끼 시절에 좋아하던 킴의 수동형 타자기는 이제 입을 꾹 다물고 움직이지 않게 되었다. 단 한 대로 수많은 카드를 대신할 수 있는 온라인 공공 접속용 컴퓨터를 켜던 날, 우리는 카드 카탈로그의 서랍을 다 빼내 수천 장의 카드를 바닥에 쏟아내고, 그 카드들을 대신할 고객용 컴퓨터를 켜던 날 우리는 기념 파티를 열었다. 수백 개의 작은 서랍이 들어가는 세 개의 카드 카탈로그 서랍장은 경매에 부쳤다. 나도 소장용으로 하나를 샀다. 이 서랍장은 모네타 학교에서 사용하던, 뚜껑이 열리는 책상과 함께 우리 집 지하실에 모셔두었다. 카탈로그 서랍장 안에는 취미 생활에 쓰는 물품들을 정리해 넣었고, 책상에는 내가 소중하게 간직해온 조디의 초등학교 시절부터의 과제물과 그림들을 보관했다.

1994년에 기술 보강이 있은 후 사람들은 도서관을 다르게 이용하기 시작했다. 컴퓨터 시스템이 구축되기 이전에는, 만일 학생이 원숭이에 대한 리포트를 써야 한다면 도서관의 원숭이에 관한 책을 모두 대출했다. 그러나 이제는 온라인으로 검색하고 책은 한 권만 대출하면 되었다. 그래서 1994년부터 2006년까지 도서관 방문객은 많이 늘었지만, 책 대출은 3분의 1로 줄었다. 1987년에 듀이가 왔을 때는 도서 반납함이 책으로 넘치곤 했다. 그러나 최근 10년 동안은 반납함이 가득 찬 모습을 본 적이 없는 것 같다. 요즘 가장 많이 대출되는 것은 마을 비디오 가게에 없는 고전 영화 DVD와 비디오 게임이다. 고객을 위한 자료검색용 컴퓨터 19대도 구비했고, 그중 16대는 인터넷 접속도 가능하다. 우리 도서관은 작지만 고객용 컴퓨터 대수로는 아이오와 주 도서관 중 10위이다.

사서의 업무는 주로 책 정리와 책을 찾는 문의에 답해주는 일이었다. 그러나 이제는 컴퓨터를 이해하고 데이터 입력을 하는 일로 바뀌었다. 예전에는 도서관 이용률을 계산하기 위해 안내 데스크에 있는 사서가 손님이 들어설 때마다 종이에 일일이 표시를 했다. 따라서 도서관이 바쁘고 사서가 손님의 질문에 대답해주고 있을 때는 이 방법이 정확할 수 없었다. 하지만 지금은 전자식 카운터가 도서관 문에 들어서는 모든 사람을 기록해준다. 또한 체크아웃 시스템은 몇 권의 책, 게임, 영화가 대출되고 반납되는지, 그리고 어떤 품목이 가장 인기 있는지 또는 수년간 관심 밖인지에 대해서까지 알려준다.

그러나 이 모든 변화에도 불구하고 스펜서 도서관은 본질적으로 그대로이다. 카펫은 달라졌다. 골목을 향하던 뒷창문을 막고 책장을 들여놓았다. 목재는 덜 쓰고 서랍도 줄어든 대신 전자 제품이 늘어났다. 하지만 여전히 어린이들은 이야기책 시간에 키득거리며 소곤댔고 중학생들도 도서관에서 시간을 때웠다. 노인들도 여전히 신문을 뒤적였고 사업가들은 잡지를 읽는다. 카네기식의 조용한 지식의 전당은 아닐지라도 우리 도서관은 최소한 안에 머무는 동안은 편안하고 마음이 푸근해지는 그런 곳이다.

그리고 여전히 도서관에 처음 들어섰을 때 가장 먼저 눈에 들어오는 것은 바로 책이다. 즐비한 서가와 빼곡히 들어찬 장서들. 책 커버의 색깔과 디자인은 더 화려해지고 활자 폰트는 더 현대적으로 변했어도, 일반적으로 책 자체의 모습은 1982년, 1962년, 1942년에도 그랬던 것처럼 지금도 크게 달라지진 않았다. 책은 앞으로도 변하지 않을 것이다. 책은 텔레비전, 라디오, 유성 영화, 옛날 잡지, 일간지, 셰익스피어 연극 등의 공세에도 살아남았다. 2차 세계대전, 백년전쟁, 흑사병, 로마 제국의 멸망도 견디어냈다. 글을 읽을 줄 아는 사람도 없고 책을 한 줄씩 베껴야 했던 중세의 암흑기에서도 살아남았다. 인터넷도 책을 죽일 수는 없을 것이다.

도서관도 마찬가지다. 마음을 차분하게 해주는 예전의 조용했던 책의 보고는 아닐지 모르지만, 과거 어느 때보다 지역 사회의 중요한 존재가 되었다. 이제 도서관은 전보다 훨씬 더 전 세계와 잘 연결되어 있다. 어떤 책이든 언제든지 주문하고, 단추 하나로 검색하고, 다른 사서들과 전자 게시판으로 서로의 도서관을 더 발전시키고 효율적으로 만들어나갈 정보를 주고받을 수 있게 되었으며, 불과 10년 전의 10개 잡지 구독료 정도로 수백 가지 신문과 잡지를 볼 수 있게 되었다. 스펜서 도서관에 오는 사람 수는 점점 늘어나고 있다. 이 사람들이 책을 대출하건 영화를 빌려 보건 비디오 게임을 위해 오건 혹은 고양이를 보러 오건 그게 무슨 대수인가.

물론 듀이는 이 모든 변화에 관심이 없었다. 녀석에게는 언제나 현재와 이곳이 중요했다. 그리고 듀이는 새 도서관을 사랑했다. 물론 옛날보다 상자가 좀 줄어들긴 했지만, 그래도 도서관은 매일 책을 주문해야 했기 때문에 상자는 늘 충분했다. 옛날식 나무, 종이, 잉크에 비해 지금의 컴퓨터는 차갑게 보일지 모르지만 여전히 듀이에게는 따뜻한 존재였다. 듀이는 컴퓨터 위에 올라앉아 열 배출구에서 나오는 온기를 즐겼다. 컴퓨터 위에 올라앉은 듀이의 사진을 찍은 적이 있는데, 이 사진은 전산화된 새 대출 카드의 배경 그림이 되었다. 이 카드를 제작했던 회사는 그 사진을 매우 좋아했던 것 같다. 도서관 컨벤션에 갈 때마다 그 회사 부스 위에 걸린 현수막에는 듀이 사진이 커다랗게 박혀 있었다.

새 도서관에서 또 듀이가 마음에 들어 했던 것은 현관문 양쪽에 나란히 세운 센서 기둥이다. 그것은 이용객이 책을 정식으로 대출하지 않고 그냥 가지고 나가려 할 때 '삐-' 하고 소리를 내는 장치이다. 듀이는 왼쪽 기둥 안쪽에 앉아 있기를 즐겼다(그러고 보니 '듀이 어깨걸이'도 왼쪽이었다. 듀이는 왼손잡이였을까?). 듀이는 아침 9시 2분 전부터 한 시간을 여기에 앉아 있었다. 듀이와 기둥이 입구를 가득 채우고 있어 손님들이 지나갈 공간이 거의 없었다. 그전에도 듀이의 환대 모드를 무시하기란 쉽지 않았는데, 이제는 센서 기둥까지 등장해 듀이를 무시하고 지나가기란 거의 불가능해졌다.

도서관을 경영하는 고양이를 위한 기본 지침

지은이 : 듀이 리드모어 북스

도서관고양이협회 뉴스레터에 최초로 실린 후 전 세계 여러 군데에서 퍼간 글

1. **직원 관리** 특별히 외롭다고 느낀다든가 직원으로부터 관심을 끌고 싶을 때는 현재 작업 중인 종이나 프로젝트, 컴퓨터 위에 주저앉는다. 하지만 너무 절박해 보이지 않기 위해 등을 돌리고 앉아 먼 산을 바라보는 척한다. 또한 컬러 대비 효과를 극대화하기 위해 어두운 갈색, 파란색, 검은색 옷을 입은 직원의 다리에 지속적으로 몸을 문지르는 것도 잊어서는 안 된다.

2. **도서관 이용객 관리** 이용객의 도서관 체류 시간을 불문에 부치고 일단 인간들의 서류가방이나 책가방에 들어가 편한 잠을 길게 잔다. 인간이 떠나고 싶으면 테이블 위에 가방을 거꾸로 뒤집어 당신을 떨어뜨려야만 집에 갈 수 있게 한다.

3. **사다리** 사다리에 오를 수 있는 기회를 놓치지 말 것. 사다리 위에 인간이 있어도 개의치 말 것. 중요한 것은 일단 사다리를 타고 올라가 그 위에서 노는 것이다.

4. **폐관 시간** 도서관이 문 닫기 10분 전에는 잠에서 깨어야 한다. 직원들이 불을 끄고 문을 잠근 후 떠날 준비를 하는 순간, 알고 있는 모든 귀여운 장난을 화려하게 펼쳐 보여 그들이 가지 않고 자신과 놀아주도록 한다(항상 효과가 있는 것은 아니지만 때로는 숨바꼭질을 해주기도 한다).

5. **상자들** 인간들은 도서관에 반입되는 모든 상자가 우리 고양이들의 것임을 알아야 한다. 크든 작든 내용이 얼마만큼 차 있든 상관없이 그 상자는 당신, 바로 우리 고양이의 것이다! 낮잠을 자려 하는데 몸 전체가 박스 안에 들어가지 않을 때에는 신체의 일부분이라도 들어가면 된다(나는 한 발, 또는 두 발 모두 또는 머리, 심지어 꼬리를 써서도 상자에 들어가본 적이 있고, 매번 잠을 푹 잘 수 있었다).

6. **회의** 어떤 그룹이건 어떤 시간대건 어떤 주제이건 간에 회의실에서 회의가 열릴 때는 참석해야 할 의무가 있다. 문을 닫고 들여보내주지 않을 시에는 서글피 울거나 누군가가 화장실에 가거나 물을 마시기 위해 나올 때까지 기다린다. 일단 회의실에 들어가면 한 바퀴 빙 돌며 모든 참석자들과 눈도장을 찍는다. 만약 영화나 슬라이드 쇼가 진행되고 있으면, 스크린에 가까운 테이블 위로 올라가 자리를 잡은 후 영화를 감상해준다. 마지막 크레디트가 올라갈 때쯤에는 매우 지루했던 척하며 영화가 끝나기 전에 바삐 회의장을 떠난다.

> 그리고 도서관 고양이의 황금 규율은 이것이다……
> 도서관이 당신 것임을 절대 잊지 말고,
> 그 점을 인간들도 잊게 해서는 절대 안 된다!

도서관을 지키는 유능한 고양이

◀ Chapter 18 ▶

컴퓨터만이 듀이의 삶에 있어 유일한 변화는 아니었다. 듀이의 특수 교육반 친구 크리스털이 졸업을 했다. 앞으로 그녀의 인생이 어떻게 전개될지 알 수 없지만, 그애는 어쨌든 새 삶을 시작했다. 나는 크리스털이 행복하길 기원했다. 또, 듀이를 무서워하던 소녀는 고양이 공포증을 극복했다. 아직도 가끔은 안내 데스크로 와서 듀이를 가둬달라고 부탁을 했지만, 이제는 웃으며 말할 정도로 여유가 생겼다. 다른 열 살짜리 아이들처럼 어른이 자기가 부탁하는 대로 해주는 게 좋았던 모양이다. 그런가 하면 듀이와 이야기책 시간을 함께했던 그 첫해의 아이들도 커 가고 있었다. 듀이에게 연필을 굴려주던 중학생들은 떠나고 없었다. 도서관에 6년째 있다 보니 어느새 듀이와 알고 지내던 아이들은 이사를 가거나 훌쩍 자라 떠나고 없었다.

도서관 부관장 진 홀리스 클라크는 새 일자리를 찾아 떠났다. 그 후임으로는 나와 수년간 알고 지내던 케이 라슨이 왔다. 케이는 느긋한 성격에 실용을 중시하는 아이오와 농장 출신의 여성이었다. 원래 화학 엔지니어 출신으로, 걸프 지역의 시추선에서 일하다 농부를 만나 결혼해 아이오와로 다시 돌아왔다. 그러나 이 지역에는 엔지니어를 구하는 일자리가 없어 그녀는 잠시 도축장에 근무하다가 스펜서에서 30마일 떨어진 피터슨의 작은 도서관에서 일했었다. 어쩌면 그 자리는 최고의 일자리였는지도 모른다. 피터슨 도서관은 직원 혼자서 다 운영했기 때문이다.

케이를 고용한 이유는 그녀가 무엇보다 컴퓨터를 잘 다루었고, 도서관은 신기술을 따라갈 수 있는 사람이 필요했기 때문이다. 또한 케이가 고양이를 좋아하는 것도 알고 있었다. 그녀의 집 헛간에는 스무 마리의 고양이가 들락거렸고 집 안에서도 두 마리를 기르고 있었다. 듀이가 까탈을 부리거나 고객이 두 팔로 안으려는 것을 거부하면 케이는 "전형적인 수컷이야"라며 아이오와식 실용주의에 입각해 무시해버렸다. 듀이가 똑똑하고 아름답긴 해도 그다지 특별난 것 없는 그냥 고양이일 뿐이라는 것이다.

하지만 듀이는 다른 친구가 많았다. 페인트공인 토니는 아내 샤론이 셋째 아이를 임신해 도서관에서 일하고 있을 때 종종 들러 '듀이스터'를 쓰다듬어주곤 했다. 샤론의 임신은 계획된 것이 아니었지만 둘은 매우 행복해했다. 샤론은 병원에서 아이를 낳던 날, 울면서 내게 전화했다. "에미가 다운증후군이래요." 전혀 예기치 못한 상황이라 그녀는 딸이 태어났을 때 큰 충격을 받았고, 도서관에서 휴가를 얻어 몇 개월을 쉬어야 했다. 그러나 샤론이 다시 도서관에 출근했을 때, 그녀는 에미와 완전히 사랑에 빠져 있었다.

듀이의 오랜 친구 도리스 암스트롱은 아직도 듀이에게 작은 선물과 장난감 등을 사다 주었고, 그녀가 빨간 크리스마스 털실을 흔들어주면 듀이는 기뻐하며 펄쩍펄쩍 뛰었다. 도리스는 사람도 좋아하고 인기도 많았지만 도서관을 수리한 직후에 심각한 어지럼증이 생겼다. 의사들도 그 이유를 찾지 못했고, 따라서 일종의 공황장애라고 생각했다. 그 후 도리스는 손을 떨기 시작했고 결국에는 책에 커버를 씌우기조차 힘들게 되었다. 그녀는 듀이를 쓰다듬어주는 것도 힘겨워했지만 듀이는 개의치 않았다. 도리스가 손을 떨면 떨수록 듀이는 도리스의 팔에 등을 비비고서 도리스의 책상 위에 앉아 그녀가 심심하지 않도록 함께 있어주었다.

그러다 어느 날 듀이가 큰 소리로 울며 내 사무실로 뛰어들었다. 한 번도 그런 적이 없었기에 굉장히 이상한 일이라 생각하고 있는데, 듀이는 자신의 밥그릇이 있는 방향으로 나를 이끌려고 했다. 나는 녀석이 간식을 원하는 줄 알았다. 그런데 가보니 도리스가 직원 휴게실 바닥에 쓰러져 있었다. 너무 심각한 현기증에 똑바로 설 수조차 없었던 것이다. 며칠 동안 현기증이 너무 심해 도리스는 식사도 제대로 할 수가 없었다. 두 번째로 도서관에서 쓰러졌을 때는 현기증뿐만 아니라 가벼운 심장 발작까지 함께 온 듯했다. 몇 개월 후에 도리스는 작고 까만 새끼 고양이를 발견했다. 그녀는 새끼 고양이를 도서관으로 가져와 떨리는 손으로 내 품에 건네주었다. 그 고양이는 심장이 콩닥콩닥 뛰고 있었고 작은 허파로 힘겹게 숨을 쉬고 있었다. 새끼 고양이는 그렇게도 허약한 몸으로 두려움과 싸우고 있었다.

"애를 어떡하면 좋을까요?" 도리스가 나한테 물었다. 나도 어찌할 바를 몰랐다.

다음 날 도리스는 울면서 도서관에 들어섰다. 도리스가 어젯밤 새끼 고양이를 집으로 데려갔는데, 그 어린것은 그날 밤을 버티지 못했다. 그만 세상을 떠나버린 것이었다. 때때로 고양이는 그냥 단순한 동물이 아닐 수 있고, 그래서 우리는 설명할 수 없는 상실감에 슬퍼할 수도 있다. 그날 듀이는 하루 종일 도리스 곁을 지켰다. 그날은 도리스도 가까스로 듀이를 쓰다듬어줄 수 있었다. 그러나 듀이가 곁에 있어도 도리스는 진정되지 않았다. 그로부터 얼마 후 도리스는 도서관에서 은퇴하여 미네소타의 가족 곁으로 돌아갔다.

그런 변화에도 불구하고 듀이의 삶은 기본적으로 변한 것이 없었다. 아이들은 자랐지만 또 언제나 네 살이 되는 새 어린이들이 있었기 때문이다. 직원들이 떠나기도 하지만 적은 예산에도 불구하고 도서관은 새 직원을 고용했다. 두 번 다시 크리스털 같은 친구를 만날 수는 없을지 모르지만, 그래도 듀이는 매주 특수교육반 어린이들을 문 앞에서 마중했다. 듀이는 마크 케리 같은 도서관 손님과도 친해졌다. 마크 케리는 모퉁이 전자 제품 가게의 주인이었다. 듀이는 마크가 고양이를 좋아하지 않는다는 걸 알고 있었다. 그래서 갑자기 테이블 위로 뛰어올라 마크를 깜짝 놀라게 하는 짓궂은 장난을 즐겼다. 마크 또한 도서관의 모든 의자가 비어 있어도 꼭 듀이가 앉아 있는 의자를 찾아내 듀이를 쫓아내는 것을 은근히 재미있어했다.

어느 날 아침, 양복을 입은 한 사업가가 테이블에 앉아 『월스트리트 저널』을 읽고 있었다. 회의 전에 잠시 도서관에서 시간을 보내는 듯 보였는데, 신문 밑으로 풍성한 오렌지색 꼬리가 빠져나와 있었다. 좀 더 가까이 다가가보니 듀이가 신문의 한 페이지에 배를 깔고 누워 있었다. 회의에 가야 되는 바쁜 사업가의 신문 위에서 말이다. "오, 듀이야. 너 이건 좀 지나치구나." 그런데 더 자세히 보니 남자는 왼손으로 듀이를 쓰다듬으며 오른손으로는 신문을 들고 있었다. 둘 중 하나는 기분 좋은 듯 가르랑거리며 있었고 또 한 명은 미소를 짓고 있었다. 그때 나는 듀이와 이 마을이 정말 편안한 사이가 되었다는 것을 깨달았다. 향후 몇 년 동안은 우리 삶이 이런 분위기로 계속 가겠구나 싶었다.

때문에 어느 날 도서관에 도착했을 때, 긴장한 듯 여기저기 왔다 갔다 하는 듀이의 모습을 보고 나는 놀랐다. 평소라면 듀이는 그런 식으로 불안해하지 않았다. 내가 왔는데도 듀이는 진정되지 않았다. 문을 열자 듀이는 몇 걸음 달려간 후 멈추고 내가 따라올 때까지 기다렸다.

"화장실 가고 싶어 그러니, 듀이? 그건 내가 안 따라가도 되잖아."

그러나 듀이는 화장실을 가야 해서 그런 것이 아니었다. 듀이는 아침 식사에도 관심이 없었다. 듀이는 나보고 따라오라고 울며 계속 제자리를 왔다 갔다 했다. 듀이는 아프지 않는 한 우는 법이 없었고, 나는 듀이를 잘 알고 있었다. 그런데 지금은 아프다는 뜻이 아니었다.

아침밥을 차려주고 달래보았다. 소용이 없었다. 혹시 화장실에서 털에 뭔가를 묻히고 나왔는지 점검해보았다. 가끔 털에 더러운 것이 묻었을 때엔 몹시 불편해했다. 아니면 열이 있을 수도 있겠다 싶어 코를 만져보았다. 또 염증이 생겼는지 귀도 만져보았다. 아무 이상이 없었다.

"듀이야, 우리 순찰 한번 돌까?"

다른 고양이들처럼 듀이도 털을 다듬다 삼킨 털이 뱃속에서 뭉치는 헤어볼이 생겼다. 헤어볼이 생길 때는 별나게 청결한 우리 고양이가 몹시 우울해했다. 하지만 이렇듯 이상하게 행동한 적은 없었다. 그래서 나는 혹여나 엄청나게 큰 헤어볼을 토한 것이 아닐까 하고 걱정했다. 나는 소설과 논픽션 코너, 그리고 다른 구석구석까지 다 조사해보았지만 토한 헤어볼의 흔적 같은 건 없었다.

그런데 듀이는 어린이 도서실 앞에서 나를 기다리고 있었다. 불쌍한 이 고양이는 무척 초조해 보였다. 하지만 거기서도 나는 아무것도 찾지 못했다.

"듀이야, 미안하다. 네가 무슨 얘기를 하고 싶은지 나는 전혀 모르겠구나."

직원들이 도착했을 때 나는 듀이를 유심히 살펴달라고 부탁했다. 그날 할 일이 너무 많았기 때문에 오전 내내 듀이와 스무고개를 할 수는 없는 노릇이었다. 만약 시간이 흘러도 듀이가 계속 이상하게 행동한다면 에스털리 박사에게 데려가려고 했다. 아마도 듀이는 질색하겠지만 말이다.

도서관이 개관하고 나서 2분 후에 재키 슈거스가 내 사무실 문을 두드렸다. "비키, 믿지 않으시겠지만 듀이가 카드 위에 오줌을 쌌어요."
나는 벌떡 일어섰다. "그럴 리가!"
도서관 자동화가 아직 완전히 마무리된 것이 아니어서 책을 대출하려면 두 개의 카드에 각각 도장을 찍어야 했다. 카드 하나는 대출되는 책과 함께 반출되는 것이었고, 나머지 하나는 수백 개의 다른 카드와 함께 커다란 통 안에 보관되었다. 책이 반납되면 통 안에 보관했던 카드를 꺼내고 책은 원래의 자리로 돌아간다. 그런 용도로 프런트 데스크 양옆에는 두 개의 커다란 통이 있었다. 그런데 정말로 듀이가 그중 하나의 오른쪽 구석에 오줌을 쌌던 것이다.

나는 듀이에게 화가 나지는 않았다. 오히려 걱정이 되었다. 듀이는 수년 동안 도서관에서 살아왔지만 이런 행동은 한 번도 한 적이 없었다. 이건 듀이의 성격과 전혀 맞지 않는 일이었다. 하지만 그 일을 놓고 고민할 시간도 없이 우리 도서관의 단골 고객 중 하나가 나에게 다가와 귀에 대고 속삭였다.

"아래층에 내려가보는 게 좋겠어요, 비키. 어린이 도서실에 박쥐가 있어요."

정말 그랬다. 천장 대들보 뒤에 거꾸로 매달린 박쥐가 있었다. 문득 내려다보니 듀이가 바로 내 발꿈치에 붙어 있었다.

'저게 바로 내가 말하려던 거예요. 아까도 내가 말하려 했다고요. 그런데 이렇게 됐잖아요. 손님이 발견했다고요. 손님들이 오기 전에 우리 둘이 해결할 수도 있었잖아요. 이제는 이 방에 아이들도 있는데. 아이

들을 보호했어야 했잖아요.'

고양이에게 야단맞아본 적이 있는지? 별로 기분 좋은 경험은 아니었다. 특히 고양이가 옳았을 때 그랬고, 박쥐 문제는 더더욱 그랬다. 나는 박쥐가 무서웠다. 도서관에 박쥐가 있다는 건 상상할 수 없는 일이었다. 그리고 밤새도록 이리저리 날아다니는 박쥐와 함께 도서관에 갇혀 있었다는 것은 상상만으로도 끔찍했다. 불쌍한 듀이.

"걱정하지 마, 듀이. 박쥐는 낮 동안 잠을 잔단다. 아무도 해치지 않을 거야."

듀이는 나를 믿지 않는 표정이었지만, 나는 듀이의 기분에 신경 쓸 겨를이 없었다. 이용객들과 특히 어린이들을 놀라게 하고 싶지 않았기 때문에 조용히 수위에게 전화를 걸었다.

"당장 도서관에 사다리를 갖고 와주세요."

그가 사다리를 타고 올라가보더니 말했다. "정말 박쥐네요."

"쉿! 조용히 하세요."

그는 사다리를 내려왔다. "혹시 진공청소기 있어요?" 나는 그 말에 몸서리를 쳤다. "진공청소기는 쓰지 말고 해결하도록 합시다."

"그럼 플라스틱 용기 있어요? 뚜껑 달린 거요." 나는 그를 멍하니 쳐다봤다. 생각만 해도 끔찍했다.

그때 옆에서 누군가가 말했다. "빈 커피통이 있는데, 뚜껑이 달려 있어요."

몇 초 만에 문제는 해결되었다. 정말 다행이었다. 이제 엉망이 된 카드 문제를 해결해야 했다. 나는 그때까지도 안내 데스크를 보고 있던 재키에게 말했다. "이건 다 내 잘못이에요."

"알아요." 재키는 항상 음울한 유머 감각이 있었다.

"듀이가 경고를 해주려고 했던 건데. 이건 내가 치울게요."

"그러실 줄 알았어요."

나는 스무 장의 카드를 꺼냈다. 그러자 그 밑에서 커다란 박쥐 배설물이 나왔다. 듀이는 단순히 내 주의를 끌려고 했던 것이 아니었다. 듀이는 자신의 냄새로 침입자의 냄새를 덮으려 했던 것이다. "오, 듀이. 네가 볼 땐 내가 정말 바보 같았겠구나."

다음 날부터 듀이는 경계 태세를 갖추고 보초를 서기 시작했다. 매일 아침 듀이는 세 개의 난방용 환풍기 냄새를 맡고 다녔다. 내 사무실 앞에 하나, 현관문 앞에 하나, 어린이 도서실 앞에 하나. 듀이는 점심을 먹고도 한 번 더 순찰을 돌았다. 듀이는 이 환풍구가 어디론가 연결되고, 그곳을 통해 박쥐가 외부에서 침입했다고 생각한 모양이었다. 듀이는 자신의 강력한 코를 이용해 냄새를 먼저 맡아 우리를 보호해야 한다고 생각했던 것 같다. 마치 탄광 속의 카나리아처럼 말이다. 가령 녀석의 태도는 이런 식이다. '도서관에 박쥐가 있는 것도 눈치 채지 못할 정도라면, 어떻게 이 많은 사람들을 돌볼 수 있겠어요?'

이렇게 보호의식이 강한 고양이를 보고 있노라면, 왠지 웃음이 나기까지 했다. 듀이는 무엇이 걱정되었던 것일까? 녀석은 스펜서 도서관에 테러 공격이라도 있을 것처럼 행동했다. 내가 너무 감상적인지는 모르지만, 녀석의 행동이 너무나 사랑스러웠다. 한때 듀이는 도서관 밖의 거리로까지 자신의 세계를 확장하여 만족감을 얻으려 하기도 했었다.

그러나 이제 자신의 이야기가 전 세계로 퍼져나가자 듀이는 다시 도서관에 집중하며 친구들을 보호하는 데 주력했다. 이런 고양이를 어찌 사랑하지 않을 수 있을까?

세상도 듀이를 사랑하는 듯했다. 듀이의 명성은 계속해서 커져갔다. 듀이는 모든 고양이 잡지에 등장했다. 『캐츠』『캣 팬시』『캐츠 앤드 키튼스』. 잡지 이름에 고양이가 들어갔다고 하면 듀이는 십중팔구 그 잡지에 실렸다. 심지어 듀이는 영국의 유수한 고양이 전문 잡지인 『유어 캣』에도 실렸다. 젊은 프리랜서 작가인 마티 아톤이 사진작가를 데리고 스펜서로 출장을 나왔다. 그의 기사는 천여 개의 신문에 연재되는 주말 기사 '아메리칸 프로필'에 실렸다. 그러다 1996년 여름에는 보스턴 출신 다큐멘터리 영화 제작자가 자신의 첫 영화에 듀이를 출연시키겠다며 카메라를 들고 이 먼 아이오와 주 스펜서까지 찾아왔다.

게리 로마는 동부 연안에서 노스다코타 주까지 전국을 여행하며 도서관의 고양이들에 대한 다큐멘터리를 만들고 있었다. 이 감독은 듀이가 다른 도서관에서 찍은 고양이들과 비슷할 거라는 생각을 하고 있었다. 고양이들이 불안한 표정으로 책 선반 뒤쪽을 걸어다니거나, 저쪽으로 멀리 달아나거나, 때로는 잠을 자면서 어떻게든 카메라를 쳐다보지 않으려고 최선을 다하는 그런 모습을 예상했다. 하지만 듀이는 그와 정반대로 행동했다. 억지로 연출하지는 않았지만 평소에 하던 대로 행동했고, 심지어 감독이 요구하면 즉흥 연기까지 보여주었다. 게리는 이른 아침에 듀이가 현관에서 나를 기다리는 모습을 찍겠다고 일찍 도착했다. 듀이가 센서 기둥 옆에 서서 손님들을 마중하는 것도 찍었고, 부처님 포즈로 누워 있는 것, 마티 마우스라는 듀이가 제일 좋아하는 장난감과 빨간 털실을 가지고 노는 모습, 듀이 어깨걸이로 손님의 어깨 위에 안겨 있는 모습과 박스에서 자고 있는 모습 등을 찍었다.

게리는 말했다. "제가 여태까지 찍은 장면 중 최고예요. 괜찮으시다면 점심시간 후에도 다시 찍고 싶습니다."

점심 후에 나는 그와 인터뷰를 했다. 처음 몇 가지 도입부 질문을 한 다음 게리가 물었다.

"듀이의 의미가 뭡니까?"

나는 그에게 이야기해주었다. "듀이는 너무나 멋진 존재예요. 도서관에 온 사람들의 스트레스를 줄여주고, 집처럼 편안하게 만들어주죠. 사람들은 듀이를 사랑하고, 특히 어린이들이 좋아한답니다."

"네, 알겠습니다. 하지만 더 깊은 의미는 무엇입니까?"

"더 깊은 의미는 없습니다. 누구나 듀이와 친하게 지내는 걸 즐기죠. 듀이는 우리를 행복하게 해주거든요. 듀이는 우리의 일원이에요. 인생에서 그 이상 더 바랄 게 있나요?"

그는 계속해서 의미를 찾았다. 의미, 의미, 의미. 게리의 첫 영화는 「바닥과 벽에서의 삶: 도어스톱 다큐멘터리」였다. 그는 자신의 인터뷰 대상들에게 이런 질문을 했을 것이다. "당신의 도어스톱, 일명 말발굽이 의미하는 바가 무엇입니까?"

"그게 있으니까 문이 벽에 부딪치는 걸 막아주죠."

"네, 그렇죠. 그렇지만 더 깊은 의미는 무엇입니까?"

"글쎄요. 그걸 이용하면 문을 더 열어놓을 수 있겠지요."

"더 깊은 의미는요?"

"음, 방의 환기가 잘된다?"

게리는 도어스톱의 더 심오한 의미를 찾아냈던 모양이다. 왜냐하면 그 다큐멘터리에 대한 어느 평을 보니, 그 내용에 이 단어의 어원을 분석한 언어학자들의 이야기와 세상에 문이 없으면 어떻게 될까를 고민하는 철학자들의 이야기가 실려 있었기 때문이다.

다큐멘터리를 찍은 지 6개월 후, 1997년 겨울에 다큐멘터리「책 속의 고양이들」의 첫 상영을 축하하는 파티가 열렸다. 도서관은 사람들로 꽉 찼다. 이 영화는 듀이가 스펜서 도서관 바닥에 앉아 천천히 꼬리를 앞뒤로 흔드는 모습을 멀리서 찍은 장면부터 시작했다. 줌인이 된 카메라는 듀이를 따라 테이블 밑으로 들어갔다가 책 선반을 몇 개 건너 마지막으로는 듀이가 즐겨 타는 도서관 카트까지 따라갔다. 그러고는 뒤 배경에서 내 목소리가 들렸다. "우리가 어느 날 아침에 출근해서 도서 반납함을 열고 책을 정리하려고 하는데 그 상자 안에 이 작은 새끼 고양이가 들어 있었어요. 듀이는 수많은 책 속에 묻혀 있었죠. 그날 밤 반납함은 책으로 꽉 차 있었거든요. 사람들이 도서관에 와서 우리가 어떻게 듀이와 만나게 되었는지 이야기를 들으면 다들 '어머, 너무 불쌍하다. 그날 밤 반납함에 버려졌었구나'라고 말합니다. 그러면 저는 말하죠. '불쌍하긴요. 이 녀석 인생 최대의 행운을 만난 날인걸요. 왜냐하면 듀이는 도서관의 왕이랍니다. 자기도 그걸 알고 있고요.'"

이 마지막 말이 떨어지자 듀이는 카메라를 똑바로 바라보았고, 모두가 내 말이 옳다는 것을 알 수 있었다. 듀이는 정말로 도서관의 제왕이었다.

이때쯤부터 나는 듀이에 대한 이상한 전화를 받는 일에 이력이 나기 시작했다. 도서관은 최소한 일주일에 두 번은 듀이에 대한 인터뷰 요청 전화를 받았고, 매일같이 도서관 우편으로 이 유명 고양이에 대한 기사가 도착했다. 조디가 스펜서를 떠난 직후, 크렙스바크 사진관에서 찍은 공식 사진은 미네소타 주 미니애폴리스로부터 이스라엘 예루살렘에 이르기까지 여러 잡지와 뉴스레터, 책, 신문 등에 실렸다. 그 사진은 고양이 캘린더에도 실렸는데, 듀이는 '미스터 1월'이었다. 그럼에도 전국적인 애완동물 사료 회사의 아이오와 사무실에서 전화가 걸려왔을 때는 나도 놀랐다.

"듀이를 지켜보았는데 아주 인상적입니다." 다들 그러더군요! "아주 특별한 고양이 같습니다. 그리고 사람들이 무척 좋아하는 것 같아요." 당연한 말씀이지! "우리 제품 인쇄 광고물에 모델로 쓰고 싶습니다. 돈을 드릴 수는 없지만 평생 무료로 고양이 사료를 제공하겠습니다." 솔직히 솔깃한 제의였다. 듀이는 워낙 입맛이 까다로웠고 우리는 듀이를 너무 오냐오냐하며 버릇없이 키워왔다. 듀이가 맛없어한다는 이유로 매일 밥그릇 가득한 사료를 내다 버리고 있었고, 듀이가 더 이상 먹지 않으려고 하는 수백 통의 사료 캔을 해마다 다른 곳에 기증하고 있었다. 도서관의 동전 모으기와 음료수 깡통 모으기로는 듀이의 사료 값을 다 감당할 수 없었고, 또 도서관 기금은 한 푼도 듀이를 위해 쓰지 않을 것을 맹세했기 때문에 대부분의 돈은 내 호주머니에서 나가고 있었다. 내가 개인적으로 스펜서에 사는 많은 고양이들의 먹이를 보조해주고 있는 셈이었다.

"도서관 이사회에 한번 말해볼게요."

"그럼 샘플을 보내드리겠습니다."

다음 도서관 이사회 회의가 열릴 즈음에는 이미 결정이 나 있었다. 나나 이사회가 내린 결정이 아니라 듀이가 내린 결정이었다. 이 입맛 까다롭기로 소문난 고양이가 무료로 보내온 샘플을 완전히 거부한 것이다.

'누굴 놀리는 거예요?' 듀이는 우습다는 듯 코를 킁킁거리며 나에게 말했다. '이따위 사료를 위한 야바위꾼이 될 순 없다고요!'

"죄송합니다." 나는 그 회사에 전화를 했다. "듀이는 '팬시 피스트' 브랜드에서 나온 사료만 먹겠다고 하네요."

내 친구, 내 아기

Chapter 19

듀이의 입맛이 까다로운 것은 성격 탓이 아니었다. 듀이는 병이 있었다. 그건 사실이었다. 녀석의 소화 기관은 정말 엉망이었다.

듀이는 누가 배를 쓰다듬는 것을 매우 싫어했다. 등을 쓰다듬는다든가 귀를 긁어준다든가 심지어 꼬리를 당기고 눈을 찔러도 상관하지 않았지만, 배만큼은 누구든 접근 금지였다. 그러나 나는 이것이 대단한 문제라고 생각하지 않았다.

그런데 듀이가 두 살 되던 무렵, 에스털리 박사가 듀이의 항문샘을 짜주려고 했을 때에야 문제의 심각성을 알게 되었다.

"요렇게 분비샘을 잡고 짜주면 깨끗해지지요."

의사 선생님이 설명했다. "30초면 됩니다."

듣기에는 쉬워 보였다. 에스털리 박사가 장갑을 끼고 새 종이 타월을 준비하는 동안 나는 듀이를 잡고 있었다. 그러고는 듀이에게 속삭였다. "듀이야, 이건 안 아픈 거야. 눈 깜짝할 사이에 끝난단다."

그러나 에스털리 박사가 항문샘을 건드리자 듀이는 비명을 질렀다. 단순히 불평하는 차원이 아니었다. 그것은 처절한 공포의 울부짖음으로, 뱃속 깊숙한 곳에서 터져나오는 비명이었다. 듀이는 마치 벼락이라도 맞은 듯 긴장했고, 다리를 마구 버둥거렸다. 그러곤 입을 열더니 내 손가락을 세게 깨물었다.

에스털리 박사는 내 손가락을 치료해주며 말했다. "이렇게 물면 안 되는데요."

나는 아픈 부분을 문지르며 말했다. "저는 괜찮아요."

"아니요, 이건 문제예요. 고양이가 이렇게 물면 무언가 잘못됐다는 얘기죠."

나는 듀이를 잘 알고 있었기 때문에 걱정하지 않았다. 이건 전혀 듀이답지 않았다. 듀이는 사람을 무는 고양이가 아니었다. 그러나 나는 듀이의 눈에 공포가 사라지지 않는 것을 볼 수 있었다. 사실 듀이는 뭔가를 쳐다보고 있는 게 아니었다. 그냥 멍하게 있었던 것이다. 통증이 엄청나게 심했던 것이 분명했다.

그 일이 있은 후 듀이는 에스털리 박사를 싫어했다. 심지어 자동차를 타는 것도 싫어했는데, 그건 곧 수의사에게 가는 것이라고 생각했기 때문이다. 동물병원 주차장에 들어서자마자 듀이는 몸을 떨기 시작했다.

동물병원 로비의 냄새를 맡으면 전신을 사시나무 떨듯 떨었다. 녀석은 내 팔 깊숙이 머리를 파묻고는 이렇게 말하는 듯했다. '살려주세요.'

에스털리 박사의 목소리를 듣자마자 듀이는 으르렁댔다. 많은 고양이들이 동물병원 의사를 싫어한다. 그렇지만 수의사를 다른 사람들과 특별나게 다르게 대하지도 않는다. 하지만 듀이는 아니었다. 듀이는 에스털리 박사를 무조건 두려워했다. 도서관에서 에스털리 선생의 목소리를 듣게 될 때면 듀이는 으르렁거리며 반대 방향으로 달려갔다. 에스털리 박사가 듀이에게 다가가 손을 뻗어 쓰다듬으려 하면 듀이는 벌떡 일어나 공포에 질린 눈으로 쳐다본 후 냅다 도망쳤다. 내가 생각하기에는 에스털리 박사의 냄새를 기억하는 것이 아닌가 싶었다. 듀이에게 그의 손은 죽음의 손이었나 보다. 천적을 만난 것이었다. 그리고 그 천적은 우리 마을에서 가장 마음씨 좋은 분이었다.

힝문샘 사건 이후 몇 년 동안은 별 일 없이 지나갔다. 그러나 고무줄을 훔치는 듀이의 습관은 결국 다시 돌아왔다. 새끼 때의 고무줄 사냥은 그리 열심이지도 않았고, 또 쉽게 다른 일에 관심을 돌리기도 했다. 하지만 다섯 살쯤 되었을 때 듀이는 진지해졌다. 나는 거의 매일 아침 끈끈한 잔해를 발견했다. 듀이의 모래 상자에서 고무줄 지렁이뿐 아니라 피가 몇 방울씩 떨어져 있기도 했다. 가끔씩 듀이는 화장실이 있는 방에서 마치 꽁지에 불붙은 화약을 매달아놓은 것처럼 달려나오기도 했다.

에스털리 박사는 듀이에게 변비가 있다고 진단했다. 그것도 극심한 변비였다. "듀이가 먹는 사료가 어떤 겁니까?"

나는 눈을 하늘로 굴렸다. 듀이는 세계에서 음식 투정으로는 지존에 등극하기 직전의 고양이였다.

"굉장히 까다로워요. 냄새를 기가 막히게 잘 맡거든요. 그래서 사료가 오래됐다든지 약간만 이상해도 알아차려요. 고양이 사료가 최고급 재료로 만들어지는 건 아니잖아요. 아시다시피 동물의 부산물로 만들다 보니까 그렇겠죠. 그러니 듀이만 탓할 수도 없는 일이고요."

에스털리 박사는 유치원 교사 앞에서 자식의 파괴적 행동을 애써 변명하는 학부모를 바라보듯 나를 보았다. 녀석을 과잉보호하시는구먼?

"항상 캔 사료를 먹나요?"

"네."

"좋습니다. 물은 많이 마시나요?"

"안 마셔요."

"전혀 안 마셔요?"

"무슨 독약이라도 되는 듯 물그릇은 거의 입에도 안 댑니다."

"물을 더 마셔야 해요." 에스털리 박사는 확언했다.

"물을 많이 마시면 문제는 해결될 겁니다."

고맙습니다, 박사님. 별거 아니란 말이죠? 하지만 물 마시기 싫어하는 고양이한테 억지로 물을 마시게 해보신 적이 있으세요? 그건 불가능한 일이에요.

처음에는 부드럽게 물을 마시도록 유도해보았다. 하지만 듀이는 냉정하게 돌아섰다. 뇌물도 써보았다. "물 마실 때까지 밥을 안 줄 거야. 나를 그런 식으로 바라보지 마. 내가 너보다 더 오래 버틸 수 있어." 하지만 나는 그럴 수가 없었다. 언제나 내가 졌다.

나는 듀이가 밥을 먹을 때 듀이를 쓰다듬어주었다. 그렇게 서서히 쓰다듬다가 슬슬 강요하기 시작했다. "만약에 물그릇 속으로 머리를 집어넣을 수만 있다면 조금은 물은 마실지도 몰라." 말할 것도 없이 그 계획은 실패로 돌아갔다.

물의 상태가 문제일지도 모른다. 그래서 따뜻한 물도 줘봤고 차가운 물도 코앞에 두어봤다. 5분 간격으로 물을 갈아주기도 해봤다. 다른 수도꼭지에서 나오는 물을 주어보기도 했다. 1990년대 중반이었기 때문에 최소한 아이오와 주 스펜서에는 병에 든 생수 같은 것이 아직 없을 때였다. 물그릇에 얼음을 띄워보기도 했다. 누구나 얼음물을 좋아하잖아? 실제로 얼음은 약간 효과가 있었다. 듀이는 한 번 얼음을 핥았다. 그러나 그 이상은 아무 일도 일어나지 않았다. 어떻게 동물이 물을 먹지 않고 살 수 있을까?

몇 주 후에 직원 화장실이 있는 모퉁이를 돌아서니 그곳에 듀이가 좌변기에 고개를 처박고 있는 것이 아닌가. 밖에서 보이는 것은 공중으로 솟아오른 듀이의 엉덩이뿐이었다. 화장실 물을 마시다니! 요런 앙큼한 것 같으니라고.

속으로 생각했다. '그래, 최소한 탈수로 죽진 않겠군.'

사람이 사용하지 않을 때는 대개 직원 화장실 문을 열어두었다. 덕분에 화장실이 듀이의 물 공급처가 될 수 있었던 것이다. 듀이는 도서관 앞쪽에 있는 고객용 여성 화장실도 즐겨 찾았다. 조이 드윌은 거의 하루 종일 책 정리를 했다. 듀이는 그녀가 책 운반용 카트에 책을 싣는 것을 지켜보다가 일단 책이 꽉 차면 얼른 카트에 뛰어올랐다. 듀이는 카트가 움직일 때 서가를 쭉 훑어보다가 마음에 드는 곳을 발견하면 마치 자신이 고양이 전차라도 탄 듯 내리고 싶다고 신호를 했다. 듀이는 또 그녀가 마음이 약하다는 것을 알고서 항상 화장실에 들여보내달라고 졸랐다. 일단 바라던 곳에 들어가면 세면대 위에 올라가 수도꼭지를 틀어달라며 또 졸랐다. 이 물은 듀이가 마시는 물이 아니다. 녀석은 그냥 구경만 했다. 물이 떨어지면서 물마개를 때리고 튀어오르는 물방울을 넋을 잃고 바라보았다. 한 시간은 족히 수돗물이 쏟아지는 것을 구경하다가 간혹 앞발로 물줄기를 살짝 때려보기도 했다.

하지만 무엇이든 변비에는 도움이 되지 않았다. 물을 마신다고 열심히 화장실을 드나들어도 변비는 해소되지 않았다. 구경을 하든 말든 듀이는 여전히 변을 잘 보지 못했다. 정말 변비가 심해졌을 때 듀이는 숨었다. 어느 날 아침 불쌍한 샤론 조이가 티슈 한 장을 뽑으러 안내 데스크의 꼭대기 서랍을 열었다가 티슈 대신 털을 한 움큼 뽑았다. 그녀는 놀라 의자에서 떨어질 뻔했다.

"어떻게 저기에 들어갔지?" 그녀는 듀이의 등을 내려다보며 놀라워했다. 녀석의 머리와 엉덩이는 완전히 서랍 속에 잠겨 있었다.

어쨌거나 그건 좋은 질문이었다. 서랍은 오전 내내 열려 있지 않았다. 그렇다면 듀이가 밤중에 그곳으로 기어들어갔다는 얘기였다. 나는 안내 데스크 아래를 검사했다. 아니나 다를까, 서랍 뒤로 작은 공간이 있었다. 하지만 이 서랍의 꼭대기는 땅에서 90센티나 떨어져 있었다. 온몸이 고무처럼 유연한 녀석은 빈 공간의 꼭대기까지 올라가서 몇 센티밖에 되지 않는 틈새를 비집고 들어가 그 서랍 속에 몸을 말아 넣었던 것이다.

듀이를 깨우려고 했지만 녀석은 몸을 한 번 흔들어 나를 내치고는 움직이지 않았다. 그것은 듀이답지 않은 행동이었다. 뭔가가 잘못된 것이 분명했다.

내가 우려했듯 듀이는 변비 때문에 그 고생을 하고 있었다. 그것도 심각한 변비가 다시 생긴 것이었다. 이번에는 에스털리 박사가 듀이의 예민한 배를 이리저리 깊숙이 찔러보며 꼼꼼히 검사했다. 정말이지, 지켜보는 것만으로도 고통이었다. 이로써 이 고양이와 의사의 관계는 회복 불가능의 단계에 다다랐다.

"듀이에게 거대결장증이 생겼어요."

"선생님, 좀 알아듣게 설명해주세요."

"듀이는 장이 늘어났어요. 그 바람에 장내에 음식이 많이 쌓이는 겁니다."

잠시 침묵이 흘렀다.

"듀이의 장은 영구적으로 늘어난 겁니다. 그러니까 더 많은 노폐물이 쌓일 수 있죠. 듀이의 몸 안에 내용물은 많은데 나가는 구멍은 그에 비해 너무 작다는 얘깁니다."

"그러면 물을 좀 많이 마신다고 해결될 문제가 아니네요. 그렇죠?"

"안타깝지만 해결책이 없습니다. 이런 상태는 흔한 경우가 아니거든요."

사실 그는 원인이 무엇인지도 잘 모른다고 했다. 그리고 고양이의 장이 늘어난 경우는 인기 있는 연구 주제도 아닌 듯했다.

만일 듀이가 골목에서 살았다면 거대결장증 때문에 수명이 짧아졌을 것이다. 그러나 도서관과 같이 보호받는 생활 환경에서는 정기적으로 심각한 변비를 겪는 정도가 되고, 따라서 음식을 까다롭게 골라 먹을 수밖에 없었던 것이다. 장이 그렇게 꽉 찼으니 고양이로서는 그 이후에 먹는 것에 대해 까탈을 부리지 않을 수 없었을 것이다.

에스털리 박사는 수의사에게 처방을 받아야만 구할 수 있는 값비싼 고양이 사료를 제안했다. 그 사료의 이름은 잊어버렸는데, 아마 '과학적 사료, 장에 문제가 있는 중년 고양이를 위한 포뮬러' 정도가 되지 않았나 싶다. 하지만 너무 비쌌다. 예산을 훨씬 초과하는 가격이었다. 분명히 먹지도 않을 텐데, 그런 사료에 30달러를 쓴다는 게 아까웠다.

나는 에스털리 박사에게 말했다. "듀이는 입맛이 까다롭답니다. 듀이는 이걸 먹지 않을 거예요."

"밥그릇에 넣으세요. 그 이외에는 아무것도 주지 마시고요. 그럼 먹을 겁니다. 굶어 죽지 않으려면 먹어야죠."

병원을 나서기 위해 짐을 싸고 있는데, 나에게만이 아니라 자신에게 말하듯 에스털리 박사가 덧붙였다. "듀이를 조심해서 관리해야 할 겁니다. 듀이에게 무슨 일이 일어난다면 슬퍼할 사람이 어림잡아 만 명은 될 테니까요."

"그보다 많을 거예요. 훨씬."

나는 이 값비싼 새 사료를 듀이에게 줘봤다. 역시 듀이는 먹지 않았다. 냄새를 한 번 맡더니 바로 지나가버렸다.

'이게 설마 음식일까? 아니겠지. 그냥 평소에 먹던 걸로 주세요.'

그러나 다음 날 듀이는 도도한 태도를 버렸다. 냄새 한 번 맡고 거만하게 가버리는 대신 밥그릇 옆에 철퍼덕 주저앉아 울었다.

'왜-애-애? 내가 뭘 어쨌다고 나한테 이런 짓을 하는 거야?'

"듀이야, 미안하다. 의사 선생님의 명령이야."

이틀이 지나자 듀이는 지칠 대로 지쳐버렸다. 그래도 고집을 꺾진 않았다. 듀이는 앞발로라도 그 사료를 건드리지 않았다. 그제야 나는 듀이가 정말로 고집 세다는 것을 알았다. 완전히 고집불통이었다. 듀이는 느긋한 고양이였다. 항상 사람들이 하자는 대로 했다. 하지만 먹이 같은 중요한 원칙에 관해서는 절대로 타협하고 넘어가는 법이 없었다. 물론 나도 마찬가지였다. 엄마들도 고집을 부릴 줄 아니까.

그러자 듀이는 나 몰래 다른 직원들에게 접근했다. 처음에는 우선 샤론의 안내 데스크 위로 뛰어올라 그녀의 팔을 문지르며 졸랐다. 그러고는 샤론 앞에 앉아 그녀의 점심을 빤히 쳐다보았다. 그러나 샤론은 꿋꿋이 자기 식사에만 전념했다.

그 방법이 먹히질 않자 듀이는 자신의 오랜 친구이며 항상 듀이에 대해서는 마음 약한 조이를 골랐다. 그다음에는 오드리, 신시아, 폴라 등 모든 직원들을 한 바퀴 쭉 돌았다. 듀이는 케이가 감상적이지 않고 단호한 사람인 것을 뻔히 알면서도 그녀한테까지 갔다. 케이는 듀이의 이런 투정에 낭비할 시간이 없는 사람이었다. 그러나 시간이 지날수록 그런 케이마저도 흔들리기 시작하는 것이 보였다. 케이는 엄격해지려고 했지만 듀이에게만은 슬슬 마음이 약해지고 있었다.

다들 나를 두고 독하다고 해도 좋다. 그러나 나는 꼭 이겨야만 했다. 지금 내 마음이 아플지라도 결국 듀이는 내게 감사하게 될 것이다. 또한 내가 엄만데, 내 말을 들어야지!

나흘째가 되자 이제 손님들까지 내게 탄원하기 시작했다.

"비키, 듀이에게 먹을 걸 좀 줘요. 너무 배고파 보여요."

듀이는 부끄러운 줄도 모르고 자신의 팬들 앞에서 굶어 죽어가는 시늉을 했다. 그 작전은 매우 효과가 있었다. 결국 5일째가 되자 나는 항복을 하고 듀이가 제일 좋아하는 팬시 피스트 캔을 따 주었다. 듀이는 숨도 쉬지 않고 모조리 먹어치웠다. '바로 이거야.' 듀이는 입술을 핥으며 말했다. 그리고 구석진 곳으로 가서 오랫동안 얼굴과 양 귀를 혀로 핥으며 말했다. '이젠 모두가 다 기분이 좋아졌잖아. 안 그래요?'

그날 밤 나는 듀이가 좋아하는 캔을 한 아름 샀다. 나도 더 이상 버티기가 힘들었다. "변비 걸린 고양이가 굶어 죽은 고양이보단 낫겠지." 두 달 동안 듀이는 좋았다. 나도 좋았다. 온 세상이 편안했다.

그러다가 언젠가부터 듀이는 팬시 피스트의 청키 치킨 맛을 더 이상 좋아하지 않게 되었다. 한 입도 못 먹겠다고 버텼다. 녀석은 뭔가 새로운 걸 먹어야겠으니 빨리 자기 앞으로 뭐든 대령하라고 성화였다. 나는 촉촉하고 맛있는 냄새가 나는 새로운 캔을 갖다 바쳤다. 하지만 듀이는 냄새를 한 번 맡더니 휙 가버렸다. '아니에요. 이것도 아니에요.'

"너 이거 먹어야 해. 안 먹으면 디저트 안 줄 거야!"

그날 저녁이 되었는데도 음식은 여전히 제자리에서 말라가고 있었다. 어쩌란 말인가? 우리 고양이가 아픈데! 다섯 번 시도를 해서 겨우 듀이가 마음에 들어하는 맛을 찾았다. 그런데 그것도 몇 주 가지 않았다. 듀이는 또 새로운 맛을 원했다. 백기 투항. 난 단순히 전투에서 지고 물러나는 정도가 아니라 이 전쟁에서 완전히 패배했다.

1997년이 되자 이 상황은 거의 우스꽝스럽기까지 했다. 책장 하나가 고양이 사료 캔으로 가득한데 어찌 웃지 않을 수 있겠는가? 과장하는 게 아니다. 우리는 직원 휴게실에 있는 두 개의 책장에다가 듀이의 물품들을 보관하고 있었는데, 그중 하나는 캔 사료들로 가득 차 있었다. 최소 다섯 가지 맛을 한꺼번에 구비하고 있었던 것이다. 듀이는 중서부식 입맛을 갖고 있었다. 듀이가 선호하는 맛은 쇠고기, 청키 치킨, 쇠고기 간이 섞인 것, 그리고 칠면조였다. 하지만 언제 또 어떤 맛을 내놓으라고 할지는 알 수 없었다. 듀이는 해산물을 싫어했지만 잠시 새우 맛에 빠진 적도 있었다. 딱 일주일 동안. 물론 그다음부터 새우는 건드리지도 않았다.

그럼에도 듀이는 여전히 변비 상태였고, 결국 의사의 명령으로 달력의 한 페이지를 복사해 벽에다 붙였다. 매번 누군가가 듀이의 화장실에서 선물을 발견하면 달력에 날짜를 표시했다. 우리는 이 달력을 '듀이의 응가 차트'라고 불렀다.

샤론과 나는 정기적으로 듀이의 배변 상태를 논의했다. 샤론은 차트에 듀이의 상태를 열심히 기록하면서 귀찮은 내색도 하지 않았다. 물론 듀이가 일주일에 한두 번밖에 화장실에 가지 않았기 때문에 달력에 표시하느라 펜 끝이 닳을 일은 없었다.

듀이가 화장실에 못 간 지 사흘이 되면 우리는 모래 상자와 오붓한 데이트를 즐기라고 뒷방에 듀이를 넣고 문을 잠갔다. 듀이는 갇히는 걸 싫어했다. 특히 어두운 벽장은 더더욱 싫어했다. 나도 듀이만큼이나 녀석을 가두는 게 싫었다. 특히 겨울에는 이 벽장에 난방도 들어오지 않았다.

이건 너를 위한 거야, 듀이. 30분 뒤 나는 듀이를 풀어주었다. 만약 화장실에 간 흔적이 없으면 한 시간 정도 돌아다니게 놔두고는 다시 30분 정도 벽장에 집어넣었다. 그래도 안 되면 또다시 벽장에 넣었다. 세 번이 한계였다. 세 번째에도 화장실에 가지 않는 것은, 듀이가 참고 있는 게 아니라 정말로 변을 볼 수 없다는 뜻이기 때문이었다.

그런데 이 전략은 완전히 실패했다. 결국 버릇을 너무 나쁘게 들인 나머지 누군가가 화장실까지 안고 가지 않으면 듀이는 화장실 가기를 거부했다. 특히 밤에는 절대로 가지 않았다. 그러니 매일 아침 나는 듀이를 안고, 아니 모시고 모래 상자까지 데려다 주었다. 이러니 왕이라고 할 수밖에!

안다. 나도 알고 있다. 내가 듀이에게 너무 약하다는 것을. 나는 듀이의 버릇을 나쁘게 들였다. 하지만 어쩌겠는가? 듀이가 얼마나 답답해 했을지를 생각하면 나는 차마 완고하게 매정할 순 없었다. 그것은 비단 내가 듀이와 특별한 관계여서가 아니라 나 또한 평생 병과 싸워왔기 때문이었다. 나는 아마 의사들보다 더 자주 병원을 드나들었을 것이다. 수폴스의 응급실로 두 번이나 후송된 적도 있다. 과민성 대장 증세와 갑상선 항진, 극심한 편두통, 그레이브스병 등으로 나는 메이요 클리닉을 쉴 새 없이 드나들었다. 한때는 1년 동안이나 다리에 두드러기가 생기기도 했다. 알고 보니 교회에서 무릎을 꿇고 기도할 때 대는 무릎받침에 알레르기가 있었던 것이었다. 그로부터 1년 후에는 갑자기 온몸에 마비가 왔다. 30분 동안 움직일 수가 없었다. 직원들이 나를 자동차에 싣고 집으로 데려가 침대에 눕혀야 했다. 그런 일은 누군가의 결혼식장에서도 일어났다. 웨딩 케이크를 한 입 베어 문 채로 마비가 와서 팔을 내려놓을 수가 없었다. 혀를 움직이지 못해 사람들에게 도움을 청할 수도 없었다. 다행히 친구 페이스가 그 자리에 함께 있었다. 마비의 원인은 내가 먹고 있던 약 때문이었는데, 갑자기 혈압이 떨어져서 생기는 부작용이었다.

그러나 뭐니 뭐니 해도 가장 힘들었던 것은 내 가슴에 생긴 멍울이었다. 지금도 나는 이런 이야기를 하는 것이 편치 않다. 이러한 경험을 거의 입 밖에 낸 적이 없고, 지금도 그간의 침묵을 깨는 것이 쉽지 않다. 나는 늘 누군가가 나를 볼 때 온전한 여성이 아니라고 생각하거나, 더 심하게는 '가짜'라고 생각할까 두려웠다.

내 인생에는 많은 일들이 있었다. 알코올 중독자 남편, 복지수당에 의존해야 했던 시절, 예기치 않던 자궁 적출 수술 등. 그러나 무엇보다 유방암으로 양쪽 가슴을 다 들어낸 일이 가장 견디기 힘들었다. 수술 자체가 힘들었던 것은 아니었다. 정말 힘든 것은 그 결정을 내리는 일이었다. 나는 1년 이상이나 유방암 수술 여부를 두고 고심했다. 의사와 상담하기 위해 세 시간 이상씩 차를 타고 수시티, 수폴스, 오마하까지 다녀오곤 했다. 그럼에도 쉽사리 결정을 내릴 수가 없었다.

부모님은 수술을 하라며 용기를 주었다. 그분들은 이렇게 말씀하셨다. "수술해야 한다. 건강이 우선이지. 너의 생명이 걸려 있잖니."

결혼 생활의 막바지에, 또 그 외의 많은 문제들이 있을 때마다 내가 헤쳐나갈 수 있도록 도와준 친구들과도 상의했지만, 처음으로 친구들은 내게 해줄 말이 없었다. 나중에 내게 고백하기를, 당시엔 자기들도 어찌할 바를 몰랐다고 한다. 유방암이란 여자에겐 너무나 개인적이고 민감한 문제였던 것이다.

나는 수술을 해야만 했다. 그건 알고 있었다. 만약 수술하지 않는다면 암이 번지는 것은 시간문제였다. 하지만 그때 나는 싱글이었고, 별로 성공적이진 못했지만 데이트도 하는 편이었다.

많은 실패가 있었음에도 불구하고 나는 언젠가 내 사람을 만날 수 있을 거라는 희망을 가지고 있었다. 난 그 희망이 사라지는 것이 싫었다. 가슴이 없는 여자를 어느 누가 사랑해줄까? 그러나 두려운 것은 성적 매력을 잃는 것만이 아니었다. 내 여성성, 여성으로서의 정체성, 나 자신에 대한 이미지의 문제이기도 했다. 그러나 부모님은 이를 이해하지 못했고, 친구들도 두려웠는지 나를 도와줄 수 없었다. 어떻게 해야만 할까?

어느 날 아침 누군가 내 사무실 문을 두드렸다. 처음 보는 여성이었다. 그녀는 들어와 문을 닫고는 이렇게 말했다. "제가 누구인지 모르실 거예요. 저는 콜그래프 박사님의 환자입니다. 박사님이 당신을 한번 만나보라고 부탁하셨어요. 저는 5년 전에 양쪽 유방을 제거했거든요."

우리는 두 시간 동안 이야기를 나누었다. 그녀의 이름은 기억나지 않는다. 그리고 그 뒤에도 다시 그녀를 만난 적이 없다(스펜서에 사는 사람이 아니었다). 하지만 그녀가 내게 했던 말들을 모두 기억한다. 우리는 고통과 수술 과정, 회복기, 그리고 무엇보다 정서적인 측면에 대해 많은 이야기를 나누었다. 아직도 여자처럼 느껴지는지, 자신이 온전하다고 생각되는지, 거울을 보았을 때 어떤 느낌이 드는지 등등.

그녀가 떠난 후 나는 옳은 결정이 무엇인지 확신이 섰다. 그리고 결정을 내릴 준비가 되었다.

양쪽 가슴을 제거하는 유방 절제술은 여러 단계를 거쳐야 한다. 첫째, 일단 가슴을 제거한다. 그다음에는 조직 확장기라 부르는 임시 보형물을 집어넣는다. 내 겨드랑이에는 관을 삽입했다. 내 살 안으로 들어가 있는 튜브가 보였다. 그리고 2주마다 가슴의 크기를 확장시키고 피부를 늘리기 위해 수액을 투여했다. 불행히도 실리콘 보형물에 대한 위험이 수술 후 몇 주 안 된 시점에서 내내적으로 보노뇌었고, 미 연방 식약청은 보형물에 대한 일시적 금지 조치를 취했다. 나는 결국 4주만 하려고 했던 임시 확장기를 8개월이나 하고 있어야 했다. 내 겨드랑이에는 너무나 많은 흉터가 생겨서 온도가 조금만 변해도 양 옆구리를 찌르는 듯한 통증을 느꼈다. 수년간 조이는 하늘에서 먹구름을 볼 때마다 나에게 묻곤 했다. "비키, 비가 올 것 같아요?"

"올 거예요. 한 30분 뒤에 올 것 같아요." 나는 통증의 정도만으로 비가 언제 올 것인지를 10분 내외의 오차 범위 안에서 맞힐 수 있었다. 몸을 가눌 수 없을 정도로 통증이 시작되면 비가 거의 임박한 것이다. 통증 기상 예보는 거의 정확했기 때문에 조이와 나는 맞힐 때마다 함께 웃곤 했다. 하지만 속으로는 그 자리에 주저앉아 펑펑 울고 싶었던 때가 한두 번이 아니었다.

어느 누구도 내 고통을 알지 못했다. 부모님도, 친구들도, 직원들도. 의사는 내 몸속 깊은 곳까지 들어가 찾을 수 있는 살점은 모두 찾아 도려냈다. 그 텅 비고 쓰라리고 긁혀낸 느낌은 매 순간 남아 있었다. 하지만 때로는 통증이 너무나 급격하고 강렬하게 엄습해왔기 때문에 그 자리에서 쓰러지기도 했다. 거의 1년간은 도서관을 다니다 말다 했다. 사무실에 출근하지 말아야 한다는 것을 알면서도 많은 날들을 겨우겨우 사무실 책상 앞에 앉아 있었다. 케이가 대신해서 도서관을 운영하면 내가 없어도 도서관은 돌아갈 테지만, 과연 내가 도서관 없이 견딜 수 있을지가 문제였다. 정해진 일정과 만나는 사람들, 성취감, 그리고 무엇보다도 듀이. 이런 것들 없이 살 수 있을까?

과거에 내가 듀이를 필요로 할 때 녀석은 언제나 내 곁을 지켜주었다. 삶의 무게에 짓눌릴 것 같을 때 듀이는 내 컴퓨터 위에 자리를 잡았고 조디가 돌아오길 함께 기다리며 내 옆자리를 지켜주었다. 그런데 이제는 내 옆자리를 지키는 것뿐 아니라 한 발 한 발 기어올라 내 무릎에 자리를 잡았다. 더 이상 내 옆을 따라 걷는 데 만족하지 않고 꼭 내 팔 안에 안겨야겠다고 고집했다. 얼핏 보면 별거 아닌 일 같지만, 이런 변화가 내게는 너무나 소중했다. 왜냐하면 나에겐 아무도 껴안아줄 사람이 없었기 때문이다. 나와 세상은 거리감이 있었다. 누구도 나를 껴안고 괜찮아질 거라 말해주지 않았다. 단지 수술 때문만이 아니었다. 수술 결정을 놓고 이런저런 고민과 상실감에 슬퍼하며 육체적 고통과도 싸워야 했던 1년 동안 듀이는 매일같이 내게 몸을 맡겼다. 내 무릎에 앉았고 내 품을 파고들었다. 그리고 그 모든 것이 끝나고 드디어 내가 비교적 안정적인 상태로 돌아왔을 때, 듀이는 다시 내 옆자리로 돌아갔다. 그 1년간 어느 누구도 내가 겪었던 일을 이해하지 못했다. 그 어느 누구도. 듀이만이 예외였다. 사랑은 변함없는 것이지만 정말 필요할 때에는 더 많은 사랑을 줄 수 있다는 것을 듀이는 이해하고 있었다.

도서관에서 보낸 첫 주 이후에 녀석은 매일 아침 현관문 앞에서 나를 기다렸다. 내가 다가오는 것을 바라보다가 내가 문을 열면 갑자기 돌아서서 얼른 밥그릇이 있는 곳으로 뛰어갔다. 그러고는 그 끔찍했던 1년 중 특히 몸과 마음이 힘겨웠던 어느 아침에 듀이는 나에게 손짓을 했다. 그렇다. 그것은 손짓이었다. 나는 멈춰 서서 듀이를 바라보았다. 듀이도 멈춰 나를 보고는 다시 손을 흔들기 시작했다.

다음 날도 그랬고, 그다음 날도, 또 그다음 날도 그랬다. 결국 나는 이것이 새로운 일과가 되었다는 것을 깨달았다. 듀이는 내 차가 주차장에 들어오는 것을 보자마자 오른쪽 앞발로 현관문을 긁기 시작했다. 내가 길을 건너 문에 다가설 때까지 위아래로 흔드는 것이 계속되었다. 절박하게 흔드는 것도 아니었고 야옹 소리를 내며 우는 것도 아니었다. 그 자리에 조용히 앉아 마치 내가 도서관에 오는 것을 환영한다는 듯, 그리고 동시에 자신이 거기 있다는 것을 알리는 듯 흔들었다. 마치 내가 녀석의 존재를 잊기나 할 것처럼. 매일 아침 도서관을 향해 걸을 때마다 듀이의 손짓을 보면서 나는 기분이 좋아졌다. 도서관 일에 대해, 인생에 대해, 또 나 자신에 대해. 그렇게 듀이가 손을 흔들어만 준다면 모든 일이 잘될 것 같았다.
　"굿모닝, 듀이." 듀이에게 인사하면 내 마음이 노래를 했다. 제아무리 어둡고 추운 아침일지라도 도서관은 활기찬 생명력으로 터질 듯했다. 나는 듀이를 내려다보며 활짝 웃었다. 그러면 듀이는 내 발목에 몸을 비빈다. 내 친구. 내 아기. 나는 듀이를 내 품에 안고 화장실까지 데려다 준다. 어찌 그러지 않을 수가 있단 말인가.

작은 마을 도서관을 찾는 사람들

┤ Chapter 20 ├

1999년 6월 7일 오후, 듀이의 팬으로부터 전화가 왔다. "비키, 라디오를 들어보세요. 정말 믿을 수기 없을 거예요."

내가 라디오를 틀자 나오는 말은 이러했다. "자, 이제…… 그 나머지 이야기는 아시겠지요."

라디오를 들으며 자란 모든 사람들은 그 마지막 멘트를 알고 있었다. 폴 하비의 '그 나머지 이야기'라는 프로그램은 라디오 역사상 최고의 인기를 자랑하는 프로이다. 매번 이 방송은 잘 알려진 한 인물의, 사소하지만 의미 있는 사건을 들려준다. 그리고 이 방송의 가장 큰 매력은, 폴 하비가 마지막으로 그 유명한 클로징 멘트를 하기 전까지 누구에 대한 얘기를 하고 있는지 알 수 없다는 것이다.

예를 들어 이런 것이다. "그래서 벚꽃나무를 도끼로 찍어 넘어뜨리고 싶어하던 그 소년은 결국 나중에 자라서 우리나라 건국의 아버지, 조지 워싱턴이 되었습니다. 자, 이제…… 그 나머지 이야기는 아시겠지요?"

그런데 그 순간 폴 하비는 온 마을에 영감을 주고 세계적으로 유명해진 한 고양이의 이야기를 하고 있었던 것이다. "자, 이야기는 아이오와의 한 작은 마을, 추운 1월 아침에 도서 반납함에서 시작됩니다. 이제…… 그 나머지 이야기는……."

폴 하비의 프로그램 제작자들이 우리에게 전화를 해 사실을 확인한 건 아니었지만, 지금 그것이 문제가 아니었다. 이 진행자가, 듀이를 특별하게 만드는 그 나머지 이야기의 10퍼센트도 알지 못한다 한들 그것도 중요치 않았다. 방송이 끝났을 때 나는 자리에 가만히 앉아 생각했다. '듀이는 이제 정말 유명해졌구나.'

수년간 나는 신문사나 라디오 방송국에 출연해 듀이에 대한 소식을 전하곤 했다. 하지만 폴 하비의 방송을 듣고 나서 이제는 자제할 때가 되었다고 생각했다. 듀이의 팬이 충분치 않아서가 아니었다. 도서관을 찾는 사람들은 언제나 듀이의 최근 소식을 물어오곤 했다. 어린이들도 도서관으로 뛰어들어와 반짝이는 눈으로 환하게 웃으며 자기들의 친구를 찾았다. 하지만 듀이에 대한 아무리 좋은 소식일지라도 우리 마을 사람들은 이제 더 이상 감동을 받지 않았다. 사실 나는 오히려 그것 때문에 사람들이 멀어지지 않을까 걱정하기 시작했다. 듀이가 너무 많이 세상에 노출된 것이 아닐까 하는 걱정이 앞선 것이다.

하지만 그것은 스펜서에서의 이야기일 뿐이다. 나머지 세상 사람들은 아직도 듀이 소식에 목말라했다. 나는 몇 개의 주 이사회 멤버일 뿐 아니라 아이오와 도서관 제도 내 평생 교육 교사 여섯 명 중 하나였다. 그래서 우리 주에 있는 도서관, 군사 기지, 병원, 학교 등을 연결하는 화상 회의 시스템인 아이오와 커뮤니케이션스 네트워크(ICN)를 이용해 강의를 하고 있었다. 내가 강의하기 위해 ICN 교실에 앉을 때마다 받는 첫 번째 질문은, "듀이는 어디 있어요?"였다.

그러면 다른 사서가 또 얼른 덧붙였다. "그러게요. 듀이를 볼 수 있을까요?"

다행히 듀이는 ICN 방에서 열리는 모든 강의에 참석했다. 듀이는 사람을 직접 만나는 것을 더 좋아했지만 화상 회의도 마다하지 않았다. 나는 듀이를 테이블 위에 올려놓고 아이오와 주 전체가 지켜보고 있는 화면에서 이 고양이가 보이도록 카메라 버튼을 눌렀다. 그들의 탄성이 네브래스카까지 들리지 않았나 싶다.

"너무 귀여워요!"

"우리 도서관에서도 고양이를 입양하면 어떨까요?"

그런 질문에 나는 항상 하는 이야기가 있었다. "딱 맞는 고양이여야만 합니다. 아무 고양이나 되는 건 아니에요. 특별한 고양이여야 합니다."

"어떻게요?"

"차분하고 인내심 많고 똑똑하고, 그리고 무엇보다 외향적이어야 합니다. 도서관 고양이는 사람을 좋아해야만 해요. 그리고 그 고양이의 외모가 예쁘다든지 잊지 못할 사연이 딸린 고양이라면 더 도움이 되겠죠." 나는 자신의 온 마음을 바쳐 도서관을 사랑해야만 비로소 도서관 고양이가 될 수 있다는 말은 하지 않았다.

나는 결국 수강생들을 다그쳐야만 했다. "이제 그만 할까요? 자, 그럼 검열과 소장 도서 개발에 대해 이야기를 해봅시다."

"잠깐만요. 우리 직원들한테도 듀이를 보여주고 싶어요."

나는 테이블에서 자기가 제일 좋아하는 자리에 퍼져 앉아 있는 이 커다란 오렌지색 고양이를 슬쩍 쳐다보았다. "너 이거 엄청 즐기고 있지? 그렇지?"

듀이는 순진한 표정으로 나를 바라봤다. '누구요? 저요? 저는 임무를 다하고 있을 뿐인걸요.'

듀이를 사랑하는 것은 도서관 사서들만이 아니었다. 하루는 사무실에서 일하고 있는데, 케이가 안내 데스크에서 나를 불러냈다. 그곳에 가보니 한 가족이 기다리고 있었는데, 두 아이를 동반한 젊은 부부였다. 케이가 놀라움을 감추지 못하며 그 가족을 소개했다. "이분들은 로드아일랜드에서 오셨대요. 듀이를 만나러요!"

아버지가 먼저 악수를 청했다. "우리는 미니애폴리스에 머물고 있습니다. 그래서 차를 빌려 이곳을 방문하기로 한 것이지요. 우리 아이들이 듀이를 너무 좋아해서요."

이 남자가 혹시 미친 게 아닐까? 미니애폴리스는 여기서 자동차로 네 시간 반이나 떨어진 곳이었다. "잘 오셨어요." 나는 이들과 힘차게 악수하며 말했다. "듀이 이야기는 어떻게 아셨습니까?"

"『캐츠』잡지에 실린 기사를 읽었습니다. 우리 가족은 모두 고양이를 좋아하거든요."

"좋습니다. 그럼 듀이를 만나러 가시지요." 별달리 할 말이 없어 나는 그들을 안내했다.

다행히 듀이는 평소처럼 사람들을 기쁘게 해주고자 안달이었다. 듀이는 아이들과 재미있게 놀았고, 사진을 위해 포즈도 취했다. 나는 그 집 어린 딸에게 듀이 어깨걸이를 보여줬고, 그 딸은 듀이를 왼쪽 어깨(언제나 왼쪽이다)에 걸고는 도서관을 한참 돌아다녔다. 도대체 이런 만남이 과연 왕복 아홉 시간의 가치가 있는 건지는 잘 모르겠다. 하지만 그들은 행복한 얼굴로 도서관을 떠났다.

그 가족이 떠나자 케이가 말했다. "정말 기가 막히네요."

"정말 그렇죠? 살다 보니 어쩌다 이런 일도 있네요."

그런데 '어쩌다 이런 일'은 또 일어났다. 그리고 또, 또다시 계속해서 일어났다. 유타에서, 워싱턴에서, 미시시피, 메인, 그 밖의 전국 곳곳에서 사람들이 찾아왔다. 노인 부부, 젊은 부부, 가족들. 그들 중 대부분은 여행을 하던 중 스펜서에 하루 동안 들르기 위해 목적지까지 2백~3백 킬로미터씩 우회해서 가는 수고를 아끼지 않았다.

이들 중 내가 이름을 확실히 기억하는 가족은 뉴욕 시에서 왔던 해리와 리타 페인 가족이다. 듀이를 만나고 간 이후부터 그들은 매년 크리스마스 때마다 듀이에게 생일 선물, 사료, 장난감 등을 사라고 25달러를 보내왔다. 이 밖에 방문했던 많은 사람들에 대한 정보를 적어두었으면 좋았을 걸 하는 생각도 든다. 그러나 처음에는 이런 식으로 사람들이 계속 듀이를 보러 올 것이라곤 전혀 생각하지 못했다. 뭐 하러 그런 걸 기록해? 한편 듀이에게 사람을 끄는 특별한 매력이 있다는 걸 깨달았을 때는 사람들이 듀이를 보러 오는 일이 너무 잦아 특별히 기록할 필요를 느끼지 못했다.

도대체 이 사람들은 어디를 통해 듀이에 대해 알고 오는 것일까? 나는 정말 알 수가 없었다. 도서관이 듀이를 위해 별도로 홍보를 한 적도 없었다. 『스펜서 데일리 리포터』를 제외하고는 우리가 연락한 신문사도 없었다. 듀이를 홍보하기 위해 홍보 담당자를 두거나 마케팅 담당자를 둔 적도 없었다. 샵코 콘테스트를 제외하고는 그 어떤 경연대회에도 듀이의 사진을 제출한 적이 없었다. 우리는 단지 듀이를 위한 전화 응답 서비스만을 제공하고 있었다. 전화가 울렸다 하면 듀이와 인터뷰하고자 하는 또 다른 잡지, 방송 프로그램 혹은 라디오 방송국이었으니까. 우편물을 열어보면 한 번도 들어본 적 없는 잡지나 또는 굉장히 먼 지역의 신문이 듀이에 대한 기사를 실은 채 들어 있곤 했다. 일주일이 멀다 하고 다른 가족들이 연거푸 듀이를 보러 왔다.

이 순례자들이 무엇을 기대하고 이곳에 오는 것일까? 물론 멋진 고양이를 기대하겠지만 미국의 모든 동물 보호소에 가보면 이 정도로 멋진 고양이들은 셀 수 없이 많을 텐데 말이다. 그들은 왜 여기까지 와야만 했을까? 사랑과 평화, 위안, 포용을 찾아서, 또는 인생의 작은 즐거움을 찾아서였을까? 아니면 스타와 시간을 보내고 싶었던 걸까? 혹은 고양이 한 마리, 시골 도서관, 작은 마을에서 느껴지는 꾸밈없는 순수함을 동경하는 것일까? 과거의 것이 아니면서도 자신들의 삶과는 조금 다른, 하지만 닮은 점도 있는 그런 어떠한 경험을 찾아서 온 것이었을까? 아이오와가 그 사람들에게는 이러한 의미가 아니었을까? 미국의 하트랜드, 즉 심장부라는 것은 우리 지역이 단순히 나라 한가운데 있다는 뜻만이 아니라 정말로 사람들의 마음 한가운데에 있다는 그런 뜻은 아닐는지.

이 사람들이 무엇을 기대했건 듀이는 그 기대를 충족시켜주었다. 듀이에 대한 잡지 기사와 방송은 사람들에게 감동을 주었다. 나는 지금까지 듀이에 관한 많은 편지를 받았는데, 그 편지들은 항상 이렇게 시작했다. '낯선 사람에게 편지를 쓰는 것은 처음입니다. 하지만 듀이에 대한 이야기를 들었고…….' 듀이를 찾았던 방문객들은 모두 듀이에게 홀딱 반한 채로 돌아갔다. 내가 이렇게 말할 수 있는 이유는, 그 사람들이 나에게 그렇다고 이야기를 해줬을 뿐 아니라 그들의 눈과 미소가 먼저 그것을 말해주었기 때문이다. 그들은 또한 집으로 놀아간 뒤에도 다른 사람들에게 듀이의 이야기를 전파했다. 주변 사람들에게 듀이와 찍은 사진을 보여주었으며 친구와 친척들에게 편지를 보냈다. 시간이 흘러 인터넷이 대중화되자 이제는 이메일을 이용하기 시작했다. 듀이의 얼굴, 성격, 듀이의 사연, 그 모든 것이 세계로 확산되었다. 듀이는 타이완, 폴란드, 남아프리카공화국, 노르웨이, 오스트레일리아에서까지 편지를 받았다. 듀이는 약 6개국에 펜팔을 두었다. 아이오와 북서부의 작은 마을에서 파장이 일어났고, 사람들의 입소문으로 그 파장은 전 세계에 일파만파로 번져나갔다.

듀이의 인기를 생각할 때마다 잭 맨더스가 떠오른다. 지금은 은퇴했지만 듀이가 처음 우리에게 왔을 때 잭은 중학교 교사였고 우리 도서관 이사회의 회장이기도 했다. 몇 년 후 잭의 딸이 미시건 주 홀랜드의 호프 대학에 입학했을 때, 잭은 신입생 부모들을 위한 리셉션에 참석하여 세련된 파티장에서 마티니를 마시며 뉴욕에서 온 부부와 이야기를 나누게 되었다. 이야기 도중에 그들은 잭이 어디 출신이냐고 물었다.

"아이오와에 있는 작은 마을인데, 아마 못 들어보셨을 거예요."

"그래요? 혹시 스펜서 근처인가요?"

잭은 놀라워하며 말했다. "실은 스펜서에서 살고 있습니다."

부부는 갑자기 관심을 보였다.

"혹시 도서관에 자주 가세요?"

"당연하죠. 제가 도서관 이사회의 일원이거든요."

아름답게 잘 차려입은 그 여성이 자신의 남편을 돌아보곤 어린 소녀처럼 웃으며 소리를 쳤다. "듀이 아버지래요!"

이사회 회원인 마이크 베어가 남태평양으로 크루즈 여행을 떠났을 때에도 비슷한 일이 일어났다. '만남의 시간'에 마이크와 그의 부인은 배 안의 많은 승객들이 아이오와에 대해서는 들어본 적도 없다는 것을 알게 되었다. 동시에 크루즈 여행을 몇 번 했느냐에 따라 일종의 서열이 결정된다는 것도 알았다. 이 부부에게는 이번이 첫 번째 크루즈였기 때문에 크루즈 사교계에서 그들의 서열은 제일 밑바닥이었다. 그런데 이 부부에게 어떤 여성이 말을 걸었다. "아이오와에서 오셨다면서요. 혹시 듀이라는 도서관 고양이 아세요?" 그 순간부터 분위기는 완전히 바뀌었다. 마이크와 페그는 순식간에 인기를 끌었고, 듀이는 크루즈 여행 내내 화제의 대상이었다.

그렇다고 해서 모든 사람들이 듀이를 안다는 것은 아니다. 듀이가 아무리 유명하고 인기 있다 하더라도, 스펜서 도서관에 고양이가 살고 있다는 사실 자체를 모르는 사람들 또한 있기 마련이다.

네브래스카에서 차를 몰고 듀이를 보러 온 가족이 있었다. 이 가족은 듀이를 위한 선물을 준비했고, 두 시간 동안 듀이와 놀면서 사진도 찍고 직원들과 대화도 나누었다. 그런데 그들이 떠나고 나서 10분 정도 지난 후에 누군가가 안내 데스크로 다가와 몹시 걱정스러운 표정으로 속삭였다. "걱정시켜드리고 싶은 건 아닌데요, 이 건물에 고양이가 돌아다니네요."

"네." 우리도 같이 속삭여주었다. "여기 살아요. 전 세계에 이름난 유명한 도서관 고양이랍니다."

"아!" 그러면 그들은 겸연쩍게 웃었다.

내가 가장 생생하게 기억하는 방문객은 텍사스에서 온 젊은 부모로, 그들은 여섯 살 된 딸과 함께 왔다. 나는 그들이 도서관에 들어서자마자 이번 방문이 딸을 위한 특별 여행이라는 것을 알 수 있었다. 혹시 딸이 아픈가? 무슨 충격적인 일이 소녀에게 있었던 것일까? 왜인지는 모르지만 부모가 아이에게 한 가지 소원을 들어주겠다고 했는데, 그 소원이 이것인 듯했다. 소녀는 듀이를 만나고 싶어했다. 손에는 듀이를 위한 선물이 들려 있었다. 소녀의 아버지가 말했다. "장난감 쥐예요." 아버지는 미소를 띠고 있었지만 몹시 긴장하고 있었다. 우연히 지나다 한 번 들른 것이 결코 아닌 것 같았다.

그 남자에게 미소로 화답하는 동안 내 머릿속에는 한 가지 생각뿐이었다. '저 장난감 쥐에 고양이풀이 들어 있어야 할 텐데.' 듀이는 때때로 고양이풀이 들어 있지 않은 장난감은 절대 가지고 놀지 않았는데, 불행히도 그때가 바로 그런 시기였다.

나는 이렇게 말할 수밖에 없었다. "가서 듀이를 데리고 올게요."

듀이는 내 사무실 밖에 놓여 있는 난방기 옆, 인조털이 깔린 새 침대에서 잠들어 있었다. 듀이를 깨우며 나는 약간의 텔레파시를 시도했다. '듀이야, 제발 부탁이야. 이건 정말 중요하단다.' 듀이는 너무 피곤한지 눈도 제대로 뜨지 못했다.

어린 소녀는 다른 어린이들과 마찬가지로 처음에는 주저했다. 그래서 아이의 어머니가 먼저 듀이를 쓰다듬어주었다. 듀이는 마치 감자 자루처럼 철퍼덕 누워 꼼짝하지 않았다. 소녀는 잠시 후 손을 뻗어 듀이를 만졌다. 듀이는 간신히 눈을 뜨고는 소녀의 손에 자기 몸을 맡겼다. 아버지는 바닥에 앉아 듀이와 딸을 자신의 무릎에 앉혔다. 듀이는 즉각 소녀에게 파고들며 안겼다.

그들은 그곳에 1, 2분가량 그렇게 앉아 있었다. 드디어 소녀는 조심스럽게 리본으로 예쁘게 묶은 선물을 보여주었다. 듀이는 벌떡 일어났지만 아직도 피곤해 보였다. 아마 듀이는 오전 내내 소녀의 무릎에서 낮잠 자는 것을 더 좋아했을 것이다. 나는 기도했다. '듀이야, 제발. 제발 정신 차리고 놀아줘라.' 소녀는 선물 포장을 풀었는데, 역시 고양이풀이 들어 있지 않은 평범한 장난감 쥐였다. 나는 가슴이 철렁했다. 결과가 좋지 않을 게 불 보듯 뻔했다.

어린 소녀는 졸린 듀이의 눈앞에서 듀이의 주의를 끌고자 장난감 쥐를 흔들어 보였다. 그리고 조심스럽게 몇 미터 앞으로 던졌다. 그런데 장난감 쥐가 땅에 떨어지자마자 듀이는 그 위로 점프를 했다. 듀이는 장난감 쥐를 쫓아가고, 입에 물고, 하늘에 던지고, 앞발로 치기도 하면서 열심히 놀아주었다. 소녀는 기쁨에 넘쳐 까르륵 웃었다. 듀이는 그 날 이후 다시는 이 장난감을 가지고 놀지 않았지만, 소녀가 있는 동안은 그 장난감 쥐를 몹시 사랑해주었다. 녀석은 자신이 가지고 있는 모든 에너지를 그 장난감 쥐에게 쏟아 부었다. 어린 소녀의 얼굴이 환해져 마치 광채가 나는 듯했다. 듀이는 고양이 한 마리를 보기 위해 수백 킬로미터를 달려온 소녀를 실망시키지 않았던 것이다. 내가 듀이에 대해 왜 걱정했나 싶었다. 듀이는 그처럼 언제나 사람들을 위해 최선을 다하는 고양이였다.

듀이의 도서관 임무

듀이가 에스털리 박사로부터 도서관 직원들을 위한
15퍼센트 디스카운트를 받는다는 사실을 안 뒤 사람들이 가장 많이 묻는 질문인
"듀이가 하는 일은 뭡니까?"에 대한 답변

1. 듀이에게 관심을 쏟는 모든 사람들의 스트레스를 감소시켜주기.

2. 매일 오전 9시에 현관문 앞에 앉아 도서관에 들어오는 사람들을 맞이하기.

3. 보안을 위해, 또 얼마나 편안한 상자인지 확인하기 위해
    도서관에 반입되는 모든 박스들을 조사하기.

4. 도서관 공식 홍보 담당으로서 라운드 홀에서 열리는 모든 회의 참석하기.

5. 직원들과 방문객에게 웃음을 통해 긴장 풀어주기.

6. 공부를 하거나 필요한 논문을 검색하는 도서관 방문객들의
    책가방이나 서류 가방안으로 기어들어가기

7. 스펜서 공공 도서관을 위해 전국적, 그리고 세계적으로 홍보 활동 하기
    (이 직무에는 사진을 찍기 위해 가만히 앉아 있기, 카메라를 바라보며 미소 짓기,
    그리고 귀여워 보이기 등이 요구된다).

8. 가장 값비싸고 맛깔스러운 먹이를 제외하고는 먹지 않겠다고 버티며
    세계 최고로 입맛 까다로운 고양이로 등극하는 데 힘쓰기.

우리를 특별하게 만드는 것들

⊰ Chapter 21 ⊱

나는 종종 우리 마을의 이전 도시 관리자를 떠올리곤 한다. 그는 나를 볼 때마다 웃으며 말했다. "도서관 '걸'들은 아직도 고양이 한 마리를 가지고 난리법석을 떠나?" 그는 재미있으라고 한 얘기였을 테지만, 나는 늘 살짝 기분이 나빴다. '걸'이라니! 그런 표현을 정겹다고 쓴 것인지는 모르겠지만 나는 이 사람이 우리가 하는 일을 비하하고 있다고 느꼈다. 책이나 도서관 고양이를 중요하게 여긴다는 것 자체가 우습다고 생각하는 이 마을의 많은 지도층을 대변하는 듯한 말투였다. 그따위 것들은 여자애들이나 좋아하는 것이라는 얘기였다.

우리 마을에 고양이가 더 이상 필요할까 싶을 정도로, 때는 21세기였고 스펜서는 발전하고 있었다. 1990년대 말에는 2백만 달러를 들여 YMCA를 다시 지었다. 스펜서의 지역 병원은 두 번이나 확장을 했다. 17만 달러의 기부금과 250여 명의 자원봉사자들 덕분에 이스트 린치 공원에 계획했던 작은 놀이터는 '사우스 4번가의 기적'이라 불리는 약 850평 규모의 대단위 놀이 시설로 발전했다.

아이오와 주가 2003년에 카지노 면허를 발급하기로 결정하자, 마을 지도자 중 몇몇은 이것이 작은 마을인 스펜서를 크게 키울 수 있는 기회라고 생각했다. 그들은 개발업자와 상의를 하고 마을 남서쪽 끝에 위치한 강가에 부지 선정을 하며 계획을 짰다. 하지만 대다수 마을 사람들에게 2003년의 이 카지노는 1993년의 도축장과 비슷해 보였다. 마을이 경제적으로 부유해질진 모르지만 그에 따른 대가도 클 것이라는 생각이었다. 물론 카지노가 있다면 양질의 일자리도 많아질 것이고 매년 백만 달러가 넘는 돈을 의무적으로 자선 사업에 기부하도록 되어 있으니 그런 점에서 나쁠 것은 없었다. 하지만 과연 스펜서가 그 후에도 예전처럼 그대로일지는 의문이었다. 우리 마을이 자신의 정체성을 상실하고 카지노 마을로 전락하는 것은 아닐까? 이러한 찬반이 계속되다 결국 카지노 역시 몬포트 공장과 같은 운명을 맞이하게 되었다. 마을 투표에서 부결되었던 것이다. 결국 카지노 건은 우리 마을의 동쪽에 있는 팰러 앨토 카운티가 따갔고, 카지노 시설은 불과 40킬로미터 떨어진 에메츠버그에 세워졌다.

우리는 카지노를 거부함으로써 다시 한번 마을의 찬란한 미래로부터 등을 돌렸는지 모른다. 또한 그것은 진보적 마을로서의 역사적 정체성을 거스르는 결정이었는지도 모른다. 어쩌면 우리가 순진했을지도 모른다. 하지만 우리는 발전을 하더라도 우리가 가진 것 위에서 새롭게 구축해야 한다고 믿었다.

우리 마을의 역사적인 보물로는 1931년에 재건축되고 1987년에 재단장한 그랜드 애버뉴가 있다. 90년대 말 우리 마을의 도시 계획 담당자 커비 슈미트는 2년간 그랜드 애버뉴 거리에 관한 연구를 했다. 커비는 마을 토박이였는데, 1980년대 위기에 스펜서를 떠날 뻔했었다. 그때 커비의 형은 동부 연안으로, 여동생은 서부로 이주했다. 결혼한 지 얼마 안 된 커비의 가족은 부엌 테이블에 둘러앉아 회의를 했고, 끝까지 스펜서에 남기로 결정했다. 결국 경기가 회복되었다. 그리고 커비는 시청의 일자리를 얻었다. 몇 년 후 커비는 매일 새벽 6시에 도서관에 나와 마이크로피치 파일과 옛날 신문을 뒤지며 지역 역사를 연구하기 시작했고, 나는 아예 커비에게 도서관 열쇠를 주었다. 듀이는 커비가 새벽에 방문할 때에는 계속 잠을 잤다. 아침에 내가 출근하면 그제야 듀이는 일어났다.

1999년 3번가와 8번가 사이의 그랜드 애버뉴는 국가 지정 역사 유적으로 등재되었다. 프레리 데코 양식의 대표적인 건축물이 남아 있고, 얼마 남아 있지 않은 대공황 시절 도시 계획의 종합 모델이라는 이유에서였다. 보통 역사 유적지로 등록되기 위해서는 두 번 내지 세 번의 도전을 해야 했는데, 커비 슈미트 덕분에 그랜드 애버뉴는 처음 등록 신청을 하자마자 만장일치로 통과되었다. 비슷한 시기에 커비의 여동생 가족은 시애틀에서 다시 스펜서로 돌아왔다. 그녀는 아이들을 아이오와에서 옛날 방식으로 키우고자 했다.

이것이 바로 스펜서가 갖고 있는 독특하고 가치 높은 자산이 아닐까. 사람들 말이다. 스펜서 주민들은 선량하고 건실하고 근면한 중서부 사람들이다. 높은 자긍심을 갖고 있지만 겸손하다. 또한 나서서 자랑하는 것을 좋아하지 않는다. 그들은 사람의 가치란 이웃들에게 얼마나 존경받느냐에 달려 있다고 믿으며, 바로 그런 이웃들과 함께 아이오와 스펜서에서 사는 것이 최고라고 생각했다. 마을 사람들은 가족들이 수 세대에 걸쳐 일구어온 땅만이 아니라 이웃들과도 끈끈하게 연결되어 있다. 만약 스펜서가 이리저리 얽혀 짜인 태피스트리라면, 여기에 반짝이는 실 하나가 이 태피스트리 여기저기를 누비며 빛나고 있는데, 그것이 바로 듀이였다.

요즘 세상에는 인정받기 위해서 뭔가를 해야 한다고 생각하는 경향이 있다. 그 무언가라는 것은 '남들이 볼 수 있게', 그리고 가능하면 '카메라에 잡히는' 그런 일이다. 사람들은 종종 유명한 마을이라고 한다면 쓰나미나 산불을 견뎌냈거나 혹은 대통령이 나왔다거나 아니면 무슨 끔찍한 범죄를 숨겨온 마을이어야 한다고 생각한다. 또 유명한 고양이라면 불타는 집에서 어린이를 구출했다든지, 미 대륙 반대편에 남겨졌으나 산 넘고 물 건너 집을 찾아왔다든가, 미국 국가를 야옹거리며 노래할 수 있어야 한다고 생각한다. 그리고 그러한 고양이는 영웅적이며 다재다능할 뿐만 아니라 언론을 잘 다루고 아주 매력적이며 훌륭한 홍보 에이전트를 두고 있어야 할 것이다. 그렇지 않으면 '투데이 쇼'에 출연하는 것은 거의 불가능할 테니까.

듀이는 그런 것과는 거리가 있었다. 듀이가 무슨 대단한 업적을 세운 것은 없었다. 듀이더러 성공하라고 등을 떠미는 사람도 없었다. 우리는 그저 듀이가 아이오와 스펜서에서 사랑받는 도서관 고양이가 되기를 바랄 뿐이었고 듀이가 원하는 것도 그것이었다. 한 번 도망치긴 했지만 두 블록밖에 가지 못했고, 그것도 녀석에겐 멀게 느껴졌으리라.

듀이는 뭔가 유별난 일을 해서 특별한 것이 아니라 듀이 그 자체로서 특별했다. 겉으로는 평범해 보이는 사람인데 알면 알수록 돋보이는 사람이 있듯이 듀이도 그러했다. 결근하는 법이 없고 쓸데없이 불평하지도 않으며 분수에 맞지 않는 것을 무리하게 요구하지도 않는 그런 사람들. 이런 사람들은 자기가 하는 일에 열정이 있기 때문에 단순히 본분을 다하는 것을 넘어서서 언제나 탁월한 서비스를 제공하는 사서나 자동차 정비공, 웨이트리스와 같은 사람들이다. 이런 사람들은 살면서 자신이 무엇을 해야 하는지 잘 알고 있으며, 그 일을 특별나게 잘해낸다. 그중 어떤 이들은 상을 타고 큰돈을 벌기도 하지만, 대다수는 그냥 인정받지 못하고 지나치기도 한다. 가게 점원, 은행 창구 직원들, 자동차 정비공들, 어머니들. 세상은 항상 독특하고 요란한 사람들, 가령 부자라든가 자기 홍보를 잘하는 사람들을 인정하려 하지, 평범한 일을 비범하게 잘하는 사람들을 인정하려 하지 않는다. 듀이의 출발은 보잘것없었다(아이오와의 한 골목길). 녀석은 큰 비극을 극복했다(냉동고 같았던 반납함). 그리고 듀이는 자신의 자리를 찾았다(작은 마을 도서관). 어쩌면 이것이 답일지 모른다. 듀이가 자신의 자리를 찾았다는 것. 듀이의 열정과 인생의 목적은 그 자리가 아무리 작고 하찮아 보여도 다른 사람들을 위해 더 나은 곳으로 만들고자 하는 것이다.

그렇다고 해서 캠핑카에서 떨어져 길을 잃었다가 5개월에 걸쳐 눈보라와 폭염을 헤치고 집을 찾아 돌아온 고양이가 특별나지 않다는 것은 아니다. 그 고양이는 절대 포기하지 않았고, 끝까지 집의 소중함을 기억하고 있었다. 그러나 조용한 방식으로, 듀이 또한 그러한 교훈을 주었다. 듀이도 반납함에서 보낸 긴 밤에 결코 생을 포기하지 않았고, 자신에게 집을 마련해준 도서관에 헌신했다. 듀이는 커다란 영웅적 행동을 하진 않았지만, 매일매일 뭔가 숭고한 일을 하고 있었다. 이 고양이는 아이오와 스펜서에서 사람들의 삶을 바꾸는 데 시간을 보내고 있었다. 한 번에 한 무릎씩.

옥수수에 붙어 있는 수염을 본 적이 있을 것이다. 우리는 그것들을 실크라고 부른다. 수염 한 가닥은 옥수수의 특정 부분에 연결되어 있다. 꽃가루에 의해 그 수염이 수정되어야만 그 부분에 옥수수 알 한 톨이 생긴다. 옥수수는 이렇게 한 번에 한 알씩 영글어가는 것이다. 옥수수 하나가 완성되려면 모든 수염에 다 수정이 되어야만 한다. 듀이의 방식도 그랬다. 듀이는 한 번에 한 사람의 마음을 얻어갔다. 어느 누구도 빠뜨리지 않았고 소홀히 하지도 않았다. 듀이의 관심을 받아주는 사람이라면 녀석은 항상 그 사람과 함께했다. 당신이 받아주지 않는다 하더라도 듀이는 당신을 설득시키려고 노력했다. 영화 「샬롯의 거미줄」에 나오는 돼지 윌버를 기억할 것이다. 듀이도 그런 성격이었다. 매사에 적극적이고 솔직하고 매력적이고 밝고 겸손했고(고양이치고는), 무엇보다도 누구에게나 친구처럼 대했다. 외양만 예쁜 것이 아니었고, 사연만 기막힌 것이 아니었다. 듀이에겐 엘비스 프레슬리처럼 우리 마음속에 영원히 간직될 그런 사람들과 같은 카리스마가 있었다. 미국에는 도서관 고양이가 열 몇 마리 정도 있었다. 그러나 그중 어느 고양이도 듀이가 이루어온 것을 따라잡을 수는 없었다. 듀이는 단순히 사람들이 쓰다듬고 즐거워할 또 한 마리의 고양이가 아니었다. 도서관의 단골 고객들은 한 사람 한 사람 모두가 자신이 듀이와 특별한 관계를 갖고 있다고 생각했다. 듀이는 모든 사람들이 특별하게 느끼게 해주었다.

특히 샤론은 듀이의 일요일 먹이 당번을 할 때마다 다운증후군을 가진 딸 에미에게 듀이를 보여주기 위해 그 애를 데리고 왔다. 토요일 밤이면 에미는 어머니에게 "내일이 '듀이 데이'예요?" 하고 물었다. '듀이 데이'가 되면 에미는 우선 듀이를 찾아 나선다. 듀이가 어렸을 때에는 현관 앞에서 기다리는 모습을 자주 볼 수 있었는데, 이후 나이가 들고 나서는 창가 햇살 아래 누워 있는 일이 많아졌다. 에미는 듀이를 끌어안고 어머니한테 데리고 가서 함께 쓰다듬어주었다.

"안녕, 듀이야. 너를 사랑한단다." 에미는 어머니가 자신에게 이야기하는 부드럽고 친절한 말투 그대로 듀이에게 말을 걸곤 했다. 에미에게 그것은 사랑의 목소리였다. 샤론은 항상 에미가 듀이를 너무 세게 쓰다듬을까 걱정했지만, 에미와 듀이는 친구였고 에미는 우리와 마찬가지로 듀이를 잘 알고 있었다. 에미는 언제나 듀이를 부드럽게 대했다.

이본 베리는 30대 후반의 싱글 여성으로 일주일에 서너 번 도서관을 찾았다. 그녀가 올 때마다 듀이는 이본을 찾아 그녀의 무릎에서 15분 정도를 보냈다. 그리고 나선 물장난을 치겠다며 이본에게 화장실 문을 열어달라고 졸라댔다. 이것은 그들만이 누리던 게임이었다. 그런데 이본이 집에서 키우던 고양이를 안락사시키던 날 듀이는 그녀와 함께 두 시간을 넘게 보냈다. 녀석은 무슨 일이 일어났는지는 몰랐지만 무언가 잘못되었다는 것을 느끼고 있었다. 몇 년이 지난 뒤 이본이 나에게 이 이야기를 해주었을 때 나는 그 사건이 그녀에게는 아직도 소중한 경험이라는 것을 알 수 있었다.

세기가 바뀌었고, 모든 것이 변했다. 듀이도 늙어갔다. 듀이는 고양이 침대에서 더 많은 시간을 보냈고, 언젠가부터 활발하게 장난치는 대신 조이와 함께 조용히 정리용 카트 타는 것을 더 즐겼다. 카트에 뛰어오르는 대신 야옹 하고 울어서 조이가 카트 위에 태워주면, 녀석은 배를 지휘하는 선장처럼 꼭 카트 앞부분에 올라앉았다. 반드시 필요해서라기보다 내 생각에는 심심해서 오르내리던 조명 위에서의 산책도 그만두었다. 듀이는 자기를 거칠게 다루는 것을 더 이상 참지 못하게 되었다. 하지만 그즈음 듀이와 가장 친한 친구가 된, 한 노숙자의 부드러운 손길은 여전히 좋아했다. 스펜서 같은 마을에서 눈에 띄지 않기란 쉬운 일이 아니다. 그러나 이 남자는 거의 투명인간에 가까웠다. 이 사람은 매일 아침 도서관에 면도도 하지 않고 머리도 빗지 않고 얼굴도 씻지 않은 채 나타났다. 어느 누구에게도 말을 걸지 않았고 오로지 듀이만을 원했다. 이 사람은 듀이를 안고 어깨에 걸쳤다. 그러면 듀이는 나지막이 가르랑거리며 20분 동안 이 남자가 자신에게 털어놓는 비밀을 가만히 들어주었다.

듀이가 높은 선반 위로 돌아다니는 것을 그만두었을 때, 케이는 듀이의 낡은 고양이 침대를 자신의 책상 선반 위에 올려놓았다. 그러자 듀이는 그 침대에 자리를 잡고서 케이가 일하는 것을 지켜보았다. 케이는 세심하게 듀이의 시중을 들어주었다. 사료도 바꾸어놓고 털 엉킨 것도 빗겨주었다. 털이 뭉쳐 헤어볼이 생기는 것을 방지하기 위해 바셀린도 먹이고 내가 목욕을 시킬 때는 도와주기도 했다. 케이는 나처럼 인내심이 강하거나 손길이 부드러운 편은 아니었지만 듀이를 조금 힘하게 다룰지라도 마지막엔 항상 듀이에게 애정의 눈길을 보내며 부드럽게 머리를 쓰다듬어주었다.

케이가 책상 위에 듀이의 침대를 차려주고 나서 얼마 지나지 않았을 때, 듀이가 침대에 뛰어오르는 순간 침대를 받치고 있던 선반이 무너져버렸다. 듀이는 네 다리를 버둥거리며 멀리 날아갔고, 노트북과 페이퍼 클립 따위도 사방으로 흩어졌다. 그러나 마지막 페이퍼 클립이 바닥에 떨어지기도 전에 듀이는 다시 돌아와 사고 현장의 점검에 나섰다.

"이 도서관에서는 겁날 게 없구나, 듀이. 그렇지?" 이렇게 농담을 하며 케이의 입꼬리가 말려 올라가는 것을 보면서 나는 그것이 진정 마음 깊숙한 곳에서 우러나오는 미소임을 알 수 있었다. 만약 듀이가 솔직했다면 이렇게 대답했을 것이다. '빗질하고 목욕만 빼고요.' 듀이는 나이가 들어갈수록 털 손질하는 것을 더욱더 싫어했다.

듀이는 나이를 먹어가면서 자신을 쿡쿡 찌르고 털을 마구 잡아당기는 유치부 아이들에 대한 인내심도 줄어들었다. 듀이도 이제는 몸이 굳어 더 이상 여기저기 부딪치고 멍이 드는 것을 견디기 힘들어했다. 물론 그렇다고 해서 아이들에게 화를 낸다거나 도망치는 것은 아니었다.

다만 문제의 어린이들이 다가올 때면 녀석은 불편한 상황이 발생하기 전에 조용히 사라져버렸다.

하지만 어린 아기들에 대해서는 달랐다. 어느 날 나는 바닥의 아기 바구니에 담긴 여자 아기 근처에 듀이가 철퍼덕 앉는 것을 보았다. 나는 듀이가 아기들을 어떻게 대하는지 알고 있었기 때문에 별로 걱정하지 않았다. 하지만 아기들은 무조건 세심하게 다루어야 하고, 아기 어머니들은 더 예민하게 반응하기 마련이다. 특히 그 아기의 어머니가 그랬다. 그래서 듀이는 그 아기한테 쉽게 다가갈 수 없었다. 듀이는 우선 지루해 죽겠다는 표정으로 먼 산을 바라보는 척했다. '그냥 지나가다 들렀어요.' 그러고는 내가 녀석을 보고 있지 않다고 생각하자 슬쩍 기어서 한걸음에 아기에게로 다가갔다. '그냥 자세를 바꾼 것뿐이에요.' 그는 몸짓으로 말했다. '여기엔 아무것도 볼 게 없어요.' 1분이 지나자 녀석은 또다시 다가갔다. 그리고 다시, 서서히, 조금조금씩 듀이는 기어가 드디어 아기 바구니에 기댈 정도로 가까이 갔다. 듀이는 아기 바구니의 턱에 고개를 얹고는 마치 아기가 안에 있는지 확인하는 듯하더니 앞발 위에 머리를 얹고 편한 자세를 잡았다. 아기는 바구니 너머로 작은 손을 뻗어 듀이의 귀를 붙잡았다. 듀이는 고개를 조정해서 아기가 더 잘 잡을 수 있도록 해주었다. 아기가 웃고 발을 차면서 듀이의 귀를 꼭 잡았다. 듀이는 조용히 앉아 만족스러운 표정을 지었다.

2002년 도서관에는 도나 스탠퍼드라는 새로운 어린이 도서실 보조 사서가 왔다. 도나는 평화봉사단을 모집하며 세계 곳곳을 돌아다니다가 최근 알츠하이머병을 앓고 있는 어머니를 돌보기 위해 아이오와로 돌아온 것이었다. 도나는 조용하고 근면한 직원이었고, 나는 그 때문에 듀이가 그녀와 몇 시간씩 어린이 도서실 쪽에서 시간을 보내는 것이라고 생각했다. 그러나 한참 지나고 나서야 도나가 이 마을에서 어머니를 제외하곤 아는 사람이 한 명도 없다는 것을 깨달았다. 사실 스펜서 같은 마을이라도, 아니 어쩌면 특히 스펜서처럼 서로를 너무 잘 아는 마을일수록 외부인은 오히려 사람들이 차갑다고 느끼거나 주눅이 들 수도 있다. 유일하게 도나에게 손을 내밀어준 주민은 듀이밖에 없었다. 녀석은 도나의 어깨에 올라탄 채 그녀가 사무실 의자를 밀며 책 정리를 할 때까지 함께했다. 어깨에 있는 게 지겨워졌을 때는 도나의 무릎으로 내려와 쓰다듬어달라고 졸라댔다. 때론 그녀가 어린이 책을 읽어주기도 했다. 어느 날 듀이가 눈을 지그시 감은 채 도나에게 안겨 있고 그녀도 깊은 생각에 빠져 있을 때 내가 불쑥 나타났다. 그녀는 깜짝 놀란 표정을 지었다.

"놀라지 말아요." 내가 말했다. "고양이를 안아주는 건 이곳 직무 중 하나니까요."

그리고 내 딸 조디의 남자친구 스콧이 있었다. 스콧이 스펜서를 방문한 첫날이 하필 우리 부모님 결혼 50주년 기념식이라 이 불쌍한 청년은 첫 대면에 여자쪽 집안 사람들을 모두 한꺼번에 만나 정신을 못차렸을 것이다. 이 행사는 조촐한 가족만의 파티가 아니었다. 파티는 450명을 앉힐 수 있는 스펜서 컨벤션 센터에서 열렸지만, 컨벤션 센터에도 사람들이 다 들어갈 수 없을 정도였다. 집은 집안 아이들이 무대로 올라가 우리 가족용 노래로 개사한 「유 아 마이 선샤인」과 빈스 길의 「룩 앳 어스」를 불렀다. 뭐든 단조로 만드는 음치인 남동생 더그도 떨리고 불안정한 목소리로 가세했다. 그때 바깥에는 백 명 이상의 사람들이 아직도 줄을 서서 부모님의 기념식을 축하하기 위해 기다리고 있었다. 부모님은 평생 온 세상을 자기 가족처럼 대하셨던 분들이다.

조디는 집을 떠나갔지만 그 후로 나와의 관계는 오히려 좋아졌다. 우리는 친구로서는 대단히 잘 맞았지만 룸메이트로선 궁합이 맞지 않았던 것이다. 그래서 우리는 이제 현재에 대해서라면 같이 웃을 수 있지만 과거에 대해서는 여전히 서로 이야기하지 않으려 했다. 아마 어머니와 딸들은 다 그런지도 모르겠다. 그렇다고 내가 노력하지 않은 것은 아니다.

"조디, 우린 참 힘겨운 시간도 있었지."

"엄마, 그게 무슨 말이에요?"

어디서부터 말을 꺼내야 할지. 내 건강 문제, 곁에 있어주지 못했던 것, 항상 난장판이었던 딸의 방, 그리고 우리 집 강아지 브랜디. "맨카토에서, 기억나? 우리가 가게 앞을 지나는데 네가 말했지. '나 저 셔츠 사고 싶어, 엄마. 하지만 우리가 돈이 없다는 걸 난 아니까 괜찮아.' 사실 그건 네가 단순히 갖고 싶어했던 게 아니라 정말로 네게 필요한 거였지. 넌 항상 내 기분을 배려했어." 난 한숨을 내쉬었다. "그때 넌 겨우 다섯 살이었는데."

"아이, 엄마. 사는 게 다 그렇지, 뭘 그러세요."

바로 그때 딸의 말이 옳다는 것을 깨달았다. 좋은 일도 있고 나쁜 일도 있는 것이 인생이다. 과거는 놔주어야 한다. 과거에 집착할 필요는 없다. 더 중요한 문제는 내일을 누구와 함께하느냐는 것이다.

그날 밤 파티가 끝난 후 조디와 나는 스콧을 데리고 듀이를 만나러 도서관으로 갔다. 그때 나는 둘의 사이가 심상치 않다는 것을 알았다. 조디는 과거 남자친구들에게 한 번도 듀이를 소개한 적이 없었다. 내가 아는 한, 내 딸이 사귀었던 남자친구들 역시 듀이를 만나는 데는 별 관심이 없었다. 물론 듀이는 조디를 만나 너무나도 기뻐했다. 조디야말로 듀이의 영원한 사랑이었다. 스콧은 둘이 함께할 시간을 잠시 주고는 나중에 듀이를 부드럽게 안고 쓰다듬어주었다. 그는 듀이가 싫어하는 배가 아니라 등을 어루만져주었다. 스콧은 듀이 어깨걸이로 녀석을 둘러메고는 텅 빈 도서관을 돌아다녔다. 나중에는 카메라를 꺼내 어머니에게 보여줄 사진도 찍었다. 스콧의 어머니는 듀이에 대한 이야기를 알고 있었고 듀이의 팬이라고 했다. 둘이 함께 있는 모습을 보니 가슴이 뭉클했다. 스콧은 정이 많고 부드러운 사람이었다. 자기 어머니를 위해 사진까지 찍어갈 정도로 배려하는 사람인데, 어찌 예뻐하지 않을 수 있겠는가.

다 큰 여성이 애인을 도서관으로 데리고 가서 어머니의 고양이를 보여준다는 게 생각하기에 따라서는 이상할 수 있다는 걸 당시에는 알지 못했다. 듀이는 우리 가족의 일원이었고 듀이가 어떻게 생각하느냐가 중요했다. 우리 가족의 일원이 되려면 당연히 듀이를 알아야만 했다. 만약 그가 이상한 사람이라면 듀이가 알아낼 거라는 생각도 들었다. 듀이는 우리 가족의 파수꾼이었다. 녀석은 자신이 사랑하는 이를 항상 보호했다. 스콧과 듀이, 듀이와 스콧이 함께 있는 모습을 보면서 나는 스콧에 대해 알아야 할 것은 다 알았다고 생각했다.

또 그 시점에서는 듀이를 도서관 고양이라고 생각하지 않았다. 듀이는 내 고양이였다. 듀이가 사랑하게 된 것은 나였고, 녀석이 위안을 받으러 찾아오는 사람도 나였다. 그리고 나 역시 듀이에게서 사랑과 위안을 찾았다. 물론 듀이는 남편이나 아이를 대체하는 존재가 아니었다. 나는 외롭지 않았고 친구도 많았다. 내 삶이 충만하지 않은 것도 아니었고 내 일을 충분히 사랑하고 있었다. 또 나는 누군가 특별한 사람을 찾는 것도 아니었다. 우리는 매일 만나지도 않았다. 듀이와 나는 따로 살았다. 하루 종일 도서관에 함께 있으면서도 거의 얼굴을 보지 못하는 날도 있었다. 그러나 듀이의 얼굴을 못 보더라도 녀석이 거기 있다는 것을 난 알고 있었다. 우리는 함께 삶을 나누었고, 내일뿐만 아니라 영원히 함께하기로 한 것이다.

듀이는 내가 평생 알았던 어떤 동물보다도 나에게 특별했다. 동물이 사람에게 이토록 특별한 의미를 가지고 다가올 줄은 정말 몰랐다. 하지만 근본적인 진실은 바뀌지 않는다. 듀이는 내 고양이였지만 결국 도서관 소속이었다. 듀이의 자리는 결국 대중 앞이었다. 우리 집에서 하루 이틀은 행복할지 모르지만, 자동차를 타고 도서관으로 돌아가기 시작하면 듀이는 자동차 계기판 위에 앞발을 올려놓고 흥분해서 창밖을 바라보았다. 회전을 할 때에도 천천히 하지 않으면 듀이가 옆으로 쏠려 넘어질 판이었다. 자매네 카페 냄새를 맡으면 듀이는 우리가 거의 다 도착했다는 것을 알았다. 그때부터는 더욱 흥분하기 시작했다. 듀이는 창문 옆 팔걸이로 옮겨가 창문에 앞발을 대고는 문을 열라고 성화였다.

'도착했어요, 도착했다고요!' 차가 골목을 들어설 때면 듀이는 연신 고개를 돌려 나를 바라보며 이렇게 외치다시피 했다. 차문을 열면 듀이는 얼른 내 품으로 뛰어들었고, 나는 듀이를 안고 도서관 문턱을 넘었다. 그러면…… 행복감이 밀려온다.

집에 가는 일만큼 듀이가 좋아하는 것은 없었다.

우리를 행복하게 만드는 것들

Chapter 22

2003년 초에 일본에서 이메일이 왔다. 정확히 말하면, 도쿄에 있는 사람들을 대신해 워싱턴 디시에서 보내준 이메일이었다. 도모코 가와스미는 일본 공영 방송국을 대표해 듀이를 촬영하고 싶어했다. 이 회사는 고화질 기술을 소개하는 다큐멘터리를 찍고 있었는데, 되도록 대중적으로 큰 관심을 끌 수 있는 주제를 다루고자 했다. 우선 동물에 대한 다큐를 만들기로 하고, 다음으로는 고양이로 주제를 좁혀갔다. 그 방송국에서는 『네코비요리』라는 일본 잡지에 실린 기사를 통해 듀이에 대해 알게 되었다고 했다. '스펜서에 가서 저희 영화 제작진이 하루 정도 듀이를 찍어도 될까요?'

참 신기한 일이었다. 우리는 듀이가 일본 잡지에 실렸다는 것은 전혀 모르고 있었다.

몇 개월 뒤 5월이 되자 도쿄에서 날아온 여섯 명의 촬영팀이 우리 도서관에 도착했다. 그들은 디모인으로 비행기를 타고 와 밴을 빌려서 스펜서까지 운전을 해왔다. 5월의 아이오와는 아름다웠다. 옥수수는 성인의 눈높이에 못 미치는 1미터 남짓한 크기로 자라 있었기 때문에, 멀리까지 펼쳐진 옥수수 밭을 한눈에 볼 수 있었다. 물론 디모인에서 스펜서까지는 3백 킬로미터가 넘는다. 하지만 아무리 달려도 옥수수 밭밖에는 볼 수 없었을 것이다. 도쿄에서 온 여섯 사람은 세 시간 반 동안 아이오와의 옥수수를 바라보며 무슨 생각을 했을까? 이건 그 사람들에게 직접 물어봐야 한다. 아마도 도쿄에서 여기까지 들어온 사람은 이 촬영팀이 유일할 것이기 때문이다.

촬영팀은 하루밖에 시간이 없었다. 그래서 그들은 7시 전까지 도서관에 와달라고 부탁했다. 그날은 비가 내리는 궂은 날이었다. 그들 중 유일한 여성이었던 통역사가 카메라를 로비에 설치할 수 있도록 첫 번째 출입문을 열어달라고 부탁했다. 사람들이 장비를 나르는 동안 듀이가 모퉁이를 돌아 모습을 드러냈다. 듀이는 아직도 잠이 덜 깬 표정으로, 고양이들이 처음 일어나면 늘 그렇게 하듯이 뒷다리를 길게 뒤로 뻗으며 기지개를 켰다. 듀이는 나를 보자 얼른 다가와 손을 흔들었다. '어, 왔어요? 이렇게 일찍 웬일이에요? 아직 20분은 더 있어야 올 줄 알았는데.' 듀이를 보고 시계를 맞출 정도로 녀석의 시간 감각은 정확했다.

일단 사람들이 카메라를 설치하고 나자 통역사가 말했다. "듀이가 다시 손을 흔들게 해주실 수 있으세요?"

아이고. 나는 최선을 다해 그들에게 설명하려고 했다. 듀이는 아침에 봤을 때 단 한 번만 손을 흔든다는 걸. 그러나 감독인 호시 씨한테는 그 말이 먹히지 않았다. 이 감독은 명령하는 것에만 익숙한 데다, 사람들이 자신의 말을 항상 따라야 한다고 생각했다. 자신이 대장임을 확실하게 알리는 타입이었다. 그리고 그 순간, 대장은 듀이가 손을 흔들기를 원했다.

그래서 나는 내 차로 돌아갔다가 다시 도서관으로 들어가 마치 내가 오늘 처음 출근하는 척해보았다. 듀이는 물끄러미 나를 바라만 봤다. '뭐야, 5분 전에 왔었잖아요.' 나는 도서관에 들어가 불을 켰다 끄고는 차로 돌아가 5분 정도 기다렸다가 다시 도서관으로 들어섰다. 호시 감독은 이렇게 하면 마치 다음 날이 된 것처럼 듀이가 속을 거라고 생각했다.

하지만 어림도 없었다. 우리는 약 한 시간 동안 손 흔드는 장면을 찍으려고 해보았지만 모든 게 허사였다. 결국 나는 "이보세요, 우리 불쌍한 듀이는 저기서 한 시간째 아침밥도 못 먹고 기다리고 있습니다. 먹이를 줘야 해요."라 말했고, 마침내 호시 감독도 동의할 수밖에 없었다. 나는 듀이를 안고 얼른 화장실로 뛰어갔다. 듀이는 화장실에 다녀와서 느긋하게 아침을 먹었다. 듀이의 아침 식사가 끝나자 카메라 촬영팀은 도서관 내부에 자리를 잡았다. 그들은 지구를 반바퀴나 돌아서 날아왔건만 아쉽게도 듀이가 손 흔드는 장면은 찍지 못했다.

하지만 나머지는 다 찍어갔다. 듀이는 거의 열다섯 살이었고 모든 면에 있어 느려졌지만, 낯선 사람들에 대한 뜨거운 관심은 아직 식지 않고 있었다. 특히 누군가가 카메라를 들고 있으면 더 큰 열의를 보여주었다. 듀이는 스태프 한 명 한 명에게 다가가 다리를 문지르며 인사했다. 촬영팀은 듀이를 쓰다듬기도 하고 함께 장난도 쳤다. 카메라맨 중 하나는 아예 바닥에 드러누워 듀이와 눈을 맞추며 촬영했다. 통역사는 내게 듀이를 책장 위에 앉혀달라고 공손하게 부탁했다. 듀이는 책장 위에 앉아 자신을 찍게 해주었다. 또 책장에서 다른 책장으로 점프를 해 보이기도 했다. 그리고 그녀가 부탁했다. "책과 책 사이로 책장을 걸어와 맨 끝에서 점프를 하게 해주세요."

나는 생각했다. '잠깐만. 얘는 고양이예요. 훈련된 서커스 동물이 아니라고요. 그런 건 너무 구체적인 요구랍니다. 설마 듀이가 책 선반 위를 걸으며 전시된 책 사이사이를 요리조리 빠져나오다가 카메라가 액션을 외치면 그 순간 멋지게 점프할 거라 기대하고 그 먼 일본에서 온 건 아니실 테지요.'

하지만 나는 책장 끝으로 내려가 듀이를 불렀다. "이리 와, 듀이. 이리 온." 듀이는 책장에 진열된 책들을 교묘히 빠져나와 내 옆으로 뛰어내렸다.

장장 다섯 시간 동안, 감독이 명령을 하면 듀이는 그대로 했다. 듀이는 컴퓨터 위에도 앉았고 테이블 위에도 앉았다. 바닥에 앉아 앞발을 교차시킨 채 카메라를 들여다보기도 했다. 듀이는 자신이 좋아하는 도서관용 카트를 타고 발을 금속 손잡이 사이로 늘어뜨리고는 매우 편안한 포즈를 취해주었다. 시간이 넉넉지 않았다. 다음 장면, 다음 장면,

그다음 장면. 도서관을 방문한 세 살짜리 여자아이와 어머니가 출연에 동의해주었다. 그래서 촬영팀은 듀이를 그들과 함께 흔들의자에 앉혔다. 소녀는 긴장해서 듀이를 마구 만지며 잡아끌었다. 하지만 듀이는 신경 쓰지 않았다. 그 힘든 5분 동안 듀이는 침착하게 앉아 있었고, 예쁜 표정을 지으며 카메라를 바라보는 것도 잊지 않았다.

나는 오전 내내 통역사를 통해 미국 전역에서 사람들이 듀이를 보러 온다는 이야기를 했지만, 호시 감독이 나를 믿는 것 같지는 않았다. 점심을 먹고 난 뒤에는 뉴햄프셔에서 온 한 가족이 도서관에 들어섰다. 완벽한 타이밍이었다. 이 가족은 디모인에서의 결혼식에 참석하려고 왔다가 잠깐 차를 빌려 듀이를 보러 왔다고 했다. 다시 말하지만, 세 시간 반이나 걸리는 거리를 말이다.

호시 감독은 방문객들을 보자 흥분했다. 그는 이들을 오랜 시간 인터뷰했다. 이 가족이 캠코더로 듀이를 찍는 모습을 카메라로 촬영하기도 했다. 대여섯 살이 된 소녀에게 듀이 어깨걸이를 가르쳐주었고, 듀이를 안고 있는 동안 몸을 앞뒤로 부드럽게 흔들면 듀이가 소녀의 등에 머리를 얹고 눈을 감는다고 가르쳐주었다. 그 가족은 한 시간 동안 머물다 떠났고 일본 방송팀도 그 뒤에 바로 떠났다. 그들이 간 후 듀이는 곯아떨어져 온종일 일어나지 못했다.

우리는 그렇게 제작된 DVD 두 장을 받았다. 듀이와 함께 지내온 지도 16년이나 되었기 때문에 더 이상 듀이에 대해 자랑하는 것을 자제하려 했지만, 이번만큼은 특별한 경우라고 생각해 신문사에도 연락했다. 한 전자 제품 가게는 대형 프로젝터를 빌려주었고, 마을 사람들은 도서관을 가득 메웠다. 이때는 이미 듀이가 캐나다와 뉴질랜드의 라디오에서도 언급된 후였다. 듀이에 대한 기사는 10여 개국의 신문과 잡지에 실렸고, 전 세계에서 듀이의 사진을 찍어갔다. 하지만 이번은 차원이 달랐다. 듀이의 국제적인 텔레비전 방송 데뷔란 말이다!

나는 비디오를 미리 살짝 봤기 때문에 조금 긴장했다. 이 영화는 세계 고양이들을 알파벳순으로 소개하는 내용이었다. 26마리의 고양이가 소개되었는데, 각각 알파벳의 한 자씩을 땄던 것이다. 다큐멘터리는 물론 일본어로 제작되었지만 순서는 영어 알파벳에 따랐다.

나는 모인 사람들에게 말했다. "이 다큐멘터리에는 다른 고양이들도 많이 나옵니다. 듀이는 거의 끝에 나오고 전부 일본어로 되어 있습니다. 여기서 투표를 하죠. 듀이 부분만 빨리감기를 해서 볼까요, 아니면 전체를 다 볼까요?"

"선제를 나 봅시나."

"다 봐요."

10분이 지나자 관객들이 다시 외쳐댔다.

"빨리감기 합시다!"

"빨리 돌려 봅시다!"

일본어로 된 해설을 들으며 고양이들의 점프 컷을 보는 것이 매우 지루했다 정도로 말해두자. 간혹 유난히 귀여운 고양이가 나온다든가 미국 사람이 화면에 나오면 멈추었다. 미국인인 줄 알고 두 번을 멈췄는데, 그중 한 번은 영국 여성이었다. 하지만 대부분은 일본 사람과 그들의 애완동물 이야기였다.

알파벳 W가 나오자 모든 사람들이 환호성을 질렀다. 졸던 사람들까지 다 일어났다. 듀이가 나왔는데, 영어와 일본어로 워킹 캣, 즉 '일하는 고양이'라는 제목이었다. 내가 빗속에서 도서관으로 걸어가는 장면이 나오고, 아나운서가 일본어로 뭐라 말했다. 우리가 알아들은 말은 세 마디였다. "아메리카, 아이오와 션, 스펜서." 다시 사람들이 와- 하고 함성을 질렀다. 잠시 후 이런 말도 들렸다. "듀이 아 디드 모아 북사."

듀이가 현관문 앞에 앉아 있는 모습이 보였다(내가 봐도 여기선 손을 한번 흔들어줬으면 좋았겠다 싶었다). 그 후에는 듀이가 책장 위에 앉아 있는 모습, 두 개의 책장 사이를 걷는 모습, 앉은 모습, 앉아 있는 모습, 또 앉은 모습, 테이블 밑에서 어린아이가 듀이를 쓰다듬는 모습, 다시 앉은 모습, 또 앉아 있는 모습. 1분 30초 정도가 지나자 모든 게 끝났다. 듀이를 무릎에 앉혔던 소녀도 없었고 듀이 어깨걸이도 없었다. 도서관용 카트를 타는 모습, 뉴햄프셔에서 온 가족의 장면도 없었다. 듀이가 책장 꼭대기에서 전시된 책 사이사이로 교묘히 빠져나와 끝에서 점프해 내려오는 장면도 사용되지 않았다. 세상 반대편에서 날아와 결국 듀이의 앉아 있는 모습만 찍은 것이다.

침묵. 충격의 침묵.

그러다 갑자기 커다란 박수갈채와 환호성이 터져나왔다. 이제 우리의 듀이는 국제 스타다. 여기에 그 증거가 있다. 방송 아나운서가 뭐라고 했는지 못 알아들었다 해도 무슨 상관이랴. 듀이가 나오는 장면이 일반 광고 장면보다 약간 더 길었다 한들 어떠랴. 우리 도서관이, 우리 사서가, 우리 듀이가 일본 방송에 떴다. 아나운서는 분명히 말했다. "아메리카, 아이오와 션, 스펜서."

　스펜서 사람들은 내용은 기억하지 못해도 그 다큐멘터리를 결코 잊지 못했다. 도서관에는 대출용으로 두 개의 사본이 있었는데 아무도 대출해가지 않았다. 차라리「책 속의 고양이」가 더 인기 있었다. 하지만 도쿄에서 방송 촬영팀이 스펜서로 왔다는 사실을 우리는 영원히 잊을 수 없을 것이다. 현지 신문사와 방송국도 긴 기사를 썼고, 수개월 동안 사람들은 도서관에만 오면 그 이야기로 꽃을 피웠다.

　"방송 촬영팀은 어땠어요?"

　"와서 뭐 했어요?"

　"마을에 있는 동안 그 사람들은 어딜 갔었어요?"

　"그 밖의 다른 건 뭘 찍어갔어요?"

　"정말 믿을 수가 없네요."

　"믿을 수 있겠어요?"

　"정말로 믿어지지가 않아요."

　듀이의 인기는 최고조에 달했다. 오늘날까지도 듀이 얘기가 나오면 마을 사람들의 대화는 결국 그쪽으로 향한다. "그래서 그 일본 사람들이 스펜서에 와서 듀이를 찍어갔잖아." 더 이상 무슨 말이 필요할까.

　스펜서 마을 사람들만 이 다큐멘터리를 기억하는 것은 아니었다. 다큐멘터리가 방송에 나간 다음 일본으로부터 몇 장의 편지를 받았고 듀이 엽서를 보내달라는 요청이 40건이나 들어왔다. 우리 도서관 웹사이트는 각 나라별 방문객의 통계를 내고 있었는데, 2004년 여름부터는 매년 일본인들이 미국인 다음으로 가장 많이 도서관 홈페이지에 접속했다. 3년간 15만 명의 일본인이 우리 웹사이트를 방문했다. 이들이 책 대출에 관심이 있어서 우리 웹사이트에 들어온 건 아니었을 것이다.

하지만 2003년 여름 일본인들의 방문만이 유일하게 특별한 사건은 아니었다. 적어도 나에게는 그랬다. 한 해 전 크리스마스이브에 조디의 남자친구 스콧이 우리 부모님 집에서 조디에게 청혼했다. 조디는 꽃과 데코레이션이 내 취미라는 것을 알고 있었기에 결혼식 준비를 내게 부탁했다.

하지만 한 가지 마음에 걸리는 일이 있었다. 내 여동생이 조디의 들러리였고 두 사람은 조디의 웨딩드레스를 함께 고른다고 했다. 내가 결혼했을 때 나는 웨딩드레스를 직접 고르지 못했었다. 하틀리에 사는 어느 예비 신부가 마지막 순간에 결혼을 취소하는 바람에, 못 입게 된 드레스를 어머니가 구해 오셨다. 그래서인지 나는 딸 조디의 웨딩드레스를 직접 골라주고 싶었다. 아주 특별한 드레스여야 한다고 생각했다. 그리고 드레스를 함께 고르고 싶었다. 나는 조디에게 전화를 걸었다. "나는 평생 너랑 네 웨딩드레스를 같이 고르는 걸 꿈꾸며 살아왔단다. 이모는 자기 딸이 둘이나 있잖니. 이모는 다음에도 기회가 있단다."

"엄마, 나도 엄마랑 같이 웨딩드레스를 고르고 싶어요."

나는 순간 목이 메었다. 조디의 목소리가 떨리는 것으로 보아 딸도 가슴이 벅찬 듯했다. 우린 둘 다 감상적인 바보인가 보다.

하지만 나는 실용적인 면도 있었다. "네가 선택의 폭을 좁혀봐. 대여섯 개로 선택이 좁혀졌을 때 내가 그리로 가서 최종 결정하는 것을 도와줄게." 조디는 항상 옷에 대해서는 마음의 결정을 잘 하지 못했다. 그래서 옷을 사면 절대 포장 박스를 버리지 않았는데, 항상 마음이 바뀌어서 물건을 반품했기 때문이다. 조디는 세 시간 이상 떨어진 네브래스카 오마하에 살고 있었기 때문에 향후 6개월 동안 매 주말마다 그곳에 간다는 것은 나에게 무리였다.

조디는 친구들과 함께 드레스 쇼핑을 했다. 몇 주일 후 나는 오마하로 가서 딸이 최종적으로 드레스를 고르는 걸 도와주었다. 처음에는 쉽게 결정할 수가 없었다. 그러다 딸이 한 번도 입어보지 않았던 드레스가 우연히 눈에 띄었다. 그 드레스를 입어보자마자 우리는 바로 조디를 위한 완벽한 드레스임을 알았다. 조디와 나는 감격하여 탈의실에 서서 함께 울었다.

몇 달 후 둘이 함께 쇼핑을 하는데 조디가 나를 위해 아름다운 드레스를 골라주었다. 그리고 전화를 해서는 "할머니에게 딱 어울리는 드레스노 골랐어요"라고 했다. "어머, 정말 신기하네. 도서관 일로 디모인에 출장 갔다가 나도 네 할머니 드레스를 하나 샀는데." 그러곤 나중에 만나 알고 보니 우리는 같은 날 같은 시간에 같은 드레스를 샀던 것이었다. 우리는 두고두고 그 일에 대해 이야기하며 웃었다.

결혼식은 아이오와 주 밀퍼드에 있는 세인트 조지프 가톨릭 성당에서 7월에 열렸다. 조디는 오마하에 앉아서 결혼식을 기획했고, 내가 돌아다니면서 준비를 했다. 맨카토 시절의 오랜 친구들인 트루디, 바바라, 페이스, 아이델도 결혼식 며칠 전부터 내려와 도와주었다. 조디와 나는 완벽주의자였다. 꽃 한 송이라도 원하는 자리에 있어야 했다. 부모님의 차고를 리셉션 장소로 꾸미면서 트루디와 바바라는 극도로 신경이 예민해졌지만 결국은 멋진 파티장으로 완성시켰다. 우리 친구들이 솜씨를 발휘해 작업을 끝내자 그곳은 전혀 차고 같지 않았다. 다음 날 우리는 성당을 장식하고, 그다음에는 결혼식 전날 밤의 만찬을 위해 예약한 레스토랑도 꾸몄다.

결혼식에는 가족과 가까운 친구들 37명이 참석했다. 내 친구들은 예식에 들어오지 않았는데, 왜냐하면 뒤쪽 방에서 나비를 덥히고 있었기 때문이었다. 이 나비들은 얼음에 갇혀 동결된 상태였는데, 날기 15분 전에 해동해 다시 소생시켜야만 했다. 페이스는 우스갯소리로 자신을 BBBBB라고 불렀다. '아름답고 큰 가슴을 가진 나비 베이비시터'의 약자였다. 페이스는 진지하게 자신의 임무를 다했다. 그녀는 나비에 대해 걱정이 많았다. 그래서 결혼식 전날 밤에 나비들을 한 시간 떨어진 미네소타 주 워싱턴의 트루디네 집으로 가져가 곁에 두고 함께 잤다.

결혼식장을 나서는 하객들에게 스콧의 부모님은 나비가 들어 있는 봉투를 하나씩 건넸다. 조디 옆에 서 있던 마이크가 갑자기 조디의 팔을 붙잡았다. 조디는 외삼촌을 쳐다보았다. "왜요?" 마이크가 속삭였다. "이거 살아 있는 거야?"

"글쎄요, 전에는 살아 있었는데요."

나는 목소리가 없는 나비의 전설에 대해 읽은 적이 있다. 나비를 놓아주면 그들은 천국으로 올라가 우리의 소원을 신에게 속삭여준다고 한다.

하객들이 봉투를 열자 다양한 사이즈와 색깔의 나비들이 신에게 속삭이기 위해 아름답고 청명한 파란 하늘로 솟아올랐다. 대다수는 바람에 실려갔다. 그중 셋은 조디의 드레스에 내려앉았다. 또 하나는 조디의 화환에 내려앉아 한 시간 이상 머물렀다.

　결혼사진을 찍은 후 손님들은 버스에 올랐다. 내 친구들이 뒷정리를 하는 동안 나머지 사람들은 이 지역의 유명한 유람선, 퀸 2세를 타고 웨스트 오코바지 호수를 구경하기 위해 이동했다. 조디와 스콧은 아널드 공원의 회전 관람차를 타기로 했는데, 그 관람차로 말할 것 같으면 우리 부모님이 수십 년 전에 루프 가든에서 토미 도세이의 노래를 들으며 사랑에 빠졌던 시절부터 밤 조명에 반짝이던 바로 그 관람차였다. 나머지 하객들은, 신랑 신부가 반지와 화환을 든 아이들과 함께 관람차를 타고 봉투 속 나비들이 비상하듯 점점 파랗고 맑은 하늘로 올라가는 모습을 지켜보았다.

　신혼여행이 끝난 후 조디가 보내온 편지가 모든 것을 표현해주었다. '고마워요, 엄마. 완벽한 결혼식이었어요.'

　이 세상에서 나를 최고로 행복하게 해준 말이었다.

　인생이 이렇게만 쉬웠다면 얼마나 좋을까. 듀이, 조디, 집슨 가족 모두가 시간을 정지시키고 2003년의 여름, 그때처럼만 지낼 수 있다면 얼마나 좋을까. 조디 부부가 탄 관람차는 하늘로 올라가고 듀이는 일본에서 스타가 되었지만, 올라갔던 관람차는 다시 내려와야 하듯 그 근사한 그림에도 얼룩이 생겼다. 이 글을 쓰기 몇 개월 전, 어머니는 여러가지 질병을 앓던 끝에 백혈병 판정을 받았다. 암은 행운이 그러한 것처럼 가족력이 있다고 한다. 불행하게도 집슨 가문은 암이 유전인 듯했다.

우리를 살아있게 만드는 것들

Chapter 23

남동생 스티븐은 1976년에 비 호지킨 임파종 4기 진단을 받았다. 치명적 암의 말기였다. 의사들은 두 달밖에 살 수 없다고 했다. 당시 동생은 열아홉 살이었다.

스티븐은 내가 아는 누구보다도 의연하게 암에 대처했다. 암과 투병을 했지만 절박하게 치료에만 매달리지도 않았다. 자신의 인생을 충실히 살았고, 자기의 본성을 잃지 않았다. 하지만 가슴에 생긴 암은 치료할 수가 없었다. 일단 한 번 잠재우긴 했으나 재발했다. 치료는 고통스러웠다. 신장도 나빠지기 시작했다. 스티븐의 가장 친한 친구이기도 했던 남동생 마이크는 자신의 신장을 기증하겠다고 나섰지만 스티븐은 말렸다. "형, 그러지 마. 그 신장도 나빠질 게 뻔해."

　내가 이혼을 하고 복지수당에 의존하며 대학을 다니느라 고군분투하는 동안 스티븐은 암과 싸웠다. 1979년이 되자 그는 비 호지킨 임파종 4기 환자로는 아이오와에서 가장 오래 산 사람이 되었다. 의사들이 화학 요법을 너무 많이 사용해서 스티븐의 손과 발에는 더 이상 피가 돌지 않았다. 화학 요법으로도 희망이 보이지 않자 스티븐은 실험 치료 프로그램이 있는 휴스턴의 한 의료 센터에 등록했다. 동생은 1월부터 치료를 시작할 예정이었는데, 그전에 연말 분위기를 만끽할 수 있는 성대한 집은 가족 크리스마스를 원한다고 했다. 스티븐은 크리스마스 전날 아버지가 항상 만들어주시던 클램 차우더*가 먹고 싶다고도 했다. 또 나에게는 자기가 가장 좋아하던 캐러멜 팝콘을 튀겨달라고 부탁했다. 동생은 담요를 두르고 앉아 우리가 집에서 만든 악기로 연주하는 광경을 웃으며 구경했다. 크리스마스이브에는 기온이 영하 22도로 떨어졌다. 스티븐은 혼자 일어설 수도 없을 정도로 허약했지만, 모두 함께 자정 미사에 가자고 우겼다. 부모님 집에서의 크리스마스 연휴 마지막 밤을 보내다가 스티븐은 새벽 2시 무렵, 마를린 고모님 댁에 작별 인사를 하러 가고 싶다며 내게 데려다 달라고 청했다. 그 뒤에는, 자기와 함께 암에 걸린 미식축구 선수에 대한 영화 「브라이언의 노래」를 보자고 졸랐다.

　"스티븐, 난 벌써 그 영화 봤어." 하지만 나는 동생과 함께 텔레비전

---

*clam chowder : 굴이나 대하를 넣어 만든 야채 수프.

앞에 앉았다. 5분 후에 스티븐은 잠이 들었다.

일주일 후, 1월 6일에 스티븐은 새벽 5시에 아내를 깨워 자기를 아래층 소파로 데려다 달라고 했다. 몇 시간 후에 부인이 아래층으로 내려갔을 땐 스티븐을 깨울 수 없었다. 알고 보니 동생은 휴스턴에 있는 실험 치료 프로그램에 아예 등록도 하지 않은 상태였다. 추수감사절 전날, 의사들은 더 이상 치료 방법이 없다고 말했다. 동생은 죽기 전 마지막 집슨 가족의 크리스마스를 울음바다 속에서 안타까운 마음으로 보내기를 원치 않았던 것이다.

부모님은 아들의 죽음에 큰 충격을 받았다. 자식의 죽음으로 인해 서로 사이가 멀어지는 부부도 있지만, 우리 부모님의 경우는 스티븐의 죽음으로 더욱 가까워졌다. 두 분은 함께 울고 얘기하며 서로에게 의지했다. 아버지는 어머니의 종교인 가톨릭으로 개종하여, 처음으로 성당에 나가기 시작했다.

그리고 부모님은 고양이를 입양했다. 스티븐이 세상을 떠난 지 3주 후 아버지는 어머니를 위해 블루 페르시안 고양이를 사왔고, 이름을 맥스라고 지었다. 그 시기는 두 분에게 한마디로 끔찍한, 정말로 끔찍한 시기였다. 하지만 맥스는 성자 같은 고양이였다. 강렬한 개성을 지녔으면서도 무척 온순했다. 맥스는 어머니 허리 옆에 꼭 붙어 다녔다. 잠잘 때를 제외하고는. 잠은 늘 화장실 세면대에서 잤다. 맥스에겐 화장실 세면대가 자신이 가장 좋아하는 장소였다. 사람을 바꿀 수 있는 애완동물이 있다면, 그것이 바로 맥스였다. 맥스로 인해 우리 부모님은 위안을 얻었고 다시 웃을 수도 있었다. 맥스는 텅 빈 그 집에서 부모님의 동반자가 되어주었다. 아이들은 맥스의 성격 때문에 그 고양이를 좋아했지만, 우리는 맥스가 부모님을 잘 돌봐주었기 때문에 녀석을 사랑했다.

나의 가장 친한 친구이자 영감의 원천이었던 오빠 데이비드는 스티븐의 죽음에 깊은 상처를 받았다. 데이비드는 결국 졸업 6주 전에 대학을 중퇴했고, 여러 번 실패를 거듭하다 스펜서에서 동쪽으로 160킬로미터 떨어진 아이오와 주 메이슨시티에 정착했다. 하지만 나는 데이비드를 떠올릴 때면 항상 미네소타의 맨카토 시절이 생각난다. 맨카토에서 우리 둘은 정말 가깝게 지냈다. 우리가 함께한 시절은 실로 환상적인 시간이었다. 하지만 오빠가 학교를 중퇴하고 떠나기 바로 전 어느 날 새벽 1시에, 그는 내 방문을 두들겼다. 밖은 영하 23도였는데 오빠는 16킬로미터를 걸어왔다.

"내겐 뭔가 문제가 있어, 비키. 머리에 문제가 있다고. 모든 게 무너져 내리는 기분이야. 하지만 부모님께는 말하지 마. 절대 말하지 않겠다고 약속해줘."

당시 나는 열아홉 살이었고, 어리고 바보 같았다. 나는 덜컥 약속을 했다. 그리고 어느 누구에게도 그날 밤 일을 이야기하지 않았다. 하지만 나중에는 정신질환이라는 것이 유독 똑똑하고 재능 있는 20대의 남성에게 많이 일어난다는 것을 알게 되었다. 데이비드 오빠는 그때부터 병이 있었던 것이다. 어쩌면 스티븐만큼이나 위중한 병이었는데, 겉으로 잘 드러나지 않았던 것이다. 어쨌든 치료를 받지 않았기 때문에 결국 오빠의 삶은 계속 하향곡선을 그렸다. 몇 년 후 오빠는 전혀 다른 사람이 되어 있었다. 어떤 직장도 계속 붙어 있지를 못했고 나와 함께 있어도 웃지 않았다. 오빠는 우울증과 싸우기 위해 진정제 같은 약을 먹기 시작했다. 오빠는 혼외로 아이까지 두었다. 그래도 몇 달 간격으로 우리 둘은 몇 시간씩 통화를 했다. 하지만 시간이 지나면서 오빠와의 연락도 점점 뜸해지기 시작했다.

1980년 1월, 스티븐이 죽었을 때의 충격을 데이비드는 약으로 대처하려 했다. 약을 먹지 않고는 몸이 온전히 제 기능을 할 수 없다고 했다. 오빠의 딸 매켄지는 네 살이었고, 애 엄마는 오빠가 약물에 의존하는 습관을 버릴 때까지는 딸을 만나지 못하게 했다. 스티븐이 죽은 지 8개월 후 데이비드는 딸을 잃게 되었다며 한밤중에 나에게 전화를 했다.

"오빠가 매켄지를 영영 볼 수 없는 건 아니잖아. 오빠가 정신만 차리면 오빠 딸도 다시 만날 수 있어. 계속 그렇게 약을 먹으면 못 보는 거라고. 간단한 논리야, 오빠."

그래도 데이비드는 정신을 차리지 못했다. 그날 밤 정말 많은 이야기를 나누었지만, 내가 제안한 것들을 오빠는 하나도 받아들이지 못했다. 마치 자기 앞에 커다란 벽이 가로막고 있는 듯 전혀 한 치 앞을 못 보는 것 같았다. 나는 왠지 느낌이 좋지 않아 두려웠지만, 오빠는 우리가 다음번에 다시 얘기할 때까지 아무 짓도 하지 않겠다고 맹세했다. 오빠는 자기 딸을 사랑하고 절대 딸을 두고 떠나지 않겠다고 말했다. 하지만 그날 밤 늦게였는지 다음 날 새벽이었는지는 모르지만, 내 어린 시절의 단짝 친구였던 데이비드 오빠는 산탄총을 집어 들고 자신을 향해 방아쇠를 당겼다.

소식을 듣고 나는 숨조차 제대로 쉴 수 없었다. 친구 트루디는 새벽 2

시에 나를 하틀리로 데려다 주었다. 나는 도저히 운전할 수가 없었다. 부모님도 마찬가지였다. 어느 누구도 스티븐의 죽음 뒤에 바로 연이어 일어난 데이비드의 죽음을 차분하게 받아들일 수 없었다. 그러나 우리가 원하든 원하지 않든, 그것은 현실이었다. 장례식이 있은 후 데이비드의 집주인이 부모님에게 전화를 해서 괴롭히기 시작했다. 집주인은 어서 와서 데이비드의 물건을 빼내고 아파트를 정리해줘야 다시 방을 세놓을 수 있다며 소리를 질렀다. 다시 한 번 데이비드가 정말 좋지 않은 동네에 살았고 안 좋은 사람들과 지내왔구나 하는 생각이 들었다. 우리는 두 대의 차로 나눠 타고 메이슨시티로 향했다. 아버지, 남동생 마이크와 더그, 데이비드의 오랜 친구 두 명이 앞차를 타고 갔고, 어머니와 여동생, 그리고 내가 트럭을 타고 뒤를 따랐다. 우리가 도착했을 때 남자들은 벌써 차에서 내려 서 있었다.

"너희는 들어가지 마라." 아버지가 말했다. "여기서 기다려. 우리가 물건들을 가지고 나올게."

아버지도 문을 열 때까지 몰랐던 사실이지만, 데이비드의 죽음 이후 어느 누구도 그 아파트에 들어간 적이 없었다. 데이비드가 죽을 때 남긴 흔적이 사방에 그대로 남아있었다. 아버지, 마이크와 더그는 물건을 갖고 나와 트럭에 싣기 전에 그 모든 것을 닦아내야만 했다. 나도 그 얼룩과 흔적들을 보았다. 데이비드가 남긴 물건들은 정말로 보잘것없었지만, 짐을 전부 다 빼는 데는 꼬박 하루가 걸렸다. 아버지, 마이크, 더그는 입을 굳게 다물고 있었고, 그날 일에 대해서는 그 후 한 번도 입을 열지 않았다. 내가 이 책을 쓴다고 말씀드렸을 때 아버지는 데이비드

이야기는 언급하지 말아달라고 부탁하셨다. 그 이유는 당신의 자식을 그렇게 잃은 것이 결코 부끄럽거나 비밀에 부치고 싶어서가 아니었다. 그 말을 하시는 아버지는 눈가가 젖어 있었다. 오랜 세월이 흘렀음에도 그 이야기를 듣고 다시 떠올리기가 고통스러웠던 것이다. 하지만 우리는 그 이야기를 해야만 한다.

데이비드가 죽고 나서 2주 후 맥스를 중성화시켜야 할 때가 왔다. 수의사는 맥스를 마취시키고 마취제가 작용할 때까지 10분을 기다렸다. 그런데 불행히도 수의사는 맥스를 넣어둔 우리에서 물그릇 치우는 것을 잊어버렸다. 물그릇에는 약 1센티 깊이의 물이 담겨 있었는데, 맥스는 그곳에 머리를 박고 익사했다.

수의사가 부모님 집으로 찾아왔을 때 나도 마침 거기에 있었다. 우리 가족과는 알고 지내던 분이었다. 수의사도 우리 부모님이 어떤 시련을 겪고 있는지 알고 있었다. 그런데 이제는 자신이 부모님의 고양이를 죽였다는 이야기를 할 처지에 놓인 것이었다. 우리는 모두 말문을 잃고 멍하니 그를 바라보았다. 드디어 아버지가 침착하게, 하지만 목소리에 힘을 주어 말했다. "내가 그 고양이를 얼마나 사랑했는데. 이 나쁜 자식아." 아버지는 돌아서서 위층으로 올라가버리셨다. 수의사와 말도 하기 싫었던 것이다. 아버지는 그를 쳐다보는 것조차 힘들어했다. 지금까지도 아버지는 그날 자신이 수의사에게 한 언행을 후회하고 있지만, 그래도 그때 맥스의 죽음은 우리에게 정말 견디기 힘든 아픔이었다.

2003년 봄, 어머니는 백혈병이라는 진단을 받았다. 그리고 부모님은 새끼 고양이를 입양했다. 맥스가 죽은 후 20년 동안 어머니는 페르시안 고양이를 한 번도 키우지 않으셨다. 부모님은 애초에 입양하려 했던 페르시안 고양이 대신 페르시안 고양이와 샴고양이를 교배시킨 히말라야 종을 안고 오셨다. 녀석은 회색의 아름다운 털에 빛나는 파란 눈을 가지고 있었고, 활발하고 정이 많은 성격은 맥스를 그대로 빼닮아있었다. 두 분은 녀석을 맥스 2세라고 불렀다.

맥스 2세를 입양한 이유는 어머니가 자신이 죽어간다는 것을 처음으로 인정했기 때문이다. 한편 아버지는 인정하지 않았다. 아버지는 어머니가 강인한 사람이기 때문에 뭐든 견뎌낼 거라 믿었다. 죽음을 담대히 받아들인 것은 오히려 어머니 쪽이었다. 어머니는 병마와의 싸움에서 질 것을 예감했고, 아버지 혼자 남겨지는 것이 걱정되어 맥스를 입양했다.

어머니는 대단한 분이었다. 내가 생각하기에 어머니는 도망치고 싶은 삶을 살았던 것 같다. 알코올 중독이었던 할아버지에게서, 그리고 다섯 살 아이였을 때부터 가족 식당에서 일해야 했던 고된 생활에서 벗어나고만 싶었을 것이다. 할머니가 이혼하자 할머니와 어머니는 여성 의류점에 취직했다. 그것이 어머니의 현실이자 미래였다. 아버지를 만나기 전까지는 말이다.

벌린 집슨을 만난 후 마리 메이유의 삶은 급반전해서, 이제 어머니는 매 순간 자신의 삶을 향해 달려갔다. 어머니와 아버지 두 분은 서로 깊이 사랑했다. 두 분의 사랑은 이 책이나 그 어떤 책에도 모든 내용을 다 담을 수 없을 만큼 깊었다. 두 분은 아이들을 사랑했다. 노래하고 춤추는 것을 사랑했으며 친구와 마을, 자신의 삶을 사랑했다. 그분들은 매사를 축하하며 살았다. 사소한 성취나 기념할 만한 일이 있을 때면 무조건 파티를 열어주셨다. 어머니는 파티를 위해 아침 일찍 일어나 요리를 하고 다음 날 새벽 3시에 사람들이 모두 집에 돌아갈 때까지 자리를 지켰다. 그리고 6시가 되면 청소를 시작했다. 8시쯤에는 온 집안이 다시 깨끗해졌다. 어머니 집은 항상 깔끔했다.

어머니는 70년대 초에 유방암 진단을 받았다. 의사들은 살아날 확률이 없다고 했지만, 어머니는 암을 이겨냈다. 그것도 다섯 번이나. 한쪽 가슴은 두 번 재발했고, 다른 쪽 가슴은 세 번 재발했다. 어머니는 엄청난 내면의 힘과 강한 신앙으로 암과 싸웠다. 나와 내 친구 보니는 어머니를 세계에서 교황 다음이라고 놀렸다.

조디가 여덟 살 때 딸애와 나는 하틀리에서 자전거를 타다가 예전에 세인트 조지프 가톨릭 성당이었던 작은 건물을 지나게 되었다. 그때 어머니는 새 성당 건축위원회에 참여하고 있었고, 성당 앞의 두 그루 나무는 스티븐과 데이비드에게 헌정하여 심은 나무였다. 조디가 낡은 목조 건물을 쳐다보더니 물었다. "엄마, 엄마가 어렸을 때부터 할머니는 지금처럼 성당 일에 빠져 있었어?"

"그래, 그때도 그랬단다."

어머니의 신앙은 성당으로부터 왔겠지만 어머니의 정신력만큼은 오로지 자신의 것이었다. 어머니는 어떠한 것에도 절대 굴복하지 않았다. 고통과 피곤함, 슬픔에도 마찬가지였다. 어머니의 유방암이 세 번째 재발하여 투병하고 있을 때, 그녀의 양어머니였던 루실은 8주 동안 매일

네 시간을 왕복 운전하며 어머니가 수시로 통원하는 것을 도왔다. 당시의 방사선 치료는 오늘날보다 훨씬 더 혹독했다. 기본적으로 몸이 더 이상 견뎌낼 수 없을 때까지 방사선을 마구 쏘아댔다. 어머니는 새카맣게 타들어갈 수밖에 없었다. 겨드랑이 밑에 커다란 팬케이크 크기의 상처가 생겼는데, 그것은 너무나 처참한 상흔이어서 붕대를 갈아줄 때마다 아버지는 속이 울렁거린다고 했다. 하틀리에서 20년 이상 보낸 후 부모님은 은퇴를 하고 호숫가에 있는 주택으로 이사 가려던 참이었다. 아버지는 이사를 연기하자고 했지만 어머니는 절대로 안 된다고 했다. 어머니는 매일 밤 수시티에서 돌아와 죽도록 피곤해서 곯아떨어질 때까지 요리와 청소를 하고 이사 준비를 위해 짐까지 쌌다. 방사선 치료를 받는 와중에도 어머니와 아버지는 평생 모아온 물건들 대부분을 경매를 통해 처분했다. 경매는 이틀간 계속되었고, 어머니는 마지막 숟가락 한 개까지도 작별 인사를 하고 떠나보냈다.

어머니는 나도 그와 같은 정신력을 가지도록 키웠다. 인생에 약속된 것은 아무것도 없다는 걸 어머니는 알고 있었다. 일이 잘 풀릴 때에도 결코 쉽지 않은 것이 인생이다. 어머니는 여섯 명의 아이를 키웠고, 다섯째가 태어날 때까지는 실내에 화장실도 없었고 수돗물조차 나오지 않았다. 어머니는 에너지는 넘쳐났지만 시간이 모자랐다. 집안일도 해야 했고, 밥도 지어야 했고, 집 안 가득 돌봐야 할 아이들에, 닭과 달걀도 관리해야 했다. 동네 아이들은 모두 우리 어머니를 자기 어머니라고 생각했다. 어머니는 어느 누구도 내치는 법이 없었다. 만약 어떤 아이가 배고파하면 식탁에 함께 앉게 했다. 만약 어떤 가족이 경제적으로 힘든데 그 집 아이가 땅콩버터를 좋아하는 걸 알았다면, 어느 날 우리 집 창고에선 땅콩버터가 슬그머니 사라졌다. 그녀는 모든 사람들에게 마음을 주었으므로 어느 한 사람에게 집중하기란 어려웠다. 나는 자라면서 대부분의 시간을 어머니 옆에서 일하면서 보냈다. 나는 어머니의 또 다른 자아였고 어머니의 분신이었기에 이것은 나에게 영광이자 한편으로는 부담이었다. 스티븐이 죽은 후 여동생 발이 집에 도착했을 때, 어머니와 아버지는 달려나가 여동생을 껴안고 함께 울었다. 내가 도착했을 때 아버지는 나를 안고 울었다. 그때 어머니는 내게 말했다. "울지 마라. 너는 강해야 한다." 어머니는 내가 버틸 수 있다면 그녀 자신도 버틸 수 있을 것이라 생각했다. 그리고 나는 어머니가 나에게 무엇을 기대하는지 잘 알고 있었다.

어머니는 늘 나에게 사랑한다고 말하곤 했다. 어머니의 사랑을 의심한 적은 단 한 번도 없었다. 오히려 아버지가 감상적이었고, 어머니는 항상 당신의 자긍심을 통해 사랑을 표현했다. 어머니는 내 대학 졸업식 때 수석 졸업을 의미하는 '수마 쿰 라우데' 라고 새겨진 장식띠를 보고 울음을 터뜨리셨다. 내가 결혼의 사슬을 끊고 혼자 힘으로 서게 된 것을 자랑스러워하셨다. 여기 다 자란 내 딸이 우뚝 서 있구나. 어떻게 보면 졸업식 무대에 서 있는 것은 나만이 아니라 어머니 자신도 함께라고 생각하셨다. 대학 졸업, 우등 졸업의 영예를 함께 나누면서 말이다.

아버지는 일을 해야 했기 때문에 졸업식에 올 수가 없었다. 그래서 부모님은 하틀리에서 2백여 명을 초대해서 내 졸업 파티를 열었다. 아버지는 내 졸업 선물로 1달러짜리 백 개로 앞치마를 만들어주기 위해 열심히 돈을 모았다. 백 달러면 우리 부모님에게는 굉장히 큰 돈이었다. 그 당시엔 5달러짜리 두 장을 비빌 수 있으면 부자라는 말도 있었다. 나는 그 앞치마를 사랑했다. 그것은 어머니의 눈물처럼 아버지의 사랑과 자부심의 표현이었다. 하지만 나는 가난했기 때문에 일주일이 지나자 바로 앞치마를 뜯어 거기에 붙은 돈을 써야 했다.

어머니가 백혈병을 물리쳤을 때 누구도 놀라지 않았다. 이미 유방암을 다섯 번이나 견뎌낸 여인이었다. 어머니는 투사였다. 수년간 방사선 치료를 받았지만 그 지독한 치료에도 굴복하지 않았다. 방사선 치료가 효과 없다고 판단되자 병원에선 IGG 요법으로 치료를 바꿨다. 그것은 다른 사람의 면역 체계를 신체에 주입하는 방법이었다. 상태가 좋은 시기도 있었지만 이제는 더 이상 싸워 이길 수 없다는 것이 자명했다. 어머니는 거의 80세가 되셨고, 기력도 현저히 줄어들고 있었다.

결혼기념일까지는 아직 몇 개월 남아 있었지만 어머니는 파티를 원했다. 우리 가족의 가장 큰 파티는 항상 부모님의 결혼기념일이었다. 남은 네 명의 자식들은 함께 머리를 맞댔다. 도저히 어머니가 결혼기념일까지 사실 수는 없을 것 같았다. 또한 어머니의 현 상태에서 무작정 성대한 파티를 여는 것도 무리였다. 그래서 우리는 어머니의 79세 생일 파티를 조촐하게 열기로 했다. 어머니의 생일은 아버지의 생일 사흘 전이었고, 가족과 가까운 친구들만 모이는 조촐한 모임이었다. 집슨 가족 밴드는 마지막으로 함께 모여 「자니 엠 고」를 연주했다. 아이들은 어머니와 아버지를 위한 시를 썼다. 시를 쓰는 것은 집슨 가족의 전통이다. 아버지는 언제나 즉흥적으로 시를 잘 쓰셨다. 우리는 아버지의 시를 두고 놀리기도 했지만, 아버지의 시를 액자에 넣어 벽에 걸어두거나 서랍에 넣어두고 늘 가까이했다.

파티가 있은 이틀 후 한밤중에 어머니는 아버지를 깨워 병원에 데려가달라고 했다. 더 이상 고통을 참을 수 없었던 것이다. 며칠 후 상태가 안정되고 나서 어머니는 수시로 가서 검사를 받았고, 결장암이 생겼다는 것을 알게 되었다. 아무런 보장도 할 순 없지만 그나마 살기 위한 유일한 방법은 대장 전체를 들어내는 것이었다. 그렇게 되면 평생 인공 항문을 만들어 위생 팩을 달고 다녀야 한다고 했다.

어머니도 무언가 심각하게 안 좋다는 것을 알고 있었다. 나중에 알고 보니 어머니는 지난 1년 동안 좌약과 완하제를 사용하고 있었고 지속적인 통증을 느끼고 있었다. 하지만 어머니는 아무에게도 알리고 싶지 않으셨던 것이다. 그때 어머니는 당신의 인생에서 처음으로 적과 맞서 싸우기를 거부했다. "나는 수술 안 한다. 이제는 싸우는 것도 지쳤다."

여동생은 절망했다. 하지만 나는 말했다. "우리 어머니야. 시간을 좀 드려보자."

아니나 다를까, 5일 후 어머니는 말했다. "이렇게 죽을 순 없다. 수술하자."

결국 어머니는 수술을 견뎌내고 8개월을 더 살았다. 물론 그 8개월은 쉽지 않았다. 어머니를 퇴원시키고 여동생과 아버지가 하루 종일 어머니를 돌봤다. 여동생만이 유일하게 위생 팩 처리 방법을 완전히 익혔다. 간호사도 내 동생만큼 잘하지는 못했다. 나는 밤마다 부모님 집으로 가 요리를 했다. 힘든 시간이었지만, 내 인생 최고의 시간이기도 했다. 어머니와 나는 정말 모든 것에 대해 이야기를 나누었다. 더 이상 마음에 남아 있는 이야기가 하나도 없을 정도까지 다 이야기하고 같이 많이 웃기도 했다. 마지막 순간에 어머니는 의식이 없으셨지만, 그때에도 나는 어머니가 내 얘기를 듣고 있다고 확신했다. 어머니는 우리 모두의 소리를 듣고 계셨고 결코 멀리 가신 것이 아니라고 믿었다. 어머니는 자신이 살아온 것처럼 그렇게 돌아가셨다. 자신의 방식대로, 가족들에게 둘러싸여서.

　2006년 여름, 어머니가 돌아가시고 나서 몇 달 후 나는 어머니를 위해 어린이 도서실 창문 밖에 작은 동상을 세웠다. 그 동상은 자신을 올려다보는 아이를 위해 이야기를 읽어주려고 책을 든 어느 여인의 동상이었다. 나에게 그 동상은 우리 어머니였다. 어머니는 항상 무엇인가를 남에게 베풀려고 하셨다.

까다로운 제왕

{ Chapter 24 }

아버지는 자신이 사랑하는 히말라얀 고양이 맥스 2세가 자기보다 더 오래 살 것이라고 말했다. 그리고 그 생각에 큰 위안을 받으셨다. 하지만 대개 동물과 함께 산다는 말은 결국 애완동물의 죽음을 경험한다는 것을 뜻한다. 동물은 아이가 아니다. 동물이 인간보다 오래 사는 경우는 매우 드물다.

나도 듀이가 열네 살이 되었을 때부터 듀이의 죽음에 대한 마음의 준비를 하고 있었다. 에스털리 박사는 듀이의 대장 문제나 가정집이 아닌 환경 때문에 이 고양이가 12년 이상 사는 것은 힘들 것 같다고 말했었다. 그러나 듀이에게는 좋은 유전자와 낙천적 성격이 잘 조합되어 있었다. 듀이가 열일곱 살이 되자 나는 이제 듀이의 죽음에 대해 거의 의식하지 않게 되었다. 단순히 죽음을 불가피한 비극으로만 보기보다는, 인생에 있어 또 하나의 이정표라고 생각했다. 게다가 우리는 그 이정표가 어디쯤에 위치하고 있는지도 모르고 거기에 도달했을 때 내 인생이 어떤 모습일지도 모르는데, 왜 그것 때문에 걱정하며 남은 시간을 허비해야 하겠는가? 다시 말해, 낮에 함께 있을 때 서로의 존재를 즐기고 저녁에 헤어질 땐 다음 날 아침에 다시 만날 것을 고대하면 되는 것일 뿐 그 이상은 내다볼 필요가 없다는 얘기다.

듀이가 '목욕'이라는 말에 더 이상 반응을 보이지 않는 걸 보고 녀석이 이제는 귀가 어두워져간다는 것을 알게 되었다. 수년 동안 그 단어만 들어도 황급히 도망치곤 했던 듀이였다. 직원들끼리 이야기를 나누다가 어떤 사람이 우연히 "어젯밤 목욕탕 청소를 했어"라고 말했다 치자. 그 순간 듀이는 휙 하고 사라졌다. 매번 그랬다.

"이거 네 얘기 하는 거 아니야, 듀이."

그렇게 말해도 듀이는 듣는 둥 마는 둥 도망치기에 바빴다. '목욕'이라는 말, 또는 브러시, 빗, 가위, 의사나 수의사 같은 말만 들어도 듀이는 사라졌다. 특히 케이나 내가 그 단어들을 사용하면 영락없었다. 내가 도서관 일로 출장을 가거나 각종 수술로 면역 체계가 너무 망가져 몸이 안 좋을 때에는 케이가 듀이를 보살폈다. 듀이도 무엇인가 필요하거나 위로받고 관심받기를 원할 때 내가 없으면 항상 케이에게 갔다. 처음에는 약간 거리를 두는 듯했지만 몇 년이 지나면서 케이는 결국 듀이의 두 번째 엄마가 되었다. 그녀는 듀이를 사랑했지만 자식의 나쁜 습관에는 엄격한 어머니였다. 나중에는 케이와 내가 함께 서서 물이라는 단어를 머릿속에 떠올리기만 해도 듀이는 냅다 뛰었다. 그러다 어느 날 누군가가 목욕이라는 단어를 내뱉었는데도 도망가지 않았다. 오히려 내가 목욕을 머리로 생각하면 도망갔지만, 입 밖으로 말을 해서는 도망가지 않았다. 그래서 난 듀이를 좀 더 긴밀하게 관찰했다. 아니나 다를까, 트럭이 도서관 뒷골목을 지나가는 소리를 들어도 더 이상 도망가지 않았다. 뒷문이 열리는 소리를 들으면 얼른 뛰어가서 배달된 상자의 냄새를 맡곤 했는데, 이제는 움직이지 않았다. 누군가가 커다란 책을 책상에 쾅 하고 내려놓아도 뛰어오르지 않았고, 도서관 이용객들이 불러도 옛날만큼 자주 가질 않았다.

하지만 그것이 꼭 청각과 관계있는 것만은 아닐 수도 있다. 나이가 들면 단순한 것도 하기 힘들어지는 법이다. 관절염이 생긴다든지, 근육이 아플 수도 있고, 몸도 더 마르고 뻣뻣해진다. 고양이건 사람이건 피부도 탄력을 잃어 잘 벗겨지고 예민해지며 상처가 나도 빨리 아물지 못한다. 이런 것들은 사소한 일일지도 모르지만, 근본적으로 자신의 임무가 하루 종일 사람들로 하여금 자기를 쓰다듬게 해주어야 하는 경우라면 문제는 달라진다.

듀이는 여전히 현관 앞으로 사람들을 마중 나왔다. 그리고 여전히 누우려고 무릎을 찾았다. 하지만 좀 더 자기 방식을 고집했다. 듀이의 왼쪽 고관절에는 관절염이 생겼고, 어떤 곳을 잘못 만진다든지 잘못 안아주면 아파서 절뚝거리며 걸어다녔다. 늦은 오전과 오후 동안에는 점점 더 직원들이 잘 보호해줄 수 있는 안내 데스크 위에 앉아서 보냈다. 듀이는 자신의 아름다움과 인기에 큰 자신감을 갖고 있었다. 가만히 있어도 손님들이 자기에게 올 것을 알고 있었던 것이다. 듀이는 마치 왕족 같았다. 자신이 지배하는 왕국을 내려다보는 한 마리 사자 같았다. 앉을 때도 사자처럼 앞발을 교차하고 뒷다리는 몸 밑으로 밀어 넣었다. 위엄과 우아함의 극치였다.

직원들은 이용객들에게 듀이를 보다 부드럽게 대해줄 것을 부탁하기 시작했다. 조이는 현관 쪽에서 손님들과 보내는 시간이 많았는데, 듀이를 보호하는 데 신경을 많이 썼다. 그녀는 간혹 쉬는 날에도 조카들을 데리고 듀이를 보러 오곤 했다. 때문에 사람들이 자주 듀이를 거칠게 다룬다는 것을 알고 있었다. 그럴 때마다 조이는 꼭 손님들에게 부탁했다. "머리만 부드럽게 쓰다듬어주세요."

심지어 초등학교 어린이들도 이제 듀이가 늙었다는 것을 이해했고, 따라서 듀이를 살살 대하려고 했다. 이 아이들은 듀이와 함께해온 스펜서의 두 번째 세대들로서, 듀이가 새끼 고양이일 때 사귀었던 친구들이 낳은 아이들이었다. 따라서 부모들은 자기 아이들에게 듀이를 조심스레 다루도록 타일렀다. 어린이들이 듀이를 부드럽게 만져주면 듀이는 아이들의 다리에 몸을 기댔다. 아이들이 바닥에 앉아 있으면 그들의 무릎에 앉았다. 하지만 예전보다 훨씬 더 조심스러워져서 큰 소리가 나거나 자신을 세게 쓰다듬거나 하면 주저 없이 도망가버렸다.

"괜찮아, 듀이야. 네가 편한 대로 하렴."

수년 동안 시행착오를 거친 끝에 우리는 드디어 이 까다로운 고양이가 좋아하는 고양이 침대를 찾았다. 안에는 하얀색 인조털이 깔려 있고 밑에는 전기로 난방이 되는 아담한 침대였다. 이 침대는 내 사무실 밖 난방 기구 앞에 두었다. 듀이가 제일 좋아한 것은 침대 난방을 세게 틀어놓고 안전한 직원 휴게실에서 시간을 보내는 것이었다. 겨울에 벽 난방 기구가 가동되면 듀이는 너무 더운 나머지 침대 밖으로 몸을 던지고는 바닥에 굴렀다. 녀석의 털은 너무 뜨거워서 우리가 손을 댈 수 없을 지경이었다. 그러면 듀이는 10분 동안 팔다리를 다 벌리고 누워서 열기를 내보냈다. 고양이가 개처럼 헐떡거릴 수 있다면, 아마 듀이는 그렇게 했을 것이다. 그러다 어느 정도 몸이 식으면 듀이는 다시 침대 위로 올라가 이 과정을 되풀이했다.

따뜻하게 지내는 것만이 듀이의 유일한 낙은 아니었다. 나도 듀이라면 사족을 못 쓰고 녀석이 하자는 대로 하는 편이었지만, 어린이 도서실 보조 사서 도나는 나보다 듀이의 버릇을 더 나쁘게 들이고 있었다. 만약 듀이가 먹이를 곧바로 먹지 않으면 도나는 그것을 전자레인지로 데워서 주었다. 그래도 먹지 않으면 그 먹이는 버리고 새 깡통을 따서 주었다. 도나는 일반적인 캔 사료 맛을 믿지 않았다. 왜 우리 듀이한테 내장이나 발가락을 먹여? 도나는 24킬로미터 떨어진 밀퍼드까지 차를 몰고 갔다. 왜냐하면 그곳에 고급 고양이 사료를 파는 작은 가게가 있었기 때문이다. 한번은 도나가 듀이에게 오리 맛 사료를 사다 줬는데 듀이는 일주일 동안 오리 맛을 즐겼다. 도나는 양고기 맛도 가져왔지만, 어찌 됐든 듀이의 입맛에 오래가는 것은 없었다. 도나는 이 맛, 저 맛, 이 캔, 저 캔, 여러 가지를 다 시도해보았다. 아, 그녀는 정말로 듀이를 사랑했다.

그러나 우리의 이런 노력에도 불구하고 듀이는 계속 살이 빠졌다. 수의사에게 정기 검사를 하러 갔을 때 프랭크 박사는 듀이를 살찌우기 위한 몇 가지 처방을 해주었다. 그렇다. 듀이의 건강에 대한 에스털리 박사의 무서운 경고에도 불구하고 듀이는 자신의 영원한 숙적 에스털리 박사보다 오래 버텼다. 에스털리 박사는 2002년 말에 은퇴하면서 자기 병원을 비영리 동물 보호 단체에 기증했다.

프랭크 박사는 알약을 처방하면서 듀이가 약을 뱉어낼 수 없도록 목 깊숙한 곳까지 밀어 넣어준다는 '필 슈터'라는 기구를 권했다. 물론 이론상 그렇다는 것이다. 하지만 듀이는 똑똑했다. 듀이는 차분히 약을 받아먹었고, 나는 '잘됐다. 성공이야. 생각보다 쉬웠네'라고 생각했다. 그러면 듀이는 슬쩍 어느 책장 뒤로 돌아가 바로 약을 토해냈다. 나는 도서관 여기저기에서 하얀 알약들을 발견했다.

나는 듀이에게 약을 억지로 먹이지 않았다. 듀이는 열여덟 살이었다. 녀석이 약을 먹고 싶어하지 않으면 그대로 두었다. 대신 매일 조금씩 요구르트를 먹게 해주었다. 그러자 다른 사람들까지 가세했다. 케이는 자신의 샌드위치 속에 든 고기를 한 입씩 주기 시작했다. 조이는 햄 샌드위치를 듀이와 나눠 먹기 시작했고, 얼마 지나지 않아 듀이는 조이가 쇼핑백을 들고 들어오는 것만 봐도 얼른 부엌으로 따라갔다. 어느 날 샤론이 책상 위에 샌드위치를 잠시 놓아두었는데, 1분 뒤에 돌아와 보니 샌드위치의 위쪽 빵은 얌전하게 열어 옆으로 밀쳐놓았고 아래쪽 빵은 원위치에 그대로 있었다. 하지만 중간에 있던 고기만 감쪽같이 사라졌다.

2005년 추수감사절 이후 우리는 듀이가 칠면조 고기를 먹는다는 것을 발견했다. 그러자 모든 직원들이 추수감사절에 먹다 남은 칠면조 고기를 싸 가지고 왔다. 칠면조를 냉동시키려 했지만 듀이는 신선하지 않은 고기 맛을 금방 알아차렸다. 나이가 들어도 예민한 코 감각은 여전했다. 그래서 어느 날 샤론이 전자레인지에 데워 먹는 마늘 양념 닭고기를 듀이에게 내밀었을 때 나는 비웃었다. "듀이가 절대 마늘을 먹을 리가 없죠."

그러나 듀이는 샤론이 주는 양념 닭을 싹 먹어치웠다. 무슨 이런 고양이가 다 있을까? 18년 동안 듀이는 특정 브랜드의 사료와 자신이 지정한 사료만 먹어왔다. 그런데 이제는 아무거나 닥치는 대로 먹는 것 같았다.

'만약 사람이 먹는 음식을 먹여서라도 살을 찌울 수 있다면 안 될 게 뭐 있겠어? 약 먹는 것보다는 낫잖아?'

나는 듀이에게 이곳에서는 별미라고 생각하는 슬라이스 간 소시지를 사주었다. 이 간으로 만든 소시지는 80퍼센트가 순수 지방이었다. 듀이를 살찌게 하려면 이게 좋겠다 싶었다. 그러나 듀이는 손도 대지 않았다. 그러다 우리는 듀이가 진정으로 좋아하는 음식이 아비스의 쇠고기 치즈 샌드위치라는 걸 우연히 발견했다. 듀이는 이 샌드위치를 한입에 삼켰다. 마치 코로 들이마시는 듯했다. 쇠고기는 씹지도 않고 그냥 빨아들였다. 그 샌드위치에 무엇이 들어 있는지는 모르지만 일단 아비스의 쇠고기 치즈 샌드위치를 먹기 시작한 다음부터 듀이의 소화 기능은 향상되었다. 변비도 많이 나아졌다. 캔 사료도 다시 하루에 두 통씩 먹기 시작했고, 우리가 준 패스트푸드가 매우 짰기 때문에 물도 많이 마시기 시작했다. 듀이는 이제 혼자서 화장실에 가기까지 했다.

하지만 듀이의 주인은 한둘이 아니라 수백 명이었고 대부분의 사람들은 이러한 변화를 느끼지 못했다. 도서관 고객들에게는 자신들이 사랑하는 고양이가 점점 말라가는 모습만 보였던 것이다. 듀이는 이러한 점을 놓치지 않았다. 안내 데스크 위에 앉아 누군가가 자신을 쓰다듬으러 다가오면 듀이는 아픈 듯이 끄응 소리를 냈다. 직격탄이었다.

"듀이야, 무슨 일 있니?"

그러면 듀이는 앞장서서 그들을 직원 휴게실 입구에 있는 자신의 밥그릇 쪽으로 이끌었다. 먼저 불쌍한 표정으로 사료를 물끄러미 바라보다가 손님 얼굴을 한 번 쳐다본 다음, 커다란 눈에 슬픔을 듬뿍 담은 채 고개를 푹 떨구었다.

"비키! 듀이가 배고프대요."

"밥그릇에 먹이가 있을 텐데요."

"하지만 듀이가 그건 싫대요."

"오늘 아침에만 저게 두 번째 캔이거든요. 바로 한 시간 전에 첫 번째 캔도 안 먹는다고 해서 갖다 버렸어요."

"하지만 울잖아요. 좀 보세요. 바닥에 철퍼덕 쓰러져 있어요."

"그렇다고 하루 종일 캔 사료를 줄 순 없어요."

"다른 건 줄 게 없을까요?"

"오늘 아침에도 아비스 샌드위치를 먹었는걸요."

"그렇지만, 좀 보세요. 듀이는 요즘 너무 말랐어요. 먹이를 좀 자주 주지 그래요."

"먹이는 잘 주고 있어요."

"하지만 너무 말랐잖아요. 저를 봐서라도 뭐든 좀 줄 수 없을까요?"

물론 줄 수도 있었다. 그러나 듀이는 전날에도 똑같은 짓을 했다. 그리고 그 전날도, 그 전날도, 또 그 전날도. '사실 굶어 죽어가는 고양이 연기에 속아넘어간 건 오늘만 해도 당신이 다섯 번째예요.'

하지만 어떻게 손님에게 그런 소리를 할 수 있겠는가? 나는 언제나 한 수 접어주었다. 물론 그럼으로써 듀이의 나쁜 습관은 더 심해졌다. 내 생각에 듀이는 내가 마지못해 억지로 주는 음식을 더 맛있어했다. 그건 승리의 맛이었기 때문이다.

위기의 순간

Chapter 25

듀이가 점점 나이 들어가면서부터 스펜서 도서관 이용객들의 친절함은 더욱 빛났다. 친구나 방문객 모두가 듀이를 예전보다 더 부드럽게 대해주었다. 말도 더 많이 걸었고, 마치 가족 모임에서 어르신들을 대하듯 더욱 신경 써서 시중을 들어주었다. 간혹 누군가 듀이가 너무 허약해 보인다거나 더러워 보인다고 말했지만, 이런 걱정들도 모두 사랑의 표현이었다.

"털이 왜 그래요?"라는 질문을 가장 많이 받았다. 그러면 나는 말했다. "아무것도 아니에요. 그냥 나이가 들어서 그래요."

사실이었다. 듀이의 털에는 이제 더 이상 윤기가 감돌지 않았다. 빛

나는 오렌지색이 아니라, 무거운 구리 색깔이었다. 그리고 털들은 점점 더 엉켜서 빗어주는 것만으론 관리가 되지 않았다. 프랭크 박사는, 고양이는 나이가 들면 혀에 난 돌기들이 닳아서 정기적으로 혀로 몸을 핥아 단장해도 털 관리가 되지 않는다고 말했다. 털이 뭉치고 엉키는 것은 단지 노화의 징후라는 것이었다.

프랭크 박사는 듀이의 엉덩이 쪽에 털이 뭉쳐 있는 것을 보고 말했다. "이쪽은 좀 더 극단적인 조치가 필요하겠네요. 여기는 털을 깎는 게 좋을 것 같아요."

그녀가 작업을 끝냈을 때 불쌍한 듀이는 한쪽 끝은 털이 많고 다른 한쪽은 털이 하나도 없는 꼴이 되어 있었다. 마치 커다란 밍크코트를 입고 바지는 입지 않은 꼴이었다. 직원들 중 몇몇은 그 모습을 보았을 때 웃지 않을 수 없었지만, 곧 웃음을 멈췄다. 듀이의 얼굴에 모멸감이 가득했기 때문이다. 듀이는 그 상황을 너무나 싫어했다. 듀이는 몇 걸음 빨리 걷다가 주저앉고는 엉덩이를 감추려 했다. 그러고는 일어나서 또 빨리 걷다가 다시 주저앉았다. 걷다가 앉고, 걷다가 앉고, 그렇게 해서 자기 침대에 도착하자 앞발에 고개를 푹 묻고는 자신이 좋아하는 마티 마우스 장난감을 끌어안고 누웠다. 며칠 동안 우리는 듀이가 상체만 복도로 내밀고 엉덩이 쪽은 책장 뒤로 숨기는 모습을 보았다.

하지만 듀이의 건강은 웃을 일이 아니었다. 직원들끼리 그 얘기를 화제에 올리는 것은 아니었지만, 모두 걱정하고 있다는 것을 나는 알고 있었다. 어느 날 도서관에 왔을 때 듀이가 바닥에 쓰러져 있지나 않을까 하는 불안감이었다. 사람들은 듀이의 죽음 자체를 걱정하기도 했지만 남아 있는 사람들이 어떻게 해야 할지가 사실 더 걱정이었다. 그리고 더 크게는, 만약 듀이의 건강이 악화됐을 때 자신들이 생사에 대한 극단적인 결정을 내려야 하면 어떡하나 하는 두려움이었다. 나는 건강상의 문제로도 그랬지만 주립 도서관 문제로 디모인에 자주 출장 가는 바람에 자리를 종종 비울 수밖에 없었다. 모두가 듀이는 나, 비키의 고양이라고 알고 있었다. 그렇기 때문에 직원들은 듀이의 생사를 가르는 결정을 자신들이 내려야 할까 봐 불안해했다.

"걱정하지 말아요. 혹시나 그런 일이 일어나면 듀이를 위해 최선을 다해주세요. 그릇된 결정이란 있을 수 없어요."

내가 도서관에 없을 때 아무 일도 일어나지 않을 거라는 약속은 할 수 없었다. 하지만 나는 말했다. "나는 듀이를 알아요. 듀이가 건강할 때, 조금 아플 때, 진짜 아플 때를 각각 구분할 수 있어요. 진짜로 심각하게 아플 때는 걱정하지 마세요. 수의사한테 데려갈 테니까요. 마지막 결정은 제가 내릴게요."

하지만 듀이는 아프지 않았다. 여전히 안내 데스크를 오르내리곤 했기 때문에 관절염이 그다지 심하지 않다는 것을 알 수 있었다. 소화 기능도 과거보다 훨씬 좋았다. 그리고 사람들과 함께하는 것을 여전히 좋아했다. 물론 나이 든 고양이의 수발을 드는 것은 많은 인내심을 요구했고, 솔직히 몇몇 직원은 그것이 자신들의 일이 아니라고 생각했다. 듀이가 나이 들자 지지자들이 서서히 떨어져나가기 시작했다. 처음에는 마을 사람들 중 반대했던 사람들, 다음에는 대세를 관망하며 눈치를 보던 사람들, 예쁘고 활발한 고양이만 원했던 고객들, 그리고 직원들

중 늙은 고양이 돌보는 일을 원치 않았던 사람들이 듀이로부터 서서히 멀어져갔다.

그럼에도 불구하고 2006년 10월에 열렸던 도서관 이사회 회의는 나에게 큰 충격이었다. 나는 전형적인 도서관 문제가 의제로 다루어질 거라 생각하고 있었다. 하지만 사람들은 이 회의를 듀이에 대한 표결로 몰아갔다. 도서관 이용객 중 몇몇이 듀이가 보기 좋지 않다고 이야기했다는 것이다. 이사회 쪽에서는 병원에 데려가야 하지 않겠느냐고 제안했다.

"최근에 건강 체크를 하러 갔는데 프랭크 박사가 갑상선 항진이라고 합니다. 일종의 노화죠. 관절염이라든가 피부 건조증이라든가 입술이나 잇몸에 나타나는 검버섯과 마찬가지로요. 선생님이 약을 처방해주었는데 다행히 구강으로 먹어야 하는 약이 아니에요. 귀에다 발라주면 됩니다. 요즘은 듀이의 상태가 정말 좋아졌어요. 그러니 걱정하지 마세요."

나는 그들에게 상기시켰다. "치료비는 기부금과 제 돈으로 내고 있습니다. 시 예산은 한 푼도 듀이 밑으로 쓰이는 게 없어요."

"갑상선 항진은 심각한 병인가요?"

"예, 하지만 나을 수 있답니다."

"그 약을 쓰면 털 상태가 나아지나요?"

"털의 색깔이 바래는 건 질병이 아닙니다. 나이 때문에 생기는 것이죠. 사람이라면 흰머리가 생기는 것과 같은 거죠."

이사회 회원들은 이해할 줄 알았다. 그 방에 있는 사람들 중 흰머리가 조금씩 있지 않은 사람은 한 명도 없었으므로.

"체중은 어때요?"

나는 듀이의 식단을 자세히 설명했다. 듀이가 특정 사료를 고집했던 것부터 도나와 내가 고양이 사료 대신 아비스의 쇠고기 치즈 샌드위치를 주는 것까지 모두 다 설명했다.

"그래도 보기가 좋지 않던데요."

그러나 결국엔 계속해서 그 이야기로 돌아왔다. 듀이가 도서관의 이미지를 저해한다는 것이다. 물론 이 사람들이 듀이에게 악의가 있는 것도 아니고 모든 사람들을 위한 최선책을 찾고 있다는 것을 알고는 있었지만, 도저히 이사회의 사고방식을 이해할 수 없었다. 사실 듀이의 외모가 이전처럼 좋은 것은 아니었다. 누구나 나이가 든다. 80세 노인이 스무 살짜리 같아 보일 수 없고, 또 그래서도 안 된다. 우리는 일회용 문화에 너무 익숙해서인지 나이 든 사람들을 어디론가 치워버리고 안 보려 한다. 주름이 있다, 검버섯이 있다, 잘 걷지 못하고 손을 떤다, 눈물이 잘 생긴다, 밥을 먹을 때 흘린다는 등의 이유로 보기 싫다는 것이다. 그래서 재능 있는 노인이나 평생 사회를 위해 헌신한 사람들마저도 우리의 눈에서, 또 마음에서 지우려한다. 하지만 나이 든 사람들이나 나이 든 고양이들도 무엇인가 우리에게 가르쳐줄 것이 있지 않겠는가. 이 세상에 대해서, 그리고 우리 자신에 대해서 말이다.

"듀이를 집에 데려가서 키우는 게 어때요? 휴일에는 당신 집으로 데려간다면서요."

나도 그 생각을 해보았지만 벌써 예전에 그렇게 하지 않기로 결정한 바 있었다. 듀이는 우리 집에선 행복할 수 없었다. 일하랴, 회의하랴, 나는 집을 너무 오래 비워두기 때문이었다. 듀이는 혼자 있는 것을 싫어했다. 듀이는 굉장히 외향적인 고양이다. 주변 사람들을 필요로 했고, 도서관에 있어야 행복했다.

"불평이 들어와서 그래요, 비키. 이해 못하겠어요? 우리는 이 마을 사람들을 대변해야 할 의무가 있습니다." 이사회는 우리 마을이 듀이를 더 이상 원하지 않는다고 말하려는 것 같았다. 그건 말도 되지 않았다. 왜냐하면 나는 매일 마을 사람들이 얼마나 듀이에게 사랑을 쏟는지 보기 때문이다. 물론 이사회가 몇 건의 항의를 접수했는지는 모르지만 그러한 불평은 언제나 있었다. 이제 듀이의 외모가 예전 같지 않다 보니 그 목소리들이 더 커진 것뿐이었다. 하지만 그렇다고 우리 마을이 듀이를 거부하고 있는 것은 아니었다. 내가 다년간의 경험으로 깨달은 것은 듀이를 사랑하는 사람들, 정말 듀이를 원하고 필요로 하는 사람들은 목청 큰 사람들이 아니었다는 점이다. 많은 경우 그들은 자기 소리를 크게 낼 수 없는 사람들이었다.

그리고 설사 이사회의 생각이 옳고 대다수의 마을 사람들이 듀이를 거부한다 하더라도 우리에게는 듀이의 편을 들어주어야 할 의무가 있지 않았을까? 단지 다섯 명뿐이라 해도, 그것으로 충분하지 않을까. 설령 아무도 편을 들어주지 않는다 하더라도 듀이가 스펜서 마을을 사랑한다는 것은 변치 않는 사실이었다. 듀이는 우리를 필요로 했다. 단지 더 늙고 허약해졌다는 이유로, 우리가 녀석을 더 이상 자랑스럽게 생각하지 않는다고 해서 녀석을 버릴 수는 없지 않은가?

그날 이사회가 나에게 주지시킨 또 한 가지 메시지가 있었다. 이사회는 그 점을 아주 확실하게 각인시켰다. 즉, '듀이는 당신의 고양이가 아니다. 듀이는 마을의 고양이다. 우리는 마을을 대변하고 있으니 이것은 우리의 결정이다. 무엇이 최선인지는 우리가 알고 있다'는 것이었다.

나는 반론할 생각이 없었다. 당연히 듀이는 스펜서의 고양이였다. 그것은 부인할 수 없는 사실이다. 하지만 동시에 녀석은 내 고양이이기도 했다. 그리고 결국 듀이는 한 마리의 고양이였다. 이 회의를 통해 나는 많은 사람들의 마음속에 듀이가 생각도 있고 감정도 있는 살과 피로 만들어진 동물이 아니라, 소유할 수 있는 상징, 은유, 객체가 되어버렸다는 것을 깨달았다. 이사회 회원들은 고양이로서의 듀이를 사랑했다. 이사회 회장 캐시 그레이너는 항상 듀이의 간식을 주머니에 넣고 다니는 사람이었다. 하지만 그들은 동물과 상징물을 구분하지 못하고 있었다.

솔직히 말해 내 머릿속에는 또 한 가지 생각이 돌아가고 있었다. '나도 늙어가고 있다. 내 건강도 좋지 않다. 그렇다면 이 사람들은 나도 내다 버릴 것인가?'

"제가 듀이와 가깝다는 것을 저도 압니다. 우리 어머니가 돌아가시고, 제 건강도 안 좋아져서 힘든 해가 되었고, 이사회에서 지를 신경 써주는 것도 알고 있습니다. 하지만 저를 보호해주실 필요는 없습니다."

나는 여기서 잠시 얘기를 멈췄다. 내가 하려던 말은 이것이 아니었다.

"제가 듀이를 너무 지나치게 사랑한다고 생각하실지도 모르겠어요. 듀이를 너무 사랑하기 때문에 잘못된 판단을 할까 걱정하실지도 모릅니다. 하지만 저를 믿어주세요. 결정을 해야 할 때가 되면 저도 알 겁니다. 저도 평생 동물을 키워왔어요. 안락사도 시켜봤고요. 힘들지요. 하지만 할 수 있습니다. 제가 정말 원하지 않는 것, 결코 원하지 않는 것은 듀이가 고통받는 것이에요."

이사회 회의는 화물열차와도 같았다. 이 열차는 철로에 서 있던 소를 밀어버리듯 나를 덮쳤다. 누군가가 듀이의 미래를 결정하기 위한 위원회를 구성하자고 제안했다. 물론 위원회 사람들이 선의로 그런 얘길 꺼낸 것임을 나는 알고 있다. 그들은 자신의 임무를 진지하게 여기고 최선의 결정을 내릴 것이다. 하지만 나는 그렇게 내버려둘 수 없었다. 도저히 그럴 수가 없었다.

이사회에서 듀이의 죽음을 결정하는 위원회에 몇 명이 들어가야 하는지를 논의하고 있을 때, 회원 중 수 히치콕이 입을 열었다. "이건 말도 안 됩니다. 우리가 이런 일을 논의하고 있는 것조차 믿을 수가 없네요. 비키는 도서관에서 25년이나 일해왔습니다. 듀이와는 19년을 보냈어요. 듀이를 위한 것이 무엇인지는 비키가 가장 잘 압니다. 비키의 판단을 믿어야 합니다."

하느님께 수 히치콕을 보내주셔서 감사하다고 기도했다. 그녀가 말을 꺼내는 순간, 열차는 선로를 바꾸었고 이사회도 한발 물러났다. 다들 중얼거렸다. "그래, 그래, 그 말이 맞아……. 하긴, 너무 이르지. 너무 과하지…… 만약 상태가 더 나빠진다면 또 모르지만……."

나는 너무 슬펐다. 이 사람들이 듀이를 내게서 앗아가려 했다는 사실에 심장을 관통하는 것만 같은 상처를 입었다. 그리고 실제로 그들은 거의 성공할 뻔했다. 그들은 힘을 가지고 있었기에. 하지만 이번에는 피할 수 있었다. 어찌 됐든 이번 판은 우리의 승리였다. 듀이를 위해서, 도서관을 위해서, 마을을 위해서, 그리고 나를 위해서.

작별 인사

❧ Chapter 26 ❧

그 끔찍한 회의가 있기 1년 전, 듀이가 열여덟 살이던 2005년의 크리스마스를 나는 평생 잊지 못할 것이다. 그날 조디와 스콧이 우리 집에 놀러 왔다. 둘 사이에는 네이선과 한나라는 18개월짜리 쌍둥이가 있었다. 어머니도 아직 살아 계실 때였다. 어머니는 제일 좋은 실내복으로 갈아입고 쌍둥이들이 선물 여는 것을 지켜보셨다. 듀이는 조디의 엉덩이 옆에 찰싹 붙어 누워 있었다. 그 순간은 어찌 보면 한 시대가 끝나고 새로운 시대가 시작되는 시기였다. 그 크리스마스 주간은 우리 모두가 함께했다.

조디에 대한 듀이의 사랑은 한 번도 식은 적이 없었다. 조디는 듀이에게 있어 위대한 로맨스였다. 그 크리스마스에도 기회만 있으면 듀이는 조디 곁에 붙어 있었다. 하지만 사람들이 너무 많았고, 특히 어린아이들 때문에 주변이 소란스러워서 듀이는 조디를 바라보는 것만으로도 만족해하는 듯했다. 듀이는 스콧과도 질투하지 않고 잘 지냈다. 그리고 쌍둥이들을 사랑했다. 나는 손자 손녀들이 태어났을 때 유리로 만든 커피 테이블을 쿠션이 깔린 오토만 의자로 대체했다. 그래서 듀이는 크리스마스 주간 내내 그 오토만 위에 앉아서 지냈다. 한나와 네이선은 뒤뚱뒤뚱 걸어가 듀이를 쓰다듬었다. 듀이는 유아들을 조심스럽게 대했다. 도서관에서는 아기들이 다가오면 슬그머니 도망을 갔다. 하지만 쌍둥이들한테는 아이들이 자칫 잘못 쓰다듬거나 털을 망가뜨려도 참아주었다. 한나는 하루에도 백 번씩 듀이에게 키스를 했다. 네이선은 실수로 듀이 머리를 때리기도 했다. 어느 날 오후엔 한나가 듀이를 쓰다듬으려다가 녀석의 얼굴을 찔렀다. 그러나 듀이는 꼼짝도 하지 않았다. 한나는 내 손녀이자 조디의 딸이다. 듀이는 우리를 사랑했기에 한나 역시 사랑했다.

듀이는 그해 매우 조용했다. 듀이는 나이를 먹어가면서 점점 더 조용해졌다. 이제는 다가올 문제를 미리 피할 줄도 알았다. 회의에는 여전히 참석했지만 어디까지 허용되는지 또 누구 무릎에 앉아야 할지, 이제는 꾀가 늘었다. 2006년 9월 이사회 회의가 있기 몇 주 전, 도서관 행사로 백여 명이 도서관에 모인 적이 있었다. 나는 듀이가 직원 휴게실에 숨을 줄 알았는데 평소처럼 사람들과 어울리고 있었다. 평소에는 손님들 사이에서 눈에 띄지 않고 그림자처럼 움직였지만 누군가가 쓰다듬으려 하면 언제나 기다렸다는 듯 머리를 내밀었다. 듀이가 사람과 어울리는 모습은 세상에서 가장 자연스럽고 아름다운 장면으로, 이제는 그러한 어우러짐이 리듬을 타고 흐르는 듯했다.

행사가 끝나자 듀이는 몹시 피곤한 듯 케이의 책상 위 침대에 자리를 잡았다. 케이가 듀이의 턱 밑을 부드럽게 쓰다듬어주었다. 그때 그녀의 손짓, 그 조용한 눈빛이 무엇을 뜻하는지 나는 알고 있었다. 사람이 많은 방 한가운데에서 오래된 친구나 배우자에게 그들이 얼마나 멋진지, 그리고 자신의 인생에 그 사람들이 있어 얼마나 고마운지 느낄 때 보내는 감사의 눈길이었다. 마치 영화 「꼬마 돼지 베이브」에 나오는 농부가 마지막에 말하듯, 케이가 듀이에게 "그거면 됐다, 야옹아. 그거면 됐어"라고 말하는 듯한 착각을 불러일으킬 정도였다. 하지만 케이는 아무 말 없이 눈으로만 말하고 있었다.

2개월 뒤인 11월 초, 듀이의 걸음걸이가 약간 불안정해 보였다. 소변 양도 크게 늘어서 때로는 화장실 모래 상자 밖에 깔아놓은 신문지에까지 오줌을 쌌다. 과거엔 없던 일이었다. 그래도 듀이는 숨으려 하지 않았고 여전히 안내 데스크를 뛰어올랐다가 다시 내려오곤 했다. 또 손님들과도 잘 어울렸다. 별로 아파하는 것 같지도 않았다. 프랭크 박사에게 전화로 물어보자 병원에 올 필요는 없지만 잘 관찰하라고 했다.

11월 말경 어느 아침, 듀이는 손을 흔들지 않았다. 듀이와 함께한 수많은 세월 중, 내가 아침에 도착했을 때 듀이가 손을 흔들지 않았던 날은 한 손에 꼽을 정도였다. 듀이는 그냥 현관 앞에서 나를 기다리며 앉아 있었다. 나는 듀이를 모래 상자로 데려다 주었고 사료 캔을 따 주었

작별 인사 : 315

다. 듀이는 조금 먹이를 먹고는 나와 함께 오전 순찰을 돌았다. 나는 남동생 마이크의 딸 나탈리가 결혼을 하게 되어 전 가족이 플로리다로 가야 했으므로 여행 준비에 정신이 없었다. 그래서 듀이를 오전 내내 다른 직원에게 맡겨두었다. 잠시 후 평소와 마찬가지로 듀이는 내 사무실 환풍기 냄새를 맡아보고 내가 안전한지 확인하기 위해 사무실로 들어왔다. 나이가 들수록 듀이는 자기 주변의 사랑하는 사람들에 대해 더 보호적이 되었다.

9시 30분에 나는 듀이가 그 당시 아침 식사로 즐겨 먹던 하디스의 베이컨 달걀 치즈 비스킷을 사러 나갔다. 내가 돌아왔을 때 듀이는 나를 맞으러 달려나오지 않았다. 귀가 잘 들리지 않아 문소리를 듣지 못했을 거라 생각했다. 알고 보니 듀이는 안내 데스크 옆 의자에 앉아 자고 있었다. 그래서 나는 녀석이 달걀 냄새를 맡을 수 있도록 봉지를 몇 번 허공에 휘둘렀다. 그때서야 듀이는 의자에서 벌떡 일어나 내 사무실로 뛰어들어왔다. 나는 종이 접시에 달걀 치즈 범벅을 덜어주었다. 듀이는 서너 입 먹고 나선 내 무릎 위에 자리를 잡았다.

10시 30분, 듀이는 이야기책 시간에 참석했다. 녀석은 평소와 마찬가지로 모든 아이들에게 인사를 했다. 여덟 살짜리 소녀 하나는 우리가 인디언 스타일이라고 부르는 방식으로 양반다리를 하고 바닥에 앉아 있었다. 듀이는 소녀의 다리 위로 올라가 잠이 들었다. 소녀는 듀이를 쓰다듬었고 나머지 아이들도 돌아가며 듀이를 쓰다듬으며 모두 행복해 했다. 이야기 시간이 끝난 후 12시쯤 내가 도서관을 나왔을 때 듀이는 전기난로 옆에 놓인 따뜻하게 데워진 침대로 기어들어가 자리를 잡았다. 나는 집으로 가서 점심을 먹은 후 아버지를 모시고 오마하로 가 다음 날 아침 비행기를 탈 생각이었다.

집에 도착한 지 10분 후에 전화가 울렸다. 도서관 사서 중 하나인 잰이었다. "듀이가 이상해요."

"이상하다니, 무슨 말이에요?"

"듀이가 울면서 이상하게 걸어다녀요. 서랍장 안으로 숨으려고 해요."

"내가 지금 그리로 갈게요."

듀이는 의자 밑에 숨어 있었고, 나는 듀이를 끌어안았다. 듀이는 나를 처음 만난 그날 아침처럼 떨고 있었다. 눈은 공포에 질린 듯 크게 뜨고 있었고, 아파하고 있었다. 나는 병원에 전화했다. 프랭크 박사는 자리에 없었고 그녀의 남편 빌 박사가 병원을 지키고 있었다.

"당장 데리고 오세요."

나는 듀이를 타월로 감쌌다. 11월 말이라 추운 날씨였다. 듀이는 얼른 내 품으로 파고들었다. 우리가 수의사에게 도착했을 때 듀이는 자동차 바닥 난방기 옆에 앉아 두려움에 떨고 있었다. 나는 듀이를 팔로 감싸고서 듀이의 머리를 내 가슴에 갖다 댔다. 그때 나는 듀이의 엉덩이 밖으로 변이 조금 나와 있는 것을 보았다.

그때 나는 안도했다. 심각한 것이 아니었나 보다, 그냥 변비였나 보다 했다. 나는 빌 박사와 이 문제를 상의했다. 그는 듀이를 뒤쪽 준비실로 데려가 관장을 하고 엉덩이를 씻어주었기 때문에 듀이가 방에서 나왔을 때에는 몸이 젖어 떨고 있었다. 듀이는 빌 박사의 품에서 얼른 뛰어내려 내 품에 안기며 애원하듯 나를 쳐다보았다. '도와줘요.' 뭔가 심상치 않음을 깨달았다.

빌 박사는 말했다. "촉진을 해보니까 딱딱한 게 잡혀요. 이건 변이 아닌 것 같아요."

"그럼 뭘까요?"

"엑스레이를 찍어봐야 알 것 같습니다." 10분 후에 엑스레이 결과가 나왔다. 듀이의 배에 커다란 종양이 보였고, 그 종양이 신장과 내장을 밀어내고 있었다. 그래서 그렇게 소변을 자주 보았던 것이고, 모래 상자 밖에까지 흘린 것이었다.

"9월달만 해도 없었거든요." 빌 박사가 말했다. "그러니까 결국 이 암이 굉장히 공격적이라는 겁니다. 보다 확실히 알기 위해선 침습 테스트를 해봐야 할 것 같아요."

우리는 말없이 서서 듀이를 바라보았다. 암이라곤 생각을 못했었다. 절대로. 나는 듀이에 대해 모든 것을 알고 있었다. 듀이의 생각과 감정 모두 다. 하지만 듀이는 이것만큼은 내게 철저히 숨기고 있었다.

"지금 통증을 느끼고 있나요?"

"예, 그런 것 같습니다. 이 덩어리가 굉장히 빠르게 자라고 있기 때문에 앞으로 상태가 더 나빠질 것 같습니다."

"통증을 없애기 위해서 해줄 수 있는 건 없나요?"

"해줄 수 있는 게 별로 없습니다." 나는 듀이를 내 팔에 안고 아기처럼 흔들어주었다. 듀이는 내가 그렇게 안아주는 걸 거부한 지 16년 만에 다시 그렇게 안겨 있었다. 이제는 반항하지 않았다. 그저 나를 쳐다보고 있을 뿐이었다.

"그럼 매 순간 고통을 느끼고 있는 건가요?"

"그렇지 않다고 하긴 어려울 것 같습니다."

이런 대화는 나를 천근만근 짓눌렀다. 나는 온몸의 힘이 빠지면서 탈진하다시피 피곤해졌다. 그 말을 믿을 수가 없었다. 나는 아마 듀이가 영원히 살 것이라고 생각했나 보다.

나는 도서관에 전화를 해서 듀이가 영영 집으로 돌아갈 수 없다고 알렸다. 케이는 출장 중이었고 조이는 비번이었다. 도서관 직원들 중 몇몇이 마지막 작별 인사를 하기 위해 병원으로 왔다. 샤론은 듀이에게 가기 전 내 쪽으로 똑바로 걸어와 나를 껴안아주었다. 고마워요, 샤론. 나는 절실하게 위안이 필요했다. 그리고 나는 도나를 껴안고서 듀이를 사랑해준 것에 대해 고맙다고 했다. 도나가 제일 마지막으로 듀이에게 작별 인사를 했다.

누군가가 말했다. "나는 차마 볼 수 없을 것 같아요."

"괜찮아요. 나도 마지막엔 듀이와 단둘이 있는 게 좋을 것 같아요."

빌 박사는 듀이를 뒷방으로 데려가 혈관 주사를 꽂고 새 담요로 감싸 내 팔에 안겨주었다. 나는 듀이와 마지막 대화를 나누었다. 내가 얼마나 사랑하는지, 내게 얼마나 소중한지, 그리고 듀이가 아픈 건 원하지 않는다고 말했다. 앞으로 어떻게 될 건지, 그리고 그 이후에 대해서도 설명해주었다. 그리고 듀이가 편안할 수 있도록 담요를 다시 정돈해주었다. 듀이를 편안하게 하는 것 외에 내가 해줄 수 있는 게 뭐가 있었겠는가. 나는 듀이가 새끼 고양이였을 때 했던 것처럼 내 팔에 안고는 무게 중심을 이 발 저 발로 바꾸며 아기를 재우듯 흔들어주었다. 빌 박사는 첫 번째 주사를 놓았고, 곧이어 두 번째 주사를 놓았다.

"제가 심장 박동을 확인해보겠습니다."

내가 말했다. "그럴 필요 없을 것 같아요. 듀이의 눈에서 알 수 있어요."

듀이는 그렇게 우리를 떠났다.

사랑하는 듀이에게

⸙ Chapter 27 ⸙

나는 플로리다에 8일 동안 있었다. 신문도 읽지 않았고 텔레비전도 보지 않았다. 누구의 전화도 받지 않았다. 차라리 떠나 있는 게 다행이다 싶었다. 듀이의 죽음이 너무나 힘들었기 때문이다. 내게는 견디기 힘든 아픔이었다. 오마하에서 출발하는 비행기 안에서 나는 울음을 참지 못했고 휴스턴에 도착할 때까지 울었다. 플로리다에서는 혼자 조용히 듀이에 대해 생각했다. 언제나 내게 버팀목이 되어준 가족들에게 둘러싸여서도 듀이 생각을 멈출 수 없었다.

그랬기 때문에 나는 듀이의 죽음이 어디까지 알려졌는지 알지 못했다. 내가 휴스턴으로 향하는 비행기에 앉아 울고 있는 동안, 우리 지역 라디오 방송국은 오전 방송 프로그램을 듀이의 추억에 바쳤다. 『수시티 저널』은 듀이에 대한 긴 기사와 부고를 냈다. 거기서 기사를 얻었는지는 모르겠지만, AP통신이 듀이의 소식을 알고 전 세계에 타전하기도 했다. 몇 시간 내에 듀이의 죽음에 대한 소식은 CBS 오후 뉴스와 MSNBC 뉴스에도 보도됐다. 도서관의 전화벨이 울리기 시작했다. 내가 도서관에 있었더라면 나는 며칠간 기자들의 질문에 답하느라 정신이 없었을 것이다. 하지만 직원들은 언론과 이야기하는 것을 편안해하지 않았다. 도서관을 대표해서 도서관 비서 킴이 짤막한 성명서를 발표했고, 그 성명서가 듀이의 공식 부고가 된 셈이었다. 그뿐이었다. 그것으로 충분했다. 다음 며칠 동안 이 부고가 270여 개의 신문에 실렸다.

　듀이를 알고 있던 사람들의 반응 역시 대단했다. 듀이의 죽음을 자신들의 지역 신문에서 읽은 사람들도 있었고, 라디오 쇼에서 들었다며 전국의 친구와 친지들로부터 전화를 받았다는 사람들도 있었다. 한 부부는 국외에 있었는데, 『샌프란시스코 크로니클』에 실린 부고를 본 샌프란시스코 친구로부터 그 소식을 들었다고 했다. 듀이의 팬들은 도서관 앞에 듀이를 위한 촛불을 밝혔다. 마을 기업과 상점들은 꽃과 선물을 보내왔다. 샤론과 토니의 딸 에미는 듀이를 그린 그림을 보내왔다. 그 그림은 도화지 한가운데에 두 개의 초록색 원이 있고 그 원으로부터 여러 줄이 사방으로 뻗어나가는 그림이었다. 정말 아름다웠고, 내가 그림을 사무실 문에 테이프로 붙이자 에미의 얼굴이 환해졌다. 그것은 우리 두 사람이 함께 듀이를 추억할 수 있는 멋진 그림이었다.

　도서관 고양이에 대한 다큐멘터리를 찍었던 게리 로마 감독은 내게

긴 편지를 보내왔다. 편지의 일부분에 이런 말이 있었다. '제가 이런 말씀을 드렸는지는 모르겠지만, 전국의 도서관 고양이를 만나보고 다녔지만 저는 듀이 리드모어 북스를 제일 좋아했습니다. 듀이는 아름답고 매력적이고 장난도 잘 치는, 정말 독특한 고양이였습니다.' 일본 공영방송 텔레비전의 도모코 가와스미도 편지를 보내와 일본에서도 듀이의 죽음이 알려졌다며 많은 사람들이 듀이의 죽음을 안타까워하고 있다고 했다. '아메리칸 프로필'에 기사를 썼던 마티 아톤 역시 듀이는 자신이 가장 좋아했던 고양이라고 편지를 써서 보내왔다. 세월이 많이 흘러 마티는 이제 편집자가 되었다고 했다. 마티는 자신의 직업상 수백 개의 기사를 썼을 텐데, 고양이 한 마리를 기억하고 또 그렇게 좋은 추억으로 간직했다는 것이 나로서는 신기할 따름이었다. 하지만 그것은 듀이였으니까 가능한 일이었다. 듀이는 많은 사람들에게 그토록 깊은 인상을 남겼던 것이다.

　내가 사무실로 돌아왔을 때 책상 위에는 편지와 카드들이 1미터 이상의 높이로 쌓여 있었다. 듀이에 관한 이메일도 약 6백 건이 편지함에서 기다리고 있었다. 듀이를 단 한 번 만나본 사람들이 대부분이었지만 그들은 듀이를 잊지 않고 있었다. 또 듀이를 한 번도 만난 적이 없는 사람들에게서도 수백 통의 편지가 왔다. 듀이가 죽은 후 그 한 달 동안 나는 전 세계로부터 약 천여 통의 편지를 받았다. 이라크에 참전하고 있던 한 병사도 자신이 그곳에서 매일 접하는 참사에도 불구하고 듀이의 죽음을 안타까워했다. 전쟁터가 워낙 처참했기에 듀이의 소식이 더욱 소중하게 느껴졌는지도 모른다. 코네티컷에 사는, 막 열한 살이 된 아들을 둔 부부로부터도 편지를 받았다. 아들의 생일 소원은 듀이를 위해 하늘나라로 풍선을 띄우는 것이라고 했다. 우리는 많은 선물과 기부를 받았다. 해군사 박물관의 한 사서는 듀이의 이름으로 네 권의 책을 기부했다. 그녀는 도서관 업계 출판물들을 통해 듀이의 이야기를 관심 있게 지켜보고 있었는데, 『워싱턴 포스트』지에 난 듀이의 부고를 읽었다고 했다. 우리의 웹사이트(www.spencerlibrary.com)는 한 달 평균 조회 횟수가 2만 5천 건이었는데, 그달에는 18만 9922건까지 올라갔고, 그다음 해 내내 접속자 수가 떨어지지 않았다.

마을의 많은 사람들이 장례식을 기대했지만, 나는 듀이의 장례식을 원하지 않았고 우리 직원들도 마찬가지였다. 하지만 뭔가 해야만 할 것 같았다. 그래서 12월 중순 어느 추운 토요일에 듀이를 사랑했던 사람들이 공식적으로는 마지막으로, 그들의 삶에 있어 소중했던 한 친구를 추모하기 위해 도서관에 모였다. 우리 직원들은 분위기를 무겁게 하지 않으려고 애썼다. 나는 박쥐 사건을 이야기했고, 오드리는 조명 기구에 관한 이야기를 했다. 조이는 듀이가 도서관 카트를 타던 일들, 샤론은 듀이가 어떻게 샌드위치에서 고기만을 빼갔는지 이야기했다. 그러나 모두가 애써 노력했음에도 불구하고 결국 사람들은 눈물을 떨구었다. 그중 두 여성은 추모식 내내 울었다.

몇 개의 지역 텔레비전 방송국에서 그 추모식을 찍고 있었다. 그 속뜻은 고마웠지만 나는 카메라가 그 자리에 어울리지 않는다고 생각했다. 이 모임은 친구들끼리 조촐하게 모이는 자리였다. 우리가 여기서 나눈 말들을 세상 모든 사람들과 공유하고 싶지는 않았다. 우리는 거기서 있는 동안 결국 어떠한 말로도 듀이에 대한 우리의 감정을 충분히 설명하지 못한다는 것을 깨달았다. 얼마나 듀이가 특별했는지 쉽게 설명할 방법이 없었다. 우리가 거기 있었고, 카메라도 거기 있었고, 전 세계가 그 순간 함께하고 있었다. 아마 그 사실이 어떠한 말보다도 더 강하게 모든 걸 대변해준다고 생각한다. 끝으로, 한 마을 교사가 말했다. "사람들은 뭐 그리 대단하냐고, 단지 고양이였을 뿐이라고 말하죠. 하지만 그 사람들은 틀렸습니다. 듀이는 우리에게 그보다 훨씬 더 커다란 존재였습니다." 그곳에 서 있는 우리 모두가 그녀의 말뜻을 이해했다.

이후 듀이와 나는 더 은밀한 둘만의 시간을 가졌다. 직원들은 내가 없는 동안 듀이의 밥그릇을 치우고 듀이의 남은 먹이를 사람들에게 나눠주었다. 그러나 듀이의 장난감은 내가 치워야 했기에 나는 듀이 전용 선반을 정리했다. 헤어볼을 위한 바셀린, 털을 빗기기 위한 브러시, 듀이가 즐겨 가지고 놀았던 빨간 털실 뭉치. 이제 나는 매일 아침 주차장에 차를 대고는 나를 위해 손을 흔들어주는 듀이가 없는 도서관으로 출근해야 하는구나.

듀이에게 마지막 작별 인사를 하던 날, 직원들이 도서관으로 돌아와 보니 듀이의 침대 옆 전기난로가 고장 나 있었다. 듀이는 그날 아침만 해도 그 옆에 누워 있었고, 난로는 잘 작동했었다. 그랬기에 그 난로는 마치 듀이가 죽음으로써 자신의 존재 이유를 찾지 못해 멈춰버린 것 같았다. 고장 난 전기 기구 때문에 이렇게 마음이 찢어질 수 있을까. 내가 사람을 불러 난방 기구를 고칠 생각을 하기까지는 6주나 걸렸다.

나는 듀이가 외롭지 않도록 녀석이 가장 좋아했던 장난감 마티 마우스와 함께 화장을 했다. 식을 맡은 동물 장례식장에서는 유골을 마호가니 박스에 넣고 청동 명판을 함께 무료로 주겠다고 했다. 하지만 듀이를 그렇게 전시하는 것은 옳지 않은 것 같았다. 듀이는 파란색 벨벳 주머니 속 평범한 비닐봉지에 담겨 자신이 살던 도서관으로 돌아왔다. 나는 이 봉지를 내 사무실 선반에 얹어놓고 업무로 돌아갔다.

추모식이 있은 지 일주일 후 나는 도서관 개관 30분을 앞두고 사무실을 나섰다. 나는 케이에게 말했다. "시간이 됐어요."

12월이었고, 역시 잔인하게 추운 아이오와의 아침이었다. 듀이를 만났던 첫 아침과 마찬가지로, 낮이 가장 짧은 날이 가까워왔기 때문에 아직 해도 뜨기 전이었다. 하늘은 거의 보랏빛에 가까운 짙은 파란색이었고, 거리에는 차도 다니지 않았다. 들을 수 있는 유일한 소리는 캐나다 평원에서 불어와 텅 빈 옥수수 밭을 지나 거리를 쓸고 가는 찬 바람 소리뿐이었다. 도서관 앞 작은 정원에서 땅이 완전히 얼지 않은 곳을 찾아 돌을 치워보았다. 하지만 정원 전체가 얼어 있었기 때문에 케이가 땅을 파는 데는 시간이 좀 걸렸다. 내가 내 친구의 유골을 땅에 묻으며 "듀이, 너는 항상 우리와 함께할 거야. 여기가 너의 집이야"라고 말할 즈음에는, 태양이 주차장 저 끝에 있는 빌딩 너머로 막 솟아올라 그늘을 만들기 시작했다. 케이는 어린이 도서실 창 앞에 서서 아이에게 책을 읽어주는 어머니의 아름다운 동상 발 아래 듀이의 유골을 묻고 흙으로 덮었다. 듀이의 마지막 쉬는 자리를 케이가 돌로 덮을 때 문득 위를 올려다보니, 도서관의 전 직원이 창밖으로 조용히 우리를 지켜보고 있었다.

◁ Epilogue ▷

인생은
결국 사랑이다

듀이가 죽은 뒤에도 아이오와의 북서부는 생각만큼 크게 바뀌지 않았다. 에탄올이 차세대 연료로 각광받으면서 과거 어느 때보다도 옥수수를 더 많이 길렀지만, 노동자들은 더 이상 필요치 않았다. 기술과 기계가 대신했다. 물론 더 많은 땅이 옥수수 밭으로 변했다.

스펜서에는 처음으로 성형외과가 생겼다. 이제 80세가 된 클레버 마이어는 시장 선거에 떨어져 다시 주유소로 돌아갔다. 새로 취임한 시장은 도서관 비서 킴의 남편이었는데, 그 역시 클레버만큼이나 독서에 취미가 없는 사람이었다. 마을 외곽에서 기계 부품을 생산하던 이튼 공장은 멕시코 후아레스로 이전했다. 덕분에 우리는 120개의 일자리를 잃었지만 스펜서는 그래도 살아남을 것이다. 우리는 항상 살아남았다.

도서관은 로널드 레이건 시절 이래 처음으로 고양이 없이 운영되었다. 듀이가 죽은 후 새 고양이를 주겠다는 백여 건의 제안을 받았다. 누군가는 저 멀리 텍사스에서 실어다 주겠다고까지 했다. 그 고양이들은 모두 다 귀여웠고 나름대로 감동적인 사연도 있었지만, 우리들 중 누구도 열의를 보이지 않았다. 도서관 이사회에서는 현명하게도 도서관에 고양이를 두는 것에 2년의 유예 기간을 두었다. 이 문제를 숙고할 시간이 필요하다는 것이었다. 나도 충분히 생각해보았다. 하지만 과거를 돌이킬 수는 없다고 결론을 내렸다.

내가 확신하는 것은 듀이의 추억이 영원히 계속되리라는 점이다. 무엇보다 이 도서관에서 듀이가 잊힐 일은 없을 것이다. 도서관 현관 옆에는 듀이의 초상화가 걸렸다. 그 아래에는 누군가 기증한 청동판에 듀이에 관한 이야기를 새겨 넣었다. 듀이를 알았던 아이들, 수십 년 후에 자기 아이와 손녀 손자들에게 듀이에 대해 이야기해줄 그 아이들의 마음속에도 듀이는 오래도록 남을 것이다. 책 속에도 듀이는 남아 있을 것이다. 사실 그 이유로 나는 이 책을 쓰는 것이다. 듀이를 위해서.

지난 2000년에 그랜드 애버뉴가 전국 역사 유산으로 등록되었을 때, 스펜서에서는 이 역사적인 거리로 들어서는 위치를 표시하고 우리의 가치를 상징할 수 있는 공공 예술품을 설치하기로 했었다. 그 때문에 두 명의 시카고 출신의 세라믹 타일 모자이크 예술가인 니나 스무트 케인과 존 피트먼 웨버는 1년간 우리 마을에서 기거하며 사람들과 이야기를 나누고 역사를 공부하며 마을의 삶을 관찰했다. 이 예술가들은 아주 어린 아이에서부터 노인에 이르기까지 570여 명의 주민들을 인터뷰했다. 그 결과, 「회합: 시간과 땅과 여러 사람들의 모임」이라는 모자이크 조각이 탄생했다.

이 '회합'이라는 설치물은 기둥 네 개와 벽화 세 점으로 구성되어 있다. 남쪽 벽은 '이 땅의 이야기'라고 불린다. 이 그림에는 옥수수와 돼지들, 빨랫줄에 담요를 너는 여인과 기차가 그려져 있다. 북쪽 벽에는 '옥외 레크리에이션 이야기'라는 제목을 붙였다. 이 벽화는 이스트와 웨스트 린치 공원을 소재로 하고 있는데, 이곳은 우리 시의 주요 휴양지이다. 이 벽에는 마을 북서쪽 어귀에 있는 축제장과 호수도 묘사되고 있다. 서쪽 벽은 '스펜서의 이야기'이다. 할머니 집에 모이는 3세대에 걸친 가족의 그림, 화재에 맞서 싸우는 마을, 그리고 미래에 대한 은유라 할 수 있는 도자기 만드는 여인이 새겨져 있다. 그리고 이 그림 가운데에서 약간 왼쪽 위를 보면 활짝 펼쳐진 책 위에 앉아 있는 오렌지색 고양이 한 마리가 그려져 있다. 이 그림은 한 어린이가 제출한 미술 숙제에서 영감을 얻었다고 한다.

스펜서의 이야기. 듀이는 그 이야기의 일부분이고, 과거에도 그랬고, 지금도 그렇고, 앞으로도 영원히 그럴 것이다. 미래를 향해 눈길을 돌릴지라도 자신이 어디에서 출발했는지를 잊지 않는 이 마을의 기억 속에서 듀이는 아주 오래도록 살아 있을 것이다.

듀이가 열네 살 때 나는 조디에게 말했다. "듀이가 죽는다면 내가 도서관에서 계속 일할 수 있을지 모르겠다." 그때는 그냥 예감 같은 것일 뿐이었는데, 이제는 내가 그때 왜 그런 말을 했는지 이해할 수 있을 것 같다. 내가 기억하는 한, 아침마다 도서관에 도착하면 듀이는 현관문 앞에서 손을 흔들어주었고, 듀이로 인해 도서관은 희망과 사랑으로 살아 있었다. 그러나 이제는 다시 죽은 건물이 되었다. 한여름에도 도서관에 들어서면 냉기를 느꼈다. 어떤 아침은 눈을 뜨면, 정말 출근하기가 싫었다. 그렇지만 내가 불을 켜면 도서관은 다시 살아난다. 직원들이 도착하고 사람들이 들어서기 시작한다. 중년층은 책을 찾아, 사업가들은 잡지를 보러, 10대들은 컴퓨터를 하러, 어린이들은 이야기를 들으러, 노인들은 친구를 찾아 모두 도서관으로 모인다. 도서관이 이렇게 살아나면 나는 다시 한번 지구상에서 최고의 직업을 가진 사람이 된다. 최소한 내가 퇴근할 시간이 되었는데도 더 이상 나에게 숨바꼭질 한 번만 더 하자고 조르는 이가 없다는 것을 깨닫기 전까지는 그랬다.

듀이가 죽은 지 1년 뒤에 내 건강도 드디어 바닥을 쳤다. 이제 나도 내 길을 갈 시간이 되었던 것이다. 듀이 없이는 도서관도 예전 같지 않았다. 도서관은 적막하고 나는 왠지 허전했다. 듀이가 자주 타던 도서관용 카트가 지나갈 때마다 가슴이 아려왔다. 듀이가 보고 싶었다. 듀이가 너무너무 보고 싶었다. 간혹 생각나는 것이 아니라 매일 듀이 생각을 했다. 결국 나는 은퇴를 결심했다. 때가 된 것이다. 내 은퇴 파티에 125명 이상이 참석했다. 그중에는 내가 한 번도 이야기를 나눈 적이 없는 사람들도 끼어 있었다. 아버지는 파티에서 자작시를 읽었고, 내 손녀 손자들은 참석자들을 맞이할 때 내 곁을 지켰다.『스펜서 데일리 리포터』에는 25년간의 봉사에 고맙다는 기사 두 개가 실렸다. 듀이와 마찬가지로 나도 운이 좋았다. 내가 원할 때 떠날 수 있었기 때문이다.

자신이 있을 곳을 찾아라. 그리고 가진 것에 만족하고 행복해하라. 모든 사람들을 잘 대우하라. 좋은 삶을 살아라. 인생은 물질에 관한 것이 아니다. 사랑에 관한 것이다. 그리고 사랑이 어디에서 찾아올지는 아무도 모른다.

나는 이런 것들을 듀이에게서 배웠다. 하지만 이러한 답들은 언제나 그렇듯 말은 너무나 쉽다. 내가 듀이를 온 마음으로 사랑했고 듀이도 똑같이 나를 사랑했다는 것 빼고는 모든 답들이 너무 단순했다. 하지만 이렇게 생각해보면 어떨까.

내가 세 살 때 아버지는 존 디어라는 상표의 트랙터를 갖고 있었다. 트랙터 앞에는 양옆으로 여섯 개씩 삽처럼 생긴 기다란 날들이 달린 컬티베이터가 부착되어 있었다. 이 날들은 땅에서 몇 인치 떨어져 있었다. 핸들을 앞으로 조작하면 날이 땅에 닿으며 흙을 파고 갈아엎어 옥수수 밭에 신선한 흙을 일궈냈다. 어느 날 내가 트랙터 앞바퀴 옆에서 흙장난을 하고 있을 때 외삼촌이 점심을 먹은 후 클러치를 풀고 트랙터를 움직이기 시작했다. 아버지가 그 광경을 보고 무작정 내 쪽으로 뛰었지만, 외삼촌은 아버지가 외치는 소리를 듣지 못했다. 바퀴는 나를 넘어뜨리며 지나갔고, 트랙터의 날 속으로 나를 밀어 넣었다. 그 날들은 흙과 함께 나를 밀어올렸고, 나는 그다음 날로, 또 그다음 날로 계속 넘어가고 있었다. 그러다 외삼촌이 핸들을 꺾는 바람에 안쪽에 있던 날이 나를 중간 배출구로 밀어냈고, 나는 트랙터가 지나간 뒤 흙 위에 고개를 박고 쓰러졌다. 달려온 아버지는 나를 안고 집으로 뛰었다. 그러고는 놀라 내 몸을 살펴보았고 하루 종일 나를 껴안고선 흔들의자에 앉아 울면서 이렇게 말했다. "괜찮아. 너는 괜찮아. 아무렇지도 않아. 다 잘될 거야."

한참 후에 나는 아버지를 올려다보며 말했다. "나 손가락 베었어요." 나는 아버지에게 피가 난 곳을 보여주었다. 군데군데 멍은 들었지만 손가락의 작은 자상 외에는 다친 곳이 없었다.

그것이 인생이다. 우리 모두가 살다보면 간혹 그렇게 트랙터의 날 사이에 말려들게 된다. 우리 모두 멍이 들고 베이기도 한다. 때로는 날이 깊은 상처를 남기기도 한다. 운이 좋은 사람들은 몇 군데 긁히고 약간의 피만 흘리고 빠져나온다. 하지만 가장 중요한 것은, 그럴 때 당신을 바닥에서 일으켜 꼭 껴안아주며 모든 것이 괜찮아질 거라고 이야기해주는 누군가가 있느냐는 것이다.

수년간 듀이를 위해 내가 그렇게 하고 있다고 생각했다. 그것이 내가 남길 이야기라고 생각했다. 그리고 나는 그렇게 했다. 듀이가 아프고 춥고 울고 있을 때, 내가 곁에 있었다. 나는 듀이를 안아주었고, 모든 것이 다 잘되도록 보살폈다.

하지만 그것은 진실의 일부일 뿐이다. 진정한 진실은 우리가 함께한 긴 세월 중 힘든 날이나, 좋은 날이나, 그리고 사실 우리 인생의 책에서 많은 부분을 차지하고 있는, 기억나지 않는 더 많은 나날 동안 듀이가 나를 안아주고 있었다는 것이다.

듀이는 아직도 나를 껴안고 있다. 고맙다, 듀이야. 고맙다. 네가 어디에 있건, 정말로 고맙다.

❋ 역자 후기 ❋

야옹이와 듀이

베이징 올림픽을 통역하러 떠나는 날, 언제나처럼 짐 싸는 걸 미루고 있다가 당일에야 짐을 싸느라 정신이 없었다. 뭐든 미리 하면 입에 가시가 돋는다. 보름치 옷을 챙기려니 정신이 없는데 편집자한테 전화가 왔다. 책 번역이 어쩌고……. 지난번에도 책 번역하다가 시간에 쫓겨 진땀 뺐던 일이 생각나 귓등으로 흘려들으며 손은 짐 싸느라 부산했는데, 도서관 사서 고양이 어쩌고…… 하는 대목에서 올 스톱! 네? 뭐 하는 고양이요? 고양이라고요? 잘못 들은 줄 알았다.

티미, 삼순이, 야옹이, 심바, 미미, 타샤, 미루, 복순이. 우리 집 고양이들이다. 이름도 구수하게 전부 토속적으로 가든가, 아니면 낯간지러운 순정만화 주인공 같은 외국 이름으로 가든가 일관되게 지었으면 좋으련만, 전 주인들이 붙인 이름들이라 헷갈릴까 봐 그냥 불렀더니 이름이 완전 유엔이다. 그중에는 쓰레기통 옆에서 만난 길고양이 출신도 있고, 못 기르겠다며 안락사시켜달라고 맡겨진 애도 있고, 휴가 기간 동안 동물병원에 맡겨졌는데 영영 주인이 안 돌아온 애도 있고(알고 보니 몹쓸 인간 많더라), 식용으로 시장에 나왔다가 모 방송 프로에 소품으로 쓰이던 애도 있다. 여행 가방을 싸면 경험 많은 나이 든 애들은 '저, 저것이 또 나가는구나' 하며 혀를 차고, 철없는 어린것들은 열린 여행 가방 안을 분주히 들락날락거리며 신이 난다. (이 책 작가도 주지하듯 고양이들은 상자, 가방을 매우 좋아한다.) 발밑에 뒹구는 우리 고양이들을 바라보며 말했다. "책 보내주세요. 퀵서비스로요."

사실 고양이 이야기라고 해서 관심을 가졌지만, 읽다 보니 이 책은 듀이라는 고양이 이야기를 통해 오히려 이 작가의 인생과 그녀가 사는 마을을 말하고 있다. 한마디로 이 책은 온갖 역경 속에서도 희망을 잃지 않고 살아남은 질긴 생명력과 내면의 강인함에 관한 얘기이다. 듀이가 그랬고, 작가의 삶이 그랬고, 스펜서라는 마을도 그러했다. 마을에 대화재가 일어났을 때 불을 낸 소년의 이름을 끝까지 밝히지 않고 덮어 준 마을의 관용과, 경제 위기에도 불구하고 마을의 순수한 분위기를 카지노나 도축장의 경제적 이익과 바꾸지 않겠다는 고집 혹은 그 뚝심에 반했고, 싱글맘으로 산전수전 겪으며 듀이를 지켜낸 작가에게 감동받았다. 특히 경제 위기를 극복해가는 마을의 모습은 요즘 우리가 겪는 경제 고통 속에서 크게 위안이 되기도 했다.

책 번역이 한창이던 11월에 나는 야옹이를 잃었다. 기구한 사연을 가진, 노란 줄무늬에 발만 하얀 녀석이었다. 나이가 들면서 이 녀석에게 신부전이 왔다. 그러나 야옹이는 말기라는 소리를 듣고도 남은 한쪽 신장으로 2년 7개월 남짓 용감하게 병과 싸웠다. 고양이라 투석을 할 수도 없고 해서 처방식을 먹이며 탈수를 막고 노폐물 배출에 도움이 되도록 매주 수액을 맞혔다. 중간중간 입원도 해야 했다. 내가 출장가고 없으면 도와주던 후배들이 병원에 데려갔고, 식욕이 없어 안 먹으려고 까탈부리는 야옹이와 씨름을 해야 했다. 여러 사람들의 정성으로 그나마 여기까지 왔는데 야옹이도 더 이상은 버티질 못했다. 듀이는 열아홉 살까지 살았는데 우리 야옹이는 그 반밖에 못 살았다. 듀이의 마지막 순간을 번역하다 야옹이 생각에 울고, 그 부분은 교정을 보다 또 울었다.

반려 동물에게 정을 주고 키워본 사람들은 작가 비키 마이런의 마지막 말에 공감할 것이다. 반려 동물이 내게 의존하고 보살핌을 받는다고 생각하지만 사실은 반대인 것이다. 치료한다며 털 깎고 안 나오는 혈관 찾아 무수히 바늘로 찌르고, 매번 손가락으로 목구멍에 억지로 약을 밀어 넣고……. 야옹이에게는 이 모든 것이 고문이다. 이렇게 괴롭히는 나를 싫어하고 도망가도 시원치 않을 텐데, 병원에서 돌아오면 꼭 내 옆구리에 붙어 자겠다고 내게로 와주었다. 돌이켜보니, 내가 그런 야옹이를 필요로 했고 의지했었다. 야옹아, 고맙다.

그동안 야옹이를 치료하느라 애쓰신 양성렬 선생님과 권범석 선생님, 출장 때마다 집에 와서 대신 고양이들을 돌보아주신 부모님과 후배 구혜령, 이근혜에게 감사하며, 끝으로 힘없는 작은 동물과 주고받는 무조건적인 사랑과 종을 초월하는 교감의 감동을, 보다 많은 분들이 이 책을 통해 경험해보길 바란다.

2009년 1월 배유정

세계를 감동시킨 도서관 고양이
듀이

초판 1쇄 발행 2009년 2월 2일
초판 64쇄 발행 2024년 1월 2일

지은이 비키 마이런·브렛 위터
옮긴이 배유정

발행인 이재진 **단행본사업본부장** 신동해
편집장 김경림 **마케팅** 최혜진 이은미
홍보 반여진 허지호 정지연 송임선 **국제업무** 김은정 김지민 **제작** 정석훈

그림 황미옥 **디자인** Design co＊kkiri

주소 경기도 파주시 회동길 20 웅진씽크빅
문의전화 031-956-7350(편집) 02-3670-1123(마케팅)
홈페이지 www.wjbooks.co.kr
인스타그램 www.instagram.com/woongjin_readers
페이스북 www.facebook.com/woongjinreaders
블로그 blog.naver.com/wj_booking

발행처 ㈜웅진씽크빅
브랜드 갤리온
출판신고 1980년 3월 29일 제406-2007-000046호

한국어 출판권ⓒ웅진씽크빅 2009
ISBN 978-89-01-09169-3 03840

갤리온은 ㈜웅진씽크빅 단행본사업본부의 브랜드입니다.
이 책은 저작권법에 따라 보호받는 저작물이므로 무단 전재와 무단 복제를 금지하며,
이 책 내용의 전부 또는 일부를 이용하려면 반드시 저작권자와 ㈜웅진씽크빅의 서면동의를 받아야 합니다.

· 잘못된 책은 구입하신 곳에서 바꾸어 드립니다.
· 책값은 뒤표지에 있습니다.